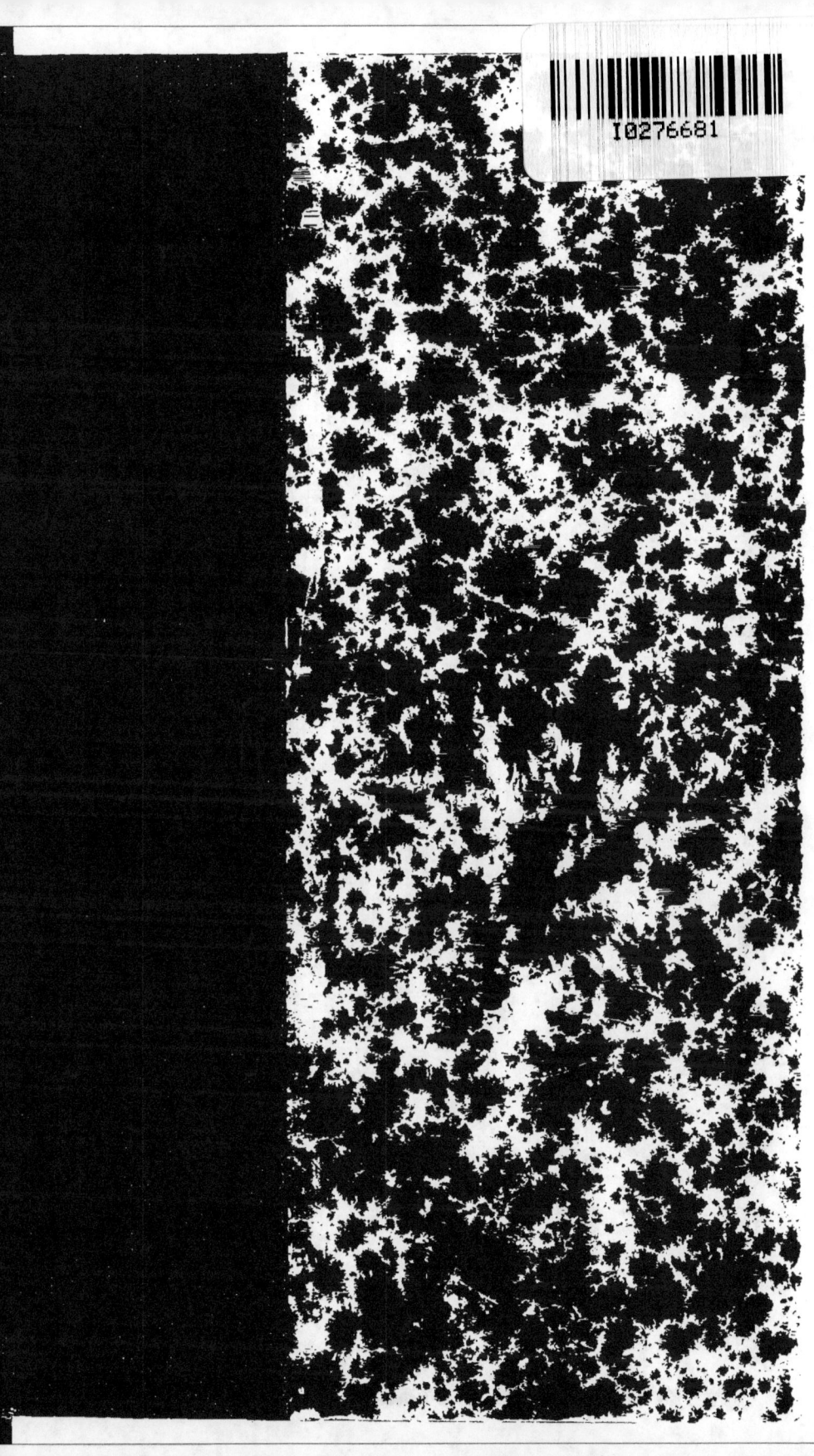

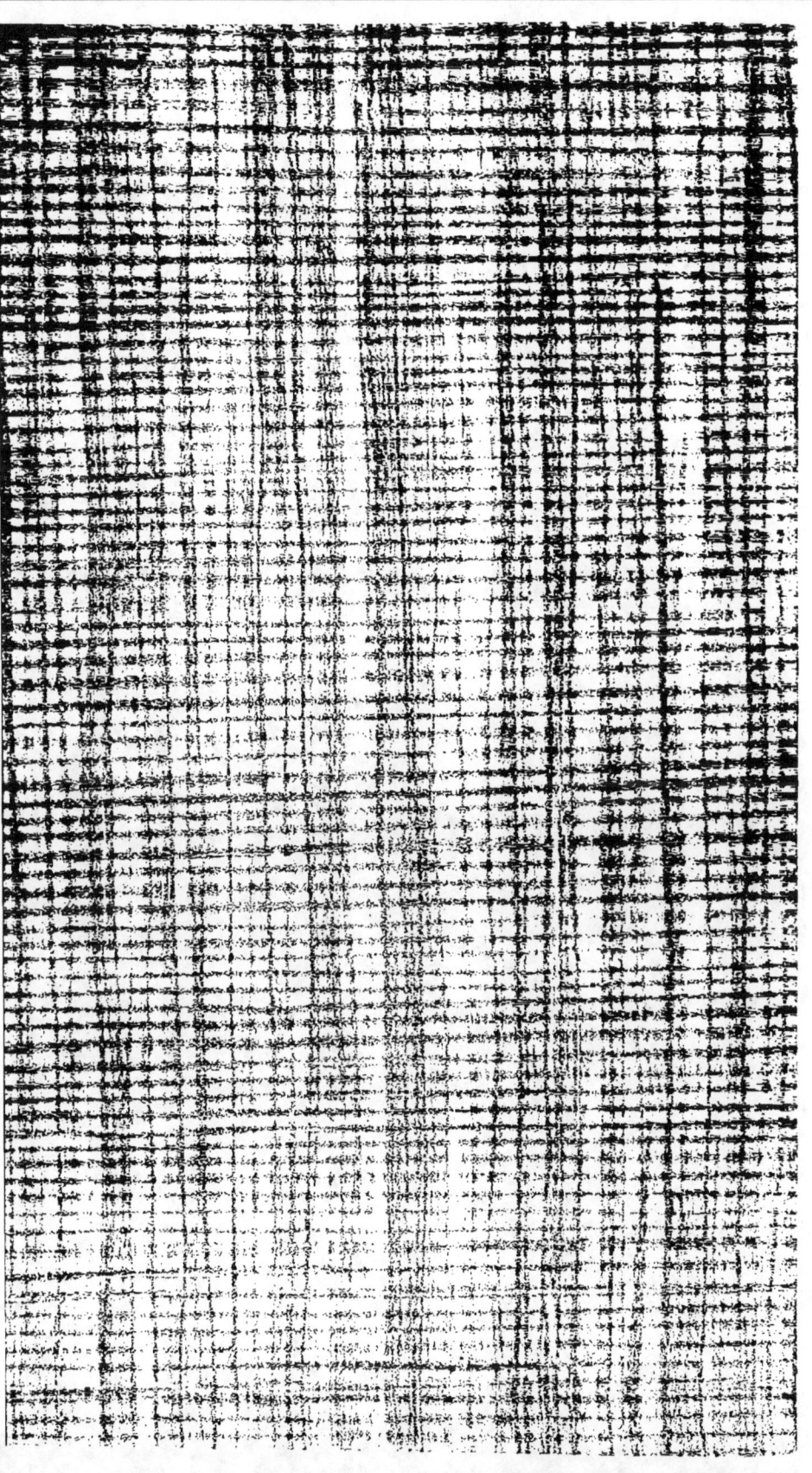

Page à conserver.

O³/6
106

LE FELLAH

COULOMMIERS TYPOGRAPHIE DE A. MOUSSIN.

EDMOND ABOUT

LE

FELLAH

SOUVENIRS D'ÉGYPTE

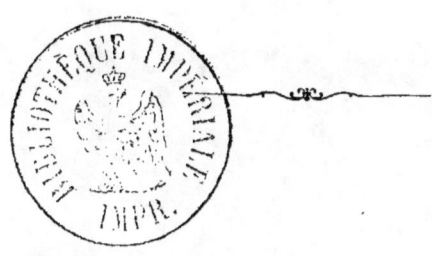

PARIS
LIBRAIRIE DE L. HACHETTE ET Cie
BOULEVARD SAINT-GERMAIN, N° 77

1869

Droits de propriété et de traduction réservés

A LÉON GÉROME

Mon cher ami, vous souvient-il de notre dernière rencontre en Egypte? C'était sous votre tente, à la limite du désert de Suez, en vue de la grande caravane qui portait le tapis à la Mecque. Vous partiez pour le Sinaï, je m'apprêtais à regagner Alexandrie avec un portefeuille bourré de notes comme vous aviez votre carton plein de croquis. Je connaissais assez l'Egypte pour la peindre en pied, du haut en bas, comme j'ai fait la Grèce du roi Othon et la Rome de Pie IX, mais l'hospitalité d'Ismaïl Pacha m'avait roulé dans des bandelettes qui paralysaient quelque peu mes mouvements : je n'avais plus le droit de publier *ex professo* une Egypte contemporaine. Votre exemple, mon cher Gérome, me séduisit en me rassurant. Aucune loi n'interdit à l'écrivain de travailler en peintre, c'est-à-dire de rassembler dans un sujet de pure imagination une multitude de détails pris sur nature et scrupuleusement vrais, quoique choisis. Vos chefs d'œuvre petits et grands n'ont pas la prétention de tout dire, mais ils ne montrent pas un type, un arbre, un pli de vêtement que vous n'ayez vu. J'ai suivi la même méthode dans la mesure de mes moyens qui, par malheur, sont loin d'égaler les vôtres, et c'est seulement à ce titre que *le Fellah* mérite de vous être dédié.

EDMOND ABOUT.

LE FELLAH

I

Je ne me rappelle pas précisément la date, mais l'Egypte était possédée par un original du nom de Saïd-Pacha, et je n'avais encore ni l'espérance ni même la curiosité de la voir. Tout compte fait, l'aventure que je vous livre en guise de prologue remonte à neuf ou dix hivers. Et l'hiver, cette fois, n'était pas un vain mot : les arbres ployaient sous le givre, la terre craquait sous nos bottes, le canon du fusil me brûlait le bout des doigts quand par hasard j'ôtais un gant.

La vieille année allait finir, à moins pourtant que la nouvelle eût commencé; impossible de dire au juste si les étrennes étaient dues ou payées; mais pour sûr c'était un dimanche, car nous chassions à quelques lieues de Paris chez un grand industriel qui travaille six jours sur sept.

Le garde, un vieux soldat, venait de me poster au coin d'un petit bois taillis en disant : « Pas de cigare et pas de bruit ; s'il vous passe un lapin, laissez-le ; nous avons des chevreuils dans l'enceinte. » Sur cet avis, il s'éloigna, suivi d'un groupe de quinze ou vingt messieurs et d'un gamin qui tenait les chiens en laisse. Le premier mouvement d'un chasseur posté est de voir le voisin qu'on lui donne et de se mettre en rapport avec lui. Un geste de la main, un coup de chapeau, quelquefois un léger sifflement, remplace avantageusement le discours : « Vous savez où je suis, je sais où vous êtes ; ne tirons pas l'un sur l'autre : ce serait du plomb perdu. »

En général, j'aime fort la jeunesse, mais à quarante pas de distance ; quand les fusils sont chargés de double zéro, je la tiens pour un peu suspecte. Mon voisin était un grand garçon de vingt ans, presque imberbe, très-brun, assez gauche et vraisemblablement très-frileux, car il grelottait sous une pelisse de mouton. Notre hôte nous l'avait vaguement présenté, à la station, avec cinq ou six autres personnes, mais je ne le connaissais pas, et partant j'avais l'œil sur lui.

Jugez de ma surprise quand je le vis entrer sous bois, s'approcher d'une mare, casser la croûte de glace en la soulevant par les bords, se dépouiller de presque tous ses vêtements et dénouer les cordons de sa chaussure ! En un clin d'œil, il fut nu-pieds, nu-bras, nu-tête, et il procéda immédiatement au soin de sa toilette sans négliger aucun détail. Un petit-maître n'eût pas mieux fait devant son feu, dans un cabinet confortable. Et le thermomètre du château marquait cinq degrés au-dessous de zéro !

Ce jeu bizarre se prolongea tant et si bien que la sympathie me fit grelotter à mon tour. Je suivis avec un vif intérêt les manœuvres du jeune homme qui se rhabillait au galop, mais je n'étais pas au bout de mes étonnements. Lorsqu'il ne lui restait, selon moi, qu'à endosser sa pelisse et à reprendre son fusil, je le vis s'orienter soigneusement à l'aide d'une boussole de poche, étaler sa fourrure sur le sol, et commencer une gymnastique grave, austère, solennelle, qui ne manquait pas de beauté. Il élevait les bras au ciel, les étendait horizontalement, les croisait sur sa poitrine ; tantôt debout, tantôt agenouillé, tantôt prosterné pour baiser la terre, et tout cela de l'air d'un homme qui remplit son devoir à la face du ciel, sans souci du qu'en-dira-t-on.

Sa prière m'expliqua ses ablutions ; ce n'était pas la première fois que je voyais un musulman dans les pratiques du culte, mais qui diable peut s'attendre à rencontrer l'islam sous les chênes de Brunoy?

Tous les tireurs étaient en place et l'enceinte fermée, j'avais échangé un salut avec mon deuxième voisin, les chiens avaient lancé, la chasse venait sur nous, et ce petit scélérat de croyant s'obstinait à prier comme un sourd. Deux ou trois coups de fusil partirent sur notre gauche, plusieurs voix nous crièrent : « A vous, chevreuil ! » Le musulman était toujours à son affaire. Lorsqu'il eut bien fini, il reprit sa pelisse, regagna notre allée, ramassa son fusil, aperçut les chevreuils qui couraient droit sur nous, tua le broquart, respecta la chèvre, et changea sa cartouche sans souffler mot.

La chèvre avait forcé l'enceinte, le garde se chamaillait avec les chiens sur le corps de la victime, les chasseurs se rassemblaient; je m'approchai du jeune homme et je lui dis : « Mes compliments, monsieur, moins encore pour ce beau coup de fusil que pour les choses qui l'ont précédé. »

Il sourit froidement, finement, en homme qui ne sait pas encore si l'on se moque de lui. Je m'expliquai. — J'admire qu'un vrai chasseur, et vous l'êtes, puisse achever sa prière sans distraction quand il entend la voix des chiens.

— Les mueddins m'ont appris que la prière est

préférable au sommeil ; à plus forte raison est-elle meilleure que le plaisir.

— Oh ! j'avais bien compris que vous êtes musulman.

— Et cela vous étonne toujours un peu, n'est-il pas vrai ? Vous descendez de ceux qui disaient : « Peut-on être Persan ? »

— Nous ne sommes plus tout à fait aussi naïfs que les contemporains de Montesquieu ; on connaît un peu mieux les nations étrangères, et tenez ! sans savoir d'où vous êtes, je puis certifier que vous n'avez pas le type persan.

— Non, grâce à Dieu ! Les Persans sont des hérétiques.

— Alors vous êtes Turc ?

Il se recueillit un moment et répondit avec une émotion mal déguisée : « Les Turcs ont fait beaucoup de mal dans mon pays ; ils y feront peut-être un jour beaucoup de bien, si Dieu les conseille. C'est un Turc qui est l'héritier des khalifes et le chef de notre sainte religion ; c'est un Turc qui gouverne ma patrie et qui m'a ramassé à terre pour m'élever à la hauteur des hommes civilisés : que diriez-vous de moi si je mordais la main qui me nourrit ? Mais voici ces messieurs qui nous rejoignent ; veuillez accepter ma carte, elle vous dira d'où je viens et qui je suis. »

En même temps il me mit dans la main un carré de papier bristol à la dernière mode, et je lus :

AHMED-EBN-IBRAHIM
fellah
à la Mission égyptienne.

Le hasard ne nous rapprocha plus qu'une fois avant la fin de la chasse, encore me fut-il impossible de renouer notre entretien : il était en conversation réglée avec un filateur de Manchester, et je pus remarquer au passage qu'il s'exprimait facilement en anglais.

On revint au château par la ferme; l'amphitryon faisait valoir une centaine d'hectares à ses moments perdus, histoire de prouver qu'un Parisien riche, industrieux et lettré peut être par surcroît un cultivateur hors ligne. Les bâtiments, fort simples, mais solides, commodes et bien distribués, enfermaient une vaste cour carrée où cinq cents têtes de volaille, choisies parmi les meilleures races, émaillaient une montagne de fumier. Le matériel agricole, numéroté pièce à pièce, s'alignait en bon ordre sous un hangar; une petite machine à vapeur fournissait l'eau, battait le grain, animait les tarares, hachait la paille et les racines, écrasait les pommes à cidre, sous l'œil d'un régisseur appointé comme un chef de bureau. La porcherie, la bergerie, l'étable des vaches hollandaises, étaient décorées d'écussons victorieux conquis en divers comices ; trente bêtes à cornes, luisantes de santé, plongées jusqu'aux genoux dans la litière, mâchaient la pulpe odorante des betteraves dans des mangeoires à leur nom. Le pensionnat des veaux et des génisses était à part, au fond de l'étable. Le régisseur nous fit admirer une jeune bête de trois mois, son plus bel élève : « Voyez, dit-il, comme elle est près de terre, longue de corps, épaisse de partout, bien roulée ! Je la recommande à l'attention de M. Ahmed, qui s'y connaît. »

Il donna son avis modestement, sans se faire valoir, mais avec autant de justesse et de précision qu'un éleveur émérite... J'en conclus qu'il était en Europe pour apprendre l'agriculture et qu'il avait sans doute passé par Grignon ; mais une réflexion qu'il fit sur le régulateur de la machine me fit croire qu'il avait traversé l'École centrale. Toutefois un garçon de la ferme l'ayant tiré à part pour lui montrer son enfant malade, je me dis que décidément il n'était pas étranger à la médecine, et la curiosité que ce jeune Africain m'avait tout d'abord inspirée alla toujours croissant jusqu'à l'heure du dîner.

Vous avez vu que la réunion était nombreuse ;

j'ajoute qu'elle était assez brillante. La maîtresse du logis, jeune et belle personne, avait plusieurs amies de son âge qui ne déparaient point le salon. Toutes ces jolies femmes, sans aspirer au rôle de Diane chasseresse, prenaient un vif intérêt à la chasse, heureuses de quitter Paris en plein hiver, de respirer l'air glacial, de rougir leurs jolis visages, et surtout de faire un brin d'école buissonnière en compagnie des chers maris. Lorsque le temps le permettait, elles venaient en robe retroussée et en brodequins à talons déjeuner sur le pouce au carrefour du Vieux-Hêtre ; mais régulièrement, au retour, on les trouvait décolletées, épanouies, un peu mutines, autour d'un grand feu bien flambant.

La coutume du château leur livrait le roi de la chasse ; elles le couronnaient de roses ou d'épines à leur choix. Lorsque je descendis au salon, je les vis occupées à martyriser Ahmed. Accroupi sur un tabouret au milieu de leur petit cercle et armé d'un violon sans archet, il chantait une chanson arabe en grattant une sorte d'accompagnement du bout des doigts.

Il me parut véritablement à plaindre, et je méditais de faire diversion à son supplice, lorsque, tout bien examiné, je m'aperçus qu'il rayonnait. Les sons comme les parfums ont le privilége de nous transporter en un instant loin de nous-mêmes, à travers le temps et l'espace. Ahmed ouvrait les yeux en homme qui revoit son pays Peut-être même la joie des souvenirs patriotiques se compliquait-elle d'un goût d'art inappréciable à nos sens et perceptible aux siens. Sa cantilène traînante et monotone ne disait absolument rien à notre esprit; la mélodie, âme de la musique, n'y brillait que par son absence, et pourtant il chantait non-seulement avec bonheur, mais avec conviction. Était-ce nous qui nous trompions, ou lui? Qui peut le dire? Un philosophe allemand s'écrierait à ce propos que le plaisir des oreilles est éminemment subjectif. Il n'y a qu'une géométrie au monde, on y compte une infinité de musiques; dans cet art subalterne et pourtant exquis entre tous, le beau varie suivant les races et les époques. Mozart, qui est un dieu pour nous, paraîtrait un sauvage aux sauvages de l'Amérique. Phidias et Virgile l'auraient-ils mieux goûté? J'en doute fort. La prose luit pour tout le monde, la poésie pour presque tous, la musique pour quelques-uns. La prose exprime des idées, la poésie des sentiments, la musique des sensations, et des sensations d'un ordre si subtil qu'elles n'ont pas prise sur tous les hommes. Je la crois inférieure à la poésie autant que la poésie elle-même est au-dessous de la prose; ce n'est que le reflet d'une ombre, mais quel reflet éblouissant, délicieux, sublime pour ceux qui ont appris à en jouir !

Voilà un beau garçon, car Ahmed est décidément très-beau malgré sa calotte rouge et sa longue redingote empesée, voilà, dis-je, une sorte d'Antinoüs moderne qui s'est imbu de nos sciences comme une éponge prend l'eau d'une cuvette, et les principes de notre musique sont pour lui comme s'ils n'existaient pas. Il est pourtant artiste à sa manière; il perçoit, il sent des beautés qui nous échappent; il se promène en dehors de tous les tons et de toutes les mesures avec une admirable bonne foi, tandis que les jolies Parisiennes mordent leurs mouchoirs pour s'empêcher de rire, et que les jeunes gens descendus de leurs chambres vont pouffer tout à l'aise dans la salle de billard.

Grâce à Dieu, madame est servie, et je suis quitte de conclure : allons dîner !

II

Le potage expédié, la conversation s'établit, comme d'usage et de raison, sur les petits incidents de la journée. Sans les récits et les commentaires, la chasse ne serait qu'un demi-plaisir. Notre hôte, aussi modeste que fin tireur, mettait obligeamment en vedette les talents de ses invités. « Figurez-vous, messieurs, nous dit-il, que ce gaillard d'Ahmed chasse aujourd'hui pour la sixième fois de sa vie! »

Un avoué qui chassait depuis vingt ans et qui n'avait tué ce jour-là que le tiers d'un lapin, trouva la chose paradoxale. — Pourtant, dit-il, j'ai lu que le gibier ne manquait pas en Égypte. C'est peut-être une fiction des voyageurs?

— Non, répondit Ahmed. Il est vrai qu'en gibier comme en tout mon pays est le plus riche du monde. Quand le supplice de l'hiver commence dans vos climats, tout ce qui a des ailes pour s'enfuir gagne la vieille Égypte. Le Nil fourmille de canards et d'oies sauvages, de pélicans gris au bec énorme, de flamants roses aux jambes grêles, de hérons, de cigognes et de mille autres espèces dont nous ne savons pas même les noms. Les bécasses, les bécassines, les chevaliers, labourent à coups de bec le limon nourricier, les cailles pullulent dans les champs de bersim; il y a dans le ciel des nuages de petits oiseaux, et l'on rencontre sur les digues des arbustes chargés de nids. Les gazelles bondissent dans le désert, les chacals, les hyènes et les loups-cerviers rôdent la nuit autour des villages. Oui, nous avons beaucoup de gibier, mais nous n'avons guère de fusils, et quant à moi, je n'en avais pas touché un lorsque je partis pour la France.

L'avoué reprit finement : — Il est bien singulier que là-bas, chez monsieur votre père....

— Mon père n'est pas un monsieur, c'est un mercenaire des champs; il sort avant l'aube, il ne rentre qu'à nuit close, et j'estime qu'il peut gagner ainsi quarante centimes par jour. Notre maison, si tant est qu'elle existe encore, est un cube de terre qui mesure trois mètres en tous sens; elle n'a ni toit ni fenêtres; une botte de paille la couvre, une serrure de bois la ferme. Le mobilier se composait, il y a quatre ans, d'une natte, de deux cruches et de deux gamelles. Vous comprenez, monsieur, que nous n'avions pas plus de fusils que de pianos à queue.

La chute de sa phrase l'avait sans doute égayé, car il se mit à rire comme un enfant en montrant deux rangées de dents étincelantes.

Presque tous les convives furent persuadés qu'il se moquait, et dix objections partirent à la fois comme un feu de peloton.

— Le mobilier n'est pas complet! vous oubliez l'armoire au linge.

— Quelle longueur a donc la paille pour couvrir une maison?

— Par où la lumière entre-t-elle?

— Où couche-t-on?

— Combien étiez-vous là-dedans?

— Une serrure de bois a-t-elle des ressorts en copeaux?

— Parti de là, comment avez-vous pu arriver où vous êtes?

— Pourquoi donc dites-vous : si tant est qu'elle existe encore? Seriez-vous sans nouvelles des vôtres depuis quatre ans?

La dernière question, qui trahissait plus d'intérêt que de curiosité banale, avait sa source, on le devine, dans un petit cœur féminin.

Ahmed répondit tout d'un trait : — L'armoire au linge est inutile chez ceux qui portent nuit et jour, en toute saison, pour tout vêtement une tunique de coton bleu. Le climat d'Égypte est si doux qu'il n'y faut pas d'autre costume. Une poignée de paille étalée au-dessus de nos têtes laisse entrer la lumière et nous défend contre le rayonnement nocturne; nous employons à cet office la paille du sorgho, qui atteint une longueur de quatre mètres et plus. On dort sur des nattes, et souvent sur la terre nue. Nous avons été sept à la maison, le père, la mère et cinq enfants; trois sont morts, c'est la loi commune : il ne survit chez nous que quatre enfants sur dix; en France, vous en sauvez deux de plus, mais avec vos ressources et votre instruction vous pourriez mieux faire encore. Nos serrures de bois sont des instruments simples et ingénieux; on les emploie de temps immémorial; je veux vous en montrer quelqu'une au premier jour. Les soldats de Napoléon devraient les avoir fait connaître à leurs compatriotes : ils ont tant ri de nos serrures, de nos cloches vivantes et de notre bois à brûler!

— Quelles cloches?

— Les mueddins ou muezzins.

— Quel bois?

— La fiente séchée au soleil. Mais pardon!... n'est-ce pas vous, madame, qui m'avez fait l'honneur de demander si j'étais sans nouvelles de la maison? Il n'est que trop vrai par malheur. J'ai écrit plus de vingt fois à mes parents, et j'attends encore une réponse. Mon père ne sait ni lire ni écrire, il a cela de commun avec presque tous les paysans de son âge. Quant à la pauvre bonne femme, si elle n'était pas ignorante de toutes choses, elle serait à peu près la seule dans le pays. J'ai compté qu'ils s'adresseraient à quelque voisin, par exemple au maître d'école de la mosquée où j'ai reçu l'instruction primaire; mais peut-être ont-ils quitté notre village, soit de gré, soit par ordre. Le fellah n'aime point à voyager, mais on le déplace quelquefois, et alors comment une lettre le trouverait-elle?

— Mais c'est donc vrai ce que les voyageurs ont raconté de ce despotisme effroyable? Un homme peut être pris, arraché de sa famille, transporté à cent lieues de sa maison dans des régions inconnues, sans que ni les prières ni les réclamations...

Ahmed interrompit la tirade par un geste doux et triste, mais qui ne manquait pas d'une certaine fierté.

— La volonté de Son Altesse, dit-il, est une loi pour les sujets fidèles; mais vous qui plaignez notre sort et méprisez notre résignation, vous souffrez qu'un maître absolu vous arrache vos fils dès leur vingtième année : l'État vous exproprie de vos enfants sous prétexte d'utilité publique. Pour défendre la patrie, qui la plupart du temps n'est pas en danger, on saisit un jeune paysan français, tout mouillé des larmes de sa mère, et on l'expédie au bout du monde, en Russie, en Amérique, au Japon...

— C'est le service militaire, ce n'est pas la corvée.

— En effet, si vous entendez par corvée la confiscation de la personne humaine au profit des travaux de la paix, les prestations en nature qu'on impose au fellah français sont une corvée moins dure que la nôtre; mais la condition des deux pays est aussi bien différente. Ce n'est pas l'empereur qui fait tomber la pluie sur vos terres, c'est le vent d'ouest, et le service qu'il vous rend n'exige pas de main-d'œuvre. En Égypte, où l'eau du ciel descend à peine trois fois par an, c'est le prince qui fait la pluie en distribuant l'eau du Nil dans les canaux d'irrigation; il ne le peut qu'à force de bras : il faut donc, dans l'intérêt général, que tous les bras soient à ses ordres. S'il en abuse, tant pis pour le peuple et pour lui. Je ne dis pas que la perfection réside dans le pouvoir personnel, mais je m'incline avec respect devant l'autorité de mon seigneur. M'appartient-il de lui reprocher l'usage ou l'abus qu'il a fait de mes biens et de ma personne? Je n'avais rien, je n'étais rien; à seize ans, je passais la moitié de ma vie à puiser l'eau dans un canal et à la verser dans une rigole. Un jour le vice-roi, que Dieu garde! ordonne à ses préfets de requérir vingt-quatre jeunes gens pour leur apprendre la civilisation européenne. Le moudir de Minieh, qui est le nôtre, jeta les yeux sur le canton que j'habitais. Nous étions quelques-uns qui savions lire et écrire. On s'adressa d'abord aux moins pauvres de la bande, mais aucun de ceux-là ne voulait quitter le pays. Il faut vous dire que les petits fellahs ont une peur horrible de vous autres, et c'est un peu la faute des messieurs en chapeau qui viennent se promener chez nous. Je craignais d'arriver chez une nation d'ogres; cependant je pris mon grand courage, et je livrai ma tête aux cavas de la préfecture, qui sont, ou peu s'en faut, les gendarmes du pays. Ma mère m'avait donné une amulette contre les mauvais sorts et mon père un bâton de six pieds contre les messieurs en chapeau; je porte encore l'amulette, mais ce n'est plus que par une superstition du cœur.

— En vérité, lui dis-je, vous avez joliment employé vos quatre ans!

Il secoua la tête : — Non, pas trop. La préparation et surtout la direction m'ont manqué. J'aurais dû savoir le français avant de débarquer en France et l'anglais avant de partir pour l'Angleterre. Il a fallu apprendre deux langues au début, et deux langues qui n'ont aucune parenté avec la mienne. On m'a fait étudier tant de choses qu'il était malaisé d'en approfondir aucune. Songez donc à ce que nous sommes en arrivant chez vous, et tâchez de vous représenter le dénûment absolu d'un esprit tout neuf! Nous avons ici de bons maîtres, et le gouvernement de Son Altesse ne ménage rien pour notre instruction, mais les intermédiaires nous imposent tantôt une vocation, tantôt une autre, selon le vent qui souffle au bord du Nil. On m'a mis successivement à la médecine, au droit, à l'agriculture, à la chimie, à la mécanique et même, Dieu me pardonne! à la fortification!

— C'est le moyen de faire des hommes bons à tout.

— Ou bons à rien. Ces colonies d'étudiants, qui coûtent cher aux paysans du Nil, ne rendent pas tout le profit qu'on en devrait attendre. Il conviendrait d'envoyer en Europe des jeunes gens bien dégrossis et dont la vocation fût déjà prononcée. Ce n'est pas au hasard qu'on peut choisir les régénérateurs d'un pays. Je vois mes camarades de la mission; les uns se tuent à travailler, les autres perdent courage et s'abandonnent si bien qu'ils s'en iront sans avoir rien appris que votre langue, et encore! Pour un qui deviendra ministre, ingénieur en chef, amiral ou préfet, j'en compte deux ou trois qui feront tout au plus des interprètes à gages dans les hôtels du Caire et d'Alexandrie !

— Qu'importe? Si la mission produit, bon an, mal an, une demi-douzaine de gaillards comme vous, il me semble que les emplois publics seront bien tenus à la fin du siècle.

— Ne parlons pas de moi pour les emplois publics ; ma carrière est tracée : j'entends vivre et mourir fellah !

— Enfin ! s'écria la maîtresse de maison, j'espère que vous allez nous expliquer la véritable signification du mot fellah ! Vous l'avez prononcé deux ou trois fois en un quart d'heure dans des sens divers; les livres que j'ai lus semblent en faire le synonyme de misérable, de paresseux et de malpropre, et vous vous intitulez fellah sur vos cartes, comme on se pare ici d'une noblesse ou d'une fonction.

A cette interpellation bienveillante et faite d'une voix assurément bien douce, Ahmed bondit sur place. Nous le vîmes grandir, et la flamme jaillit de ses yeux.

— Une fonction? dit-il; oui, madame. Si c'est une fonction que de nourrir, d'éclairer et de vêtir le genre humain, le fellah est un fonctionnaire aussi haut placé pour le moins que vos préfets et nos moudirs, dont l'Angleterre est privée et dont elle se passe avec joie. Celui qui du matin au soir et tout le long de l'année fonctionne à tour de bras pour produire le blé, l'huile, le sucre et le coton, qu'il s'appelle laboureur en français ou fellah en arabe, mérite plus de reconnaissance que les ventrus parqués dans un herbage officiel.

« Quant à vous dire si son titre est assimilable aux marquisats de l'Europe, je me déclare incompétent. Qu'est-ce que la noblesse? Si j'accorde à Boileau et à notre ex-sultan Bonaparte qu'elle n'est pas une chimère, ils m'accorderont à leur tour qu'elle est une fourmilière de contradictions. Presque tous les héros du moyen âge ont gagné leurs éperons par des exploits qui ressortiraient aujourd'hui de la cour d'assises; on s'honore d'avoir pour ancêtre un homme qu'on répudierait dans les journaux, s'il était vivant. On étale avec orgueil le portrait d'une aimable aïeule qui fit les délices d'un roi ; on irait se cacher au fond d'un trou, si on l'avait pour mère, ou pour sœur, ou pour femme. La noblesse s'est vendue argent sur table depuis la fin du xviie siècle; on se pare d'un titre vénal, et l'on mourrait de honte si l'on était convaincu d'avoir payé la croix du Saint-Sépulcre. Vous criez sur les toits que le mérite personnel doit passer avant tout, mais vous prisez d'autant

plus la noblesse qu'elle est plus ancienne, c'est-
à-dire moins personnelle. Napoléon, le plus
illustre de vos parvenus, s'est laissé affubler d'une
généalogie. Tandis qu'il instituait la Légion d'honneur et qu'il sanctionnait l'abolition du droit d'aî-
nesse, il créait une aristocratie héréditaire, il dé-
crétait les majorats, et pour comble de contradiction il redorait les blasons de la vieille noblesse.
Vous avez eu des princes sincèrement, honnêtement bourgeois; ils n'ont su ni protéger ni supprimer les titres; ils les donnaient aux uns, les
laissaient prendre aux autres, et vous en êtes encore au même point. L'usurpation est interdite
aux magistrats, tolérée chez les préfets, com-
mandée aux diplomates. Un fabricant d'allumettes
chimiques est nommé comte à grand orchestre,
parce qu'il a su s'enrichir en fabriquant des milliards d'allumettes; mais son gentilhomme de fils
ne pourrait plus sans déroger en vendre une
seule. Vous direz à cela qu'on ne déroge plus,
que les écussons les plus illustres servent d'en-
seigne à des marchands de vin, que les alliances
baroques ou même scandaleuses laissent le nom
intact, que le fils illégitime d'un comte et d'une
blanchisseuse hérite de tous les titres paternels,
s'il est simplement reconnu; que les barrières
protectrices de l'aristocratie croulent de tous

côtés, et que la magistrature du roi d'armes est exercée par de petits faussaires en chambre : raison de plus pour rendre hommage à la noblesse du fellah, qui est la plus antique, la plus pure, la plus bienfaisante et la plus modeste de toutes.

« Nos pères sont les premiers hommes dignes de ce nom dont il soit parlé dans l'histoire; ils ont créé de toutes pièces une civilisation parfaite quand tout était solitude ou barbarie dans vos pays. Cette race patiente, ingénieuse et douce a inventé l'agriculture, les arts, l'écriture, et, ce qui vaut mieux, la justice; c'est leur morale qui vous guide encore chaque fois que vous faites le bien. Longtemps, longtemps avant l'âge où les événements ont commencé d'avoir des dates, l'agriculture de nos pères dépassait en perfection tout ce que vous admirez aujourd'hui. Certains tombeaux d'une antiquité vraiment immémoriale nous montrent combien la vie rustique était heureuse et pleine chez les fellahs, lorsque messieurs vos pères, armés d'une hache de caillou, se dévoraient les uns les autres. Nous élevions en domesticité plus de quarante races d'animaux qui depuis sont retournées à la vie sauvage. Je dis nous élevions, car je me flatte d'être le descendant direct de ces humbles seigneurs-là; mon portrait se trouve dans leurs tombeaux, sur tous leurs monuments ; le type de la famille est resté immuable. Il fallait que notre sang fût d'une qualité bien particulière pour rester pur après tout le mélange de huit ou dix invasions. Nous avons été conquis tour à tour par les Éthiopiens, les Hicsos, les Perses, les Macédoniens, les Romains, les Arabes, les Circassiens ou mameluks, les Turcs, que sais-je encore? mais nous sommes restés nous-mêmes, par un décret spécial du Dieu puissant. Il est écrit là-haut que l'étranger et l'étrangère ne verront pas grandir leur postérité sur le sol sacré de l'Égypte et si l'étranger se marie à la femme égyptienne, les enfants ne vivront que s'ils deviennent comme nous. Dès la troisième génération, le sang exotique s'élimine, et il ne reste que de petits fellahs. Or, comme il y a tout un lot de qualités héréditaires qui se transmettent de père en fils avec le sang fellah, c'est le grand nombre chez nous qui est l'élite du peuple; vous nous reconnaîtrez à notre type et à notre conduite plus facilement à coup sûr qu'on ne discerne un gentilhomme dans la foule des Parisiens.

« On vous a dit que nous étions paresseux, malpropres et misérables ; je m'étonne qu'un voyageur ne nous ait pas encore accusés d'ivrognerie, nous qui buvons l'eau même avec sobriété ! Notre paresse consiste à piocher au bas mot douze heures par jour, sans dimanche, sous un soleil qui chauffe à cinquante et soixante degrés. Notre malpropreté nous pousse à faire cinq toilettes du matin au soir avant chacune de nos cinq prières; je connais peu de paysans, voire de gens du monde, qui négligent leur personne à ce point. Nous jeûnons tous, sans exception, durant tout un mois de l'année; serait-ce par gloutonnerie? Nous pratiquons l'aumône et l'hospitalité dans une mesure un peu ridicule, je l'avoue, car nous sommes misérables, très-misérables, et c'est la seule épithète que l'on nous applique à bon droit. Le fellah souffre; il travaille beaucoup plus que le paysan d'Europe, consomme beaucoup moins et n'amasse absolument rien. Voilà le mal que je voudrais guérir par mes enseignements, par mes conseils et surtout par mon exemple.

« Il n'y a pas sous le soleil un climat plus sain, un fleuve plus généreux, une terre plus inépuisable que la nôtre. Seuls entre tous les peuples, nous sommes exemptés de cette loi de restitution qui impose aux laboureurs du monde entier un problème à peu près insoluble. Lorsque vous ramassez neuf ou dix sacs de froment sur un pauvre hectare de terre, vous vous dites : Comment ferai-je pour rendre au sol ce qu'il m'a donné? Si je ne l'indemnise pas sous une forme ou sous une autre, chaque récolte l'appauvrit comme un dividende prélevé sur le capital. Nous, paysans d'Égypte, enfants gâtés de la nature, nous pouvons moissonner à l'infini sur le même terrain. Chaque inondation rend au sol l'équivalent de toutes nos récoltes de l'année, en eussions-nous pris quatre! Le fleuve paternel, ce vieux Nil qui a créé notre patrie, répare de son divin limon toutes les brèches que nous avons pu faire; il dépouille pour nous les hautes terres de l'Afrique; il exploite à notre profit la richesse de vingt pays tributaires qui savent à peine notre nom, et que nous conquérons chaque été sans coup férir. Cela étant, le fellah qui laboure les rives du Nil devrait jouir d'une magnifique aisance; il semble *a priori* qu'il ait un privilége sur ses pareils. D'où vient qu'il soit le moins logé, le moins vêtu, le moins nourri, le plus dénué de tous les hommes? Comment lui seul au monde, par privilége inverse, n'a-t-il le temps ni de lire, ni de penser, ni presque de respirer? J'aime avec passion mon peuple et mon pays; ainsi doit faire tout homme vraiment homme. C'est pourquoi mon étude est tournée au progrès de la culture égyptienne et au soulagement de mon frère, le patient et courageux fellah. »

Le plus jeune des convives s'écria : — Moi, je

sais où est le cadavre. Toutes les douleurs de l'Égypte ont leur source dans le despotisme des Turcs.

Ahmed réfléchit un moment et répondit : — Monsieur, avez-vous lu la Bible?

— Mais sans doute... par-ci par-la.

— Eh bien! je vous conseille de la relire, et je vous recommande en particulier les chapitres 39 et suivants de la Genèse. Il n'est pas sans intérêt de voir sous quel régime vivait le peuple des fellahs dix-sept cents ans avant l'ère chrétienne, vingt-trois siècles avant l'hégire de notre saint prophète, et plus de trois mille deux cents années avant la conquête du pays par les Turcs. Moïse, qui était né parmi nous, raconte que le roi était propriétaire du pays et de la nation, corps et biens; c'est par pure générosité qu'il laissait au paysan les quatre cinquièmes de la récolte. Le souverain, qui n'était certes pas un Turc, vivait à la turque. La Bible ne parle pas du harem, mais elle le sous-entend le plus clairement du monde lorsqu'elle dit que le généralissime et les grands dignitaires de la couronne étaient trois eunuques du roi; s'il n'y avait pas eu de harem, il n'y aurait pas eu d'eunuques.

— Pardon, monsieur Ahmed; est-il vrai que Putiphar lui-même appartenait à cette classe intéressante et désintéressée?

— Eh ! sans doute, puisque le généralissime, c'était lui.

— Et le roi confiait ses armées à un de ces malheureux ?

— Pourquoi pas ? Ils sont braves. Le grand Narsès n'a pas été une exception. Pensez-vous que les Orientaux prendraient des lâches pour gardiens de leur honneur ?

— Étrange ! Mais sous quel prétexte ce Putiphar s'était-il marié ?

— La Bible n'en dit rien ; je suppose qu'il avait obéi au même sentiment que ses pareils du Caire et d'Alexandrie. Ils se marient presque tous, dès qu'ils sont riches, par esprit de charité, rien que pour faire œuvre pie en nourrissant quelque vieille femme, veuve et chargée de famille.

— De plus en plus original !

— Moi, je trouve cela fort humain, ne vous en déplaise ! et j'aime à constater que la bienfaisance *désintéressée* n'est pas le monopole d'une secte ou d'une époque, comme vous paraissez enclins à le croire. Les malheureux se sont entr'aidés de tout temps. De tout temps aussi les puissants ont abusé tant qu'ils ont pu, et soumis le monde à leur caprice. L'auteur de la Genèse est un sage, il a rédigé d'honnêtes lois, mais il semble trouver naturel que le bon plaisir des forts soit 'unique loi de l'Égypte. Putiphar se croit offensé par Joseph, il le jette en prison, dans sa prison à lui, sans autre forme de procès. Le roi se brouille avec deux grands officiers de sa maison ; il les fourre dans la prison du généralissime. A quelque temps de là, ce pharaon change d'avis : il fait pendre et décapiter le grand pannetier et rétablit le grand échanson dans sa charge. Pourquoi tant de bonté pour l'un et tant de cruauté pour l'autre ? On ne sait pas, on n'a pas besoin de le savoir, c'est assez que le roi l'ait voulu. Voilà le despotisme qui fleurissait en Égypte trente-deux siècles avant la conquête turque.

« On accuse les Turcs de négliger leurs propres affaires et de vivre indolemment au jour le jour. Le fait est que beaucoup d'entre eux sont tellement absorbés par le harem que tout leur semble indifférent. J'ai souvent entendu mon père et nos voisins se plaindre de certains employés de Son Altesse qui ne voient ni ne font presque rien par eux-mêmes et se reposent sur un factotum ou vékil. Il n'y a pour ainsi dire par un homme arrivé qui ne se donne le luxe d'un vékil ou suppléant officiel. Mais cette mauvaise habitude est-elle propre aux Turcs, et n'est-ce pas plutôt le climat égyptien qui la conseille et la commande? La fortune de Joseph en Égypte s'explique par une aptitude providentielle au métier de vékil. A peine est-il esclave de Putiphar, que son maître lui donne « l'autorité sur toute la maison, en sorte que Putiphar n'avait d'autre soin que de se mettre à table et de manger. » Le voilà majordome. Dès qu'il est en prison, le gouverneur le fait vékil en titre. Il « lui remit le soin de tous les prisonniers, rien ne se faisait que par son ordre, et le gouverneur lui ayant tout confié, ne prenait connaissance de quoi que ce fût. » (*Genèse*, xxxix, 22 et 23.) Ce gouverneur-là n'était pourtant pas Turc. Le pharaon fait mieux encore. Lorsqu'il voit que Joseph a le don d'interpréter les songes (c'est un mérite que l'Égypte apprécie encore aujourd'hui), il lui transmet toutes les prérogatives du pouvoir absolu. « Tout le monde t'obéira, dès que tu auras ouvert la bouche; les peuples fléchiront le genou devant toi. » Il lui met son anneau dans la main, c'est-à-dire qu'il l'autorise à signer les actes royaux; c'est encore aujourd'hui l'empreinte d'un cachet qui nous tient lieu de signature. Lorsque Joseph veut définir la fonction dont il est investi, il dit à ses frères : « Dieu m'a rendu comme le père du pharaon, le grand-maître de sa maison et le prince de toute l'Égypte. » Quand il les invite à s'établir dans le royaume, il ajoute en bon parent, mais en détestable ministre : « Toutes les richesses de l'Égypte seront à vous. » Tel est, messieurs, le gouvernement qu'on retrouve à tous les âges de notre histoire; les Turcs ne nous l'ont pas apporté, c'est plutôt nous qui le leur avons appris. Si nos affaires vont mieux depuis le commencement de ce siècle, tout l'honneur en revient à un Turc de génie qui s'appelait Mohammed-Ali! »

III

Ce pauvre Ahmed parlait avec tant de chaleur qu'il oubliait le manger et le boire. La maîtresse du logis fit un signe qui coupa court à toutes nos répliques, et l'assemblée lui donna gain de cause, sans quoi il n'aurait pas dîné. Je ne sais s'il devina qu'on lui faisait grâce, mais il se mit à dévorer en homme qui rattrape le temps perdu.

La sobriété des fellahs, qu'il nous avait éloquemment vantée, semblait avoir un peu dégénéré en lui; il est vrai que les appétits de vingt ans ont leur excuse dans la nature. Autant que j'en pus juger ce soir-là, le jeune homme n'était ni sensuel ni recherché dans ses goûts; il s'abattait sur le pain comme un gourmand de collége et se souciait médiocrement de la chère : peu de viande, force légumes et les trois quarts du saladier firent tout son repas. Il ne but que de l'eau et respecta sans affectation un magnifique jambon d'York, viande impure ; mais il abusa du café, que l'on préparait à merveille dans la maison.

Je crus m'apercevoir que cinq ou six convives de son âge, affriolés par le mystérieux appât des choses orientales, s'étaient promis de le questionner au fumoir. Le fumoir, comme chacun sait, est le refuge des libres propos. Les hommes, s'y trouvant seuls, y prennent largement leurs aises, comme si deux ou trois heures de compagnie exquise et raffinée avaient asphyxié chez eux l'élément jovial. Ahmed fut assailli de questions plus ou moins saugrenues sur les harems, sur les almées et sur les mœurs intimes de son pays.

Il ne parut ni surpris ni fâché d'une curiosité qui me semblait indiscrète. J'avais fait quelque séjour en pays musulman, et je m'étais assuré par moi-même de la susceptibilité maladive que les questions d'un certain ordre éveillent chez la plupart des Turcs. Les amis les plus intimes ont recours à la périphrase pour traduire cette phrase si simple : comment vont ta mère et tes sœurs?

Les réponses d'Ahmed me prouvèrent que les raffinements de la délicatesse orientale sont lettre morte pour le fellah. — Mon Dieu, messieurs, dit-il, je n'en sais pas plus long que vous sur l'organisation des harems aristocratiques. Les paysans de mon village vivent tous à peu près comme les pauvres gens que j'ai connus dans vos campagnes. Ils se marient de bonne heure, dès qu'ils ont l'âge de procréer une famille, la débauche étant inconnue parmi nous. Le Koran autorise la polygamie chez les riches, c'est une loi qui ne touche pas le laboureur d'Égypte; il a sa femme, et il s'y tient. Il fait des enfants tant qu'il peut, car les enfants sont la ressource des familles dans un pays où les bras manquent. Les enfants, nus ou court-vêtus jusqu'à leur puberté, jouent ensemble sous le soleil et se baignent en commun dans le Nil, sans scrupule, c'est-à-dire sans mauvaises pensées. Nous épousons à bon escient la fille qui nous plaît, car si elle est voilée un an ou deux avant le mariage, nous avons eu tout le temps de l'étudier sans aucun voile. L'antique usage de l'Orient, sanctionné, mais non inventé par notre saint prophète, veut que la femme cache son corps et son visage; mais la misère est aussi, je pense, une loi sainte devant Dieu. Ma mère et ma sœur, qui s'en vont aux champs tous les matins avec le père, ont les jambes, les pieds et les bras nus : comment se mieux couvrir, lorsqu'on n'a qu'une chemise de coton bleu pour toute garde-robe? Cette chemise elle-même se moule sur le corps, ainsi que vous l'avez remarqué dans les tableaux de vos peintres. On se sert d'un lambeau d'étoffe pour voiler le visage, quand on y pense et quand on a le temps ; mais j'ai rencontré mille fois d'honnêtes villageoises au travail : elles étaient peu ou point voilées, et je ne les en respectais pas moins. Vous-mêmes, j'en réponds, vous n'auriez pas de mauvaises pensées, si vous surpreniez les belles paysannes de mon hameau dans leur occupation la plus familière. Accroupies devant un monceau verdâtre dont les chameaux, les ânes et les bœufs ont fourni la matière, elles pétrissent des galettes qu'on fait sécher contre les murs et qu'on empile ensuite comme le bois dans vos bûchers, pour cuire la bouillie et le pain de la maison. Lorsqu'elles ont fini, les mains sont vertes jusqu'au coude, et l'on va se laver dans l'eau du Nil ou du canal.

— Sapristi ! cria un jeune homme, cette image n'a rien d'appétissant pour un Français qui sort de table !

Ahmed éclata de rire : — Eh ! mon cher, vous voulez que je vous amuse avec les femmes de mon pays : moi, j'offre ce que j'ai.

— Mais les almées ? Les almées, ces divines créatures, ces êtres fantastiques, aériens, vaporeux, qui... que... dont... enfin les almées ?

— Ceci change la thèse. Quoique je sois parti bien jeune, j'ai rencontré une fois sur ma route la plus illustre et la plus fêtée de ces houris. Le pauvre ange s'en allait en exil comme Manon Lescaut; une barque de police l'emportait à Esné, dans la Haute-Égypte, et par grâce spéciale, son Des Grieux l'accompagnait. Un soir, à la couchée, une dahabié de plaisance, frétée par des Américains, rencontra la prisonnière. Les gardiens, moyennant pourboire, lui permirent de danser devant les mylords, et moi, pauvre petit fellah, à la faveur de mon néant, je me mis de la fête. O la belle personne ! Elle pesait deux cantars d'Égypte, qui font quatre-vingt-dix kilos, sans compter ses bijoux qui allaient certainement à six livres. Debout sur le pont du bateau, à la lueur de trois lanternes, elle ondula, se tordit et se disloqua toute la soirée sans bouger de sa place, faisant sonner ses crotales, faisant craquer ses os, et buvant de temps en temps un verre d'eau-de-vie qu'elle partageait avec Des Grieux. Le chevalier raclait une guitare en dévorant sa dame de l'œil; il était borgne. Je ne sais trop comment la fête s'est terminée, mais j'affirme que vers minuit la sueur, la peinture et la poussière formaient une couche si compacte sur la figure de Manon, que les Américains y incrustaient des pièces de vingt-cinq francs comme les maçons de Paris scellent un moellon dans le mortier.

— Horrible !

— Assez !

— Ramenez-nous au pétrissage des galettes !

— De quoi vous plaignez-vous? dit Ahmed ; je raconte ce que j'ai vu, et vous êtes témoins que je n'ai pas choisi mon thème. S'il vous plait de causer d'autre chose, je ne demande pas mieux.

Il fit une dernière cigarette, et l'on rentra bientôt au salon.

Une jeune fille essayait sur le piano quelques réminiscences d'opéra. Lorsqu'elle vit reparaître les fumeurs, elle attaqua le prélude d'une valse, cinq ou six couples se formèrent, et toute la compagnie fut en branle dans un instant. Je vois encore Ahmed appréhendé par une belle et rieuse personne qui le traitait en lycéen et le faisait danser malgré lui. Jamais plus étrange combat ne se peignit sur une physionomie. Ses grands yeux, plus brillants encore que de coutume, exprimaient à la fois mille choses contradictoires : le plaisir, l'embarras, la peur du ridicule, certain enivrement, quelque remords, le respect inné de la femme, un restant de terreur superstitieuse à la vue d'un charmant visage et de deux belles épaules qui étaient la propriété d'autrui, et au fond, tout au fond de son être, les bouillonnements impétueux, farouches, irrésistibles du sang oriental.

Sa danseuse n'était ni légère ni coquette ; c'était une de ces femmes du monde qui vont au bal cent fois par hiver, un peu par vanité, beaucoup par habitude et peut-être par hygiène aussi. La Parisienne qui a dansé depuis l'âge de dix-huit ans jusqu'au delà de la trentaine ne s'inquiète ni des impressions ni de la physionomie de ses valseurs, à peine remarque-t-elle leur visage ; pourvu qu'ils sachent se gouverner dans la foule et qu'ils aillent en mesure, ils sont toujours assez bien pour ce qu'elle en veut faire. Si vous lui disiez que son cou, ses épaules et toutes les perfections qu'elle étale le soir peuvent jeter dans quelque âme un trouble bestial, elle ne comprendrait même pas l'observation : est-elle donc autrement que tout le monde ? C'est l'usage qui lui commande de montrer dès sept heures du soir ce qu'elle cache le matin. Sous quel prétexte un homme se permettrait-il d'être ému d'une circonstance de toilette que madame et monsieur, les seuls intéressés, jugent indifférente ?

Ainsi pensait assurément la belle Mme T... lorsqu'elle s'empara d'Ahmed pour un tour de valse ; mais tandis que j'admirais sa noble sérénité, elle rencontra le regard du jeune fellah et s'arrêta toute confuse. Elle-même nous disait quelques jours plus tard avec cette précision dans l'analyse qui n'appartient qu'aux femmes : Le petit Egyptien m'a laissé voir trois choses dans un seul coup d'œil : — l'Orient, le désert et le moyen âge.

Le dernier train nous prit tous à la gare de Brunoy. Presque tous les wagons étaient pleins, comme il arrive le dimanche; chacun se logea comme il put, je perdis la compagnie et je me trouvai seul avec Ahmed. Je le soupçonne d'avoir aidé le hasard dans cette petite affaire, car, à peine installé devant moi, il me dit avec un abandon plein de grâce : — J'ai bavardé tant qu'on a voulu et mis mon cœur sur la table. Tant pis; je ne regrette rien, pas même les sottises que j'ai lâchées : Dieu est grand ! Mais je voudrais savoir comment vous m'avez trouvé, et ce que vous pensez de moi. Y a-t-il vraiment dans un fellah l'étoffe d'un homme? Croyez-vous que je puisse, avec du temps et du travail, devenir l'égal de vous autres? Ou bien la conformation de mon crâne et la couleur de ma peau me condamnent-elles à végéter, la vie durant, dans une humanité inférieure?

J'allais me récrier, il m'arrêta : — Je vous soumets, dit-il, une question déjà vieille et toujours jugée contre nous. Ce qui vous scandalise dans ma bouche, vous avez pu le lire en maint endroit. L'infériorité du fellah est attestée par bien des gens qui ne connaissent rien de lui que sa misère. On nous déclare impropres à l'industrie, aux arts, aux lettres, aux sciences, bons tout au plus au labourage comme nos compagnons, le bœuf, l'âne et le buffle. Le dromadaire, pour un rien, prendrait rang avant nous, parce qu'il est au moins pittoresque.

— Eh! qu'importent les paradoxes de quelque touriste en veine d'*humour*? A celui qui discutera sérieusement la perfectibilité de votre race, faites-vous connaître, mon cher, et il sera convaincu comme moi.

— Ne croyez pas cela. Il y a une théorie, et fort accréditée, qui, sans nier les progrès que j'ai pu faire et la précocité relative de l'esprit fellah, nous condamne à nous arrêter court au milieu de notre croissance morale, comme des enfants qui se nouent.

— Mais, pour Dieu! mon ami, laissez en paix les théories et marchez devant vous sans souci de l'opinion. Si le soldat causait politique avec tous les cantonniers qu'il rencontre, il n'arriverait jamais à l'étape. Votre route me paraît toute tracée : quatre ans de séjour en Europe vous ont initié à nos idées, à nos mœurs, à nos arts, à nos procédés agricoles et industriels. En arrivant ici, vous n'étiez qu'un jeune sauvage; vous allez rapporter en Égypte les goûts, les besoins, les ressources de l'homme le plus civilisé. Sans abjurer votre religion, vous avez certainement entrevu la supériorité de la nôtre, ou mieux encore vous vous êtes élevé jusqu'à ces régions sereines de la philosophie d'où l'on regarde avec dédain les dogmes mal assis, les préceptes arbitraires, les superstitions ridicules et le fanatisme intolérant. Vous...

Il me coupa la parole. — Arrêtez, dit-il; non, je ne suis pas du tout l'homme que vous pensez. Je méprise la philosophie, cette impiété systématique, et je déplore l'aveuglement obstiné des chrétiens. Le fils de la Juive Marie n'était que le précurseur de Mahomet, le saïs qui court à pied devant son maître. Que dire aux malheureux qui se prosternent devant le saïs et qui tournent le dos quand le maître vient à passer? Autant vous exécrez les Juifs qui ont crucifié votre prophète, autant nous dédaignons les chrétiens qui ont méconnu le nôtre.

— Mais nous n'exécrons pas les Juifs.

— Parce que vous êtes tombés dans la dernière indifférence et que les choses du ciel ne touchent plus votre cœur. Je vois comment vous pratiquez la religion de vos pères, et je constate que vous n'en faites guère plus grand cas que nous-mêmes. Montrez-moi ceux qui prient! montrez-moi ceux qui jeûnent! Où sont-ils ceux qui seraient prêts à mourir demain pour leur foi? La prière est chez vous un ouvrage de femmes, comme la tapisserie et la couture; la charité est une affaire d'ostentation pour les uns, pour les autres une précaution contre la révolte des pauvres; le prosélytisme est une intrigue hypocrite, le frétillement ténébreux d'un parti qui voudrait opprimer et dépouiller tous les autres! Il y a plus de religion dans le petit doigt d'un musulman que dans tout le corps d'un catholique, et je vous défie de me démentir, car au fond vous êtes juste aussi catholique que moi.

— Quel singulier garçon vous faites! Tout à l'heure vous m'étonniez par votre modestie, et voici que vous trépignez en vainqueur sur la tête de l'Europe. Religieux ou non, nous avons composé de toutes pièces une civilisation supérieure à la vôtre. Vous avez étudié chez nous, vous voyez de quoi nous sommes capables; il est bien difficile que vous ne nous admiriez pas un peu.

— Oui, j'admire les hommes de France et d'Angleterre, mais autant qu'un musulman peut admirer les chrétiens.

— Il y a donc une mesure déterminée?

— Certainement.

— Ah ! je voudrais savoir !...

— Permettez-moi de m'expliquer par des exemples. Quand vous voyez un portefaix qui charge un sac de blé sur ses épaules et qui le monte sans fléchir jusqu'au grenier, vous admirez cet homme, sans toutefois vous croire inférieur à lui. Vous vous dites : Il enlève un poids qui me briserait la colonne vertébrale, mais il n'est malgré tout qu'un portefaix, et je suis un monsieur. J'ai l'esprit plus cultivé que lui, le goût plus délicat, l'âme plus noble. Sa force est admirable, et je m'en servirai à l'occasion ; mais je reste ce que je suis, c'est-à-dire une personne supérieure à la sienne. A plus forte raison quand vous apercevez dans un carrefour un jongleur qui lance une canne en l'air, la rattrape sur le bout du doigt, la fait tourner autour de sa tête et finit par la garder en équilibre sur le nez, votre admiration bien légitime ne fait pas que cet homme vous paraisse supérieur à vous. Admirable tant qu'on voudra, il n'est qu'un jongleur de la rue, et vous gardez la conscience bien nette de votre supériorité, fussiez-vous le plus gauche de tous les hommes. Eh bien ! c'est dans le même esprit et avec les mêmes restrictions qu'un musulman admire les chrétiens. Ils ont la force et l'adresse qui nous manquent : ils font des machines à vapeur, des métiers mécaniques, des navires, des télégraphes, du gaz d'éclairage, des tableaux, des livres, des microscopes, des montres à répétition; mais ils ne connaissent pas la loi de Mahomet, et le plus humble croyant les domine de toute la hauteur de sa perfection morale. Comprenez-vous?

— Très-bien. Le point de vue est même original. Il suit de là que vous pourriez nous prendre nos costumes, nos constructions, nos machines, nos arts, notre industrie, notre luxe et tout ce qui nous distingue des barbares, sans cesser un moment de vous dire supérieurs à nous.

— Je ne souhaite pas que mon pays vous emprunte tant de choses. Notre costume valait bien cet uniforme maussade et gênant qui vient de vous. Les vieilles constructions du Caire sont autrement grandioses et confortables que les palais à l'instar de Paris. Vos architectes ne feront jamais rien qui égale la mosquée d'Hassan ou les tombeaux des kalifes. Notre industrie, qui tombe sous les coups de la concurrence européenne, a créé mille chefs-d'œuvre recherchés des touristes et vendus au poids de l'or. Que voulez-vous que nous fassions de votre luxe banal? Un vieux tapis du bazar en dit mille fois plus à mon imagination que les grandes moquettes prétentieuses et criardes qui nous viennent de Londres. Nous sommes gens à tisser les étoffes de soie et d'or avec autant de goût et plus d'originalité que la fabrique lyonnaise. Sans posséder les aptitudes et les ressources qu'il faut aux grands manufacturiers, nous sommes en état de nous suffire dans les choses de la vie courante; il reste encore de bons ouvriers dans nos corporations. Ils mourront de faim, si nos riches installent leurs maisons à la française et si la marchandise étrangère inonde le marché égyptien. Nous sommes un peuple agricole, nous avons besoin des outils, des machines, des métaux travaillés qui abondent chez vous, comme vous avez besoin de nos récoltes. L'affaire serait excellente pour tous, si nos relations se bornaient là; mais l'importation de votre luxe ou plutôt de vos rebuts, l'avidité des intermédiaires qui veulent tous s'enrichir en six mois, ont fait de mon pauvre pays le réfectoire des appétits européens. C'est à qui volera notre auguste maître, Saïd-Pacha, le plus noble et le plus généreux des hommes.

— S'il achète à tort et à travers et s'il paie sans marchander, à qui la faute?

— A vous, hommes d'Europe, qui l'ensorcelez! Vous agiriez autrement, j'aime à le croire, si vous songiez qu'en dernière analyse c'est le fellah qui paie. Le fellah a la religion du pouvoir, il ne marchandera jamais sa sueur et son sang aux besoins du prince, mais il se lasse de peiner au bénéfice de vos trafiquants qui l'éclaboussent et le cravachent. Sa patience fait explosion de temps à autre; on assomme au hasard un Européen qui n'en peut mais. Quand la nouvelle arrive ici, vous dites : C'est le fanatisme qui se réveille. Non, messieurs, c'est la misère qui se venge!

— Bravement péroré, mon cher Ahmed; mais vous êtes trop passionné pour que je vous croie sur parole. Votre Égypte n'est pas seulement la patrie du blé, c'est aussi le berceau des fables. Vous en êtes sorti bien jeune et sous une impression qui pourra se modifier au retour. Avant de condamner toute une classe d'hommes qui sont mes concitoyens, j'aurais besoin d'un plus ample informé. Vous nous disiez vous-même tout à l'heure, à dîner, que la misère du fellah remonte aux origines de l'histoire, et maintenant vous déclarez que tout le mal est fait par cinq ou six commissionnaires en marchandises. Je demande à vérifier.

— Et pourquoi n'allez-vous point étudier les choses par vous-même? L'Égypte ne vaut peut-être pas le voyage? Connaissez-vous sujet plus important, plus actuel, plus vivant? Y a-t-il dans le monde affaire plus capitale?...

— Que la vôtre ? Assurément non ; mais chacun a les siennes ici-bas. Je vous promets d'aller vous voir chez vous quand vous serez ministre de l'agriculture, à moins pourtant que la pente de mes études ne m'entraîne du côté de Moscou... Mais vous m'avez intéressé vivement, et cette journée me laissera dans l'esprit des points d'interrogation par centaines ; c'est vous dire que la curiosité est piquée au vif.

Là-dessus, je lui serrai la main et je lui dis adieu, car nous étions arrivés à Paris. Chacun prit sa bourriche et se mit en quête d'un fiacre.

Un mois après, je lus dans un journal le *fait divers* que voici :

« On sait que S. A. le vice-roi d'Égypte, par des raisons d'économie, a supprimé la mission civile et militaire qu'il entretenait à Paris. Les étudiants africains qu'on remarquait naguère encore aux cours de la Sorbonne et du Collége de France ont pris passage hier à bord du *Nil*, sous le coup d'une impression bien douloureuse : ils laissaient à Marseille un de leurs compagnons, mort ou mourant. Ce jeune homme, étant entré par hasard au café Bodoul, entendit un propos offensant pour la personne de Saïd-Pacha. Il protesta immédiatement par une de ces voies de fait qui exigent la réparation par les armes. On se battit le jour même aux Aygalades; l'arme choisie par M. X... était le pistolet. Les adversaires étant placés à trente pas de distance, M. le capitaine Z..., de notre garnison, donna le signal. Deux coups partirent en même temps, et le jeune Égyptien tomba. La balle, entrée au-dessus du sein droit, était sortie en brisant l'omoplate gauche. On désespère de sauver la victime, dont le nom, si nos informations sont exactes, serait Ahmed-ebn-Ibrahim. »

Cette nouvelle m'émut, je l'avoue. Pauvre Ahmed ! je ne doutais pas qu'il ne fût mort, et j'avais rencontré peu de jeunes gens plus dignes de vivre; mais pourquoi diable aussi se faire le chevalier errant d'une réputation si discutée? Le fétichisme est mal logé dans un esprit ouvert. Une nature si vaillante, si riche, si originale, finir si sottement! Somme toute, il était mort en brave; que de bien pourtant cet homme aurait pu faire, s'il eût vécu pour son pays! J'essayai de lui rendre, *a parte,* un bien modeste hommage en notant les excellentes choses et même les absurdités qu'il avait dites devant nous; après quoi j'ensevelis Ahmed-ebn-Ibrahim dans un petit coin de ma mémoire où reposent déjà cinq ou six jeunes morts qui méritaient de vivre, eux aussi.

IV

Le temps avait marché ; sept ou huit années de ma vie s'étaient dépensées bien ou mal en travaux de tout genre, quand le printemps de 1867 arriva, et l'exposition universelle avec lui. Quoique les hommes de notre siècle oublient plus vite qu'ils n'apprennent, on se rappelle encore assurément ces énormes échantillons de l'Égypte ancienne et moderne qui s'élevèrent comme par magie dans un angle du Champ de Mars. Le nouveau vice-roi, devenu souverain à peu près indépendant sous le titre de *khédive*, semblait courir au-devant de l'Europe avec ses États dans la main. Un musée dans un temple représentait l'antiquité, un pavillon richement décoré dans le style arabe figurait le moyen âge, un okel de marchands et d'artisans peignait au vif les mœurs d'aujourd'hui. Les armes du Soudan, les dépouilles d'animaux monstrueux, les parfums, les poisons, les plantes médicinales, nous transportaient d'emblée sous le tropique; les poteries de Siout et d'Assouan, les filigranès, les tissus de soie et d'or, nous invitaient à toucher du doigt une civilisation étrange. Toutes les races soumises au vice-roi étaient personnifiées par des individus choisis avec soin; on coudoyait le fellah, on se rangeait devant les Bédouins du désert de Libye sur leurs beaux dromadaires blancs. Cet étalage somptueux parlait à l'esprit comme aux yeux; il exprimait une idée politique. A mesure que l'Égypte s'affranchit de la Porte, elle se rapproche de nous, elle entre peu à peu dans le concert occidental, elle aspire à se faire classer parmi les annexes de l'Europe. Quelques balles de coton jumel modestement exposées dans un coin et quelques sacs de blé rappelaient les services que cette terre privilégiée nous a rendus en divers temps.

Mon vieil ami Charles Edmond organisait cette vaste exhibition avec tous les hommes spéciaux que l'Égypte et la France avaient pu fournir. J'allais le voir souvent, presque tous les jours, et je me sentais gagné par la fascination des choses égyptiennes. J'ai perdu bien des heures à voyager en esprit sur une grande carte modelée qui représentait au naturel la terre des pharaons. Je repensai souvent au pauvre Ahmed, et à la sommation qu'il m'avait faite un mois avant de mourir. Pourquoi avais-je laissé passer l'âge des longues courses et des travaux aventureux sans visiter le peuple le plus intéressant de l'Afrique? On vit au jour le jour, on croit qu'on aura temps pour tout, on s'abuse sur la longueur de la vie, et un matin, quand le désir de voir et d'apprendre revient vous talonner, on s'aperçoit qu'on n'est plus assez jeune pour courir au loin, ni assez libre pour quitter la maison sans que le cœur vous saigne.

Mais l'Égypte est-elle si loin, et faut-il s'imposer un exil de longue durée pour la visiter à loisir? Le train rapide vous porte à Marseille en seize heures; les bateaux-poste des Messageries ont mis Alexandrie à six jours de Marseille. D'Alexandrie au Caire, la distance est à peu près la même que de Paris à Rouen, et les chemins de fer égyptiens, dit-on, valent presque les nôtres. Tout calculé, il n'y a qu'une semaine entre la capitale de Louis XIV et celle de Saladin. La facilité du voyage aiguisa tellement mon désir que le 29 décembre 1867 j'arrivais avec deux amis au port de la Joliette, et nous nous installions sur *le Péluse,* beau bâtiment bien aménagé, admirablement commandé, et qui marche! Les âniers du Caire le connaissent de réputation. « Bon bourricot, mylord, disent-ils; vite comme *Péluse!* »

Le ciel était d'un bleu sans tache, la mer paraissait calme, une faible brise du nord-ouest soufflait exprès pour nous. Lorsque j'eus installé mon bagage dans une cabine de quatre lits qu'on m'avait gracieusement octroyée pour moi seul, j'oubliai un instant tout ce que je laissais en arrière, et je me livrai sans réserve au charme poignant de l'inconnu. Ce n'était pas l'Égypte d'Osiris et d'Isis, la patrie des monuments énormes et des hiéroglyphes mystérieux qui tenait ma curiosité en éveil : on a tant écrit là-dessus! Ce n'était même pas l'Égypte pittoresque, que Gérome, Berchère et Belly nous font toucher du doigt en plein Paris. J'étais chargé d'une mission ingrate en apparence, mais admirablement accommodée à mes goûts les plus chers : étudier les ressources du sol et les moyens d'en tirer un meilleur parti. Un caprice de la destinée m'envoyait au pays d'Ahmed pour esquisser en théorie ce que le pauvre enfant, mort trop tôt, rêvait de démontrer par la pratique. Une sorte de superstition me faisait penser par moments que j'étais son exécuteur testamentaire, que j'avais sa tâche à accomplir dans la mesure de mes moyens, et cette tâche me semblait la plus belle du monde : servir l'Europe en éclairant un coin de l'Afrique, travailler au progrès dans un pays dont l'histoire n'est qu'une longue décadence, soulager les maux du fellah, surexciter les forces productives d'un sol riche entre tous et pourtant misérable, collaborer avec le plus illustre et le plus bienfaisant des fleuves, le vieux Nil !

A peine est-on sorti de ce nouveau port de Marseille, qui ressemble à une boîte de nouvel an pleine de joujoux à vapeur, la magie du paysage vous saisit et vous cloue en place. Ces côtes nues, ces îles dépouillées qui feraient un tableau sinistre en Angleterre ou en Norvége, composent une harmonie riante avec le ciel et l'eau du Midi. On n'imagine rien de plus aimable que l'aspect de ces roches grises qui se découpent en fins profils sur un bleu pur. Pays unique, climat à part; ce n'est pas plus la France que la Grèce ou l'Italie : c'est la Méditerranée.

Tandis que j'admirais le coucher du soleil comme si je ne l'avais jamais vu de ma vie, un passager de l'avant, étendu sur son bagage, m'interpelle à brûle-pourpoint :

— N'est-ce pas, monsieur, que c'est crânement beau ?

— Oui, c'est beau.

— Eh bien ! je dis pourtant que ça n'est pas encore aussi beau qu'une idée.

Je le regarde avec attention, sa figure ne paraît pas sotte. — Vous avez donc une idée, mon ami ?

— Oui, monsieur, et je m'en vais au Caire pour l'exploiter.

— Peut-on savoir?

— Ils n'ont pas de cafés chantants, les malheureux !

Animal, va! Je lui tourne le dos, et je l'entends qui dit dans sa barbe : Il paraît que celui-là n'est pas pour le progrès.

La cloche du dîner réunit pour la première fois tous les passagers de l'arrière, et la connaissance se fit entre nous tant bien que mal. Notre président de plein droit était le commandant du navire, M. Joret, lieutenant de vaisseau. J'ai rencontré peu d'hommes plus discrets, plus réservés, plus absorbés par le commandement, qui n'est pas une petite affaire. On le voyait soir et matin sur sa passerelle, on l'apercevait aux repas; un jour, par grand hasard, je pus le joindre et le faire causer dans un petit cabinet d'étude qu'il a sur le pont, et je suis encore émerveillé de la somme d'idées justes, originales et fortes que ce galant homme gardait habituellement pour lui seul. J'imagine que ces exilés volontaires de la marine impériale ont presque tous un fonds de nostalgie dans le cœur. Le parti qu'ils ont pris en passant du militaire au civil est à coup sûr le plus sensé du monde; il est beau de régner à trente ans sur un transport de premier ordre qui file douze et treize nœuds ; il est bon d'échanger contre un appointement raisonnable la maigre solde de l'officier ; la nouvelle carrière est plus sage, plus réglée, plus conforme aux sentiments d'un père de famille, mais il y manque quelque chose. Quoi donc? Eh! l'imprévu, l'*alea*, la gloriole, l'avancement! Si l'*Annuaire* éveille une douce gaîté chez les hommes de naissance et d'éducation bourgeoise, la lecture de ce petit livre ou la rencontre d'une grosse épaulette peut attrister un jeune officier démissionnaire. « Au diable le commerce! Je serais capitaine de frégate aujourd'hui. »

A la droite du commandant siégeait M. Voisin, en Égypte Voisin-Bey, directeur général des travaux de l'isthme de Suez. Le premier mot qu'il nous adressa fut une gracieuse invitation dont vous verrez les suites. Après lui venaient deux Anglaises... sans Anglais, l'une un peu mûre et imperceptiblement desséchée par les langueurs du célibat, l'autre aussi belle, aussi blanche, aussi éthérée qu'une Anglaise de vingt ans sait l'être, pour la perdition des cœurs, quand elle veut s'en donner la peine. Elle s'appelait miss Thornton sur la feuille des passagers, et sa compagne la nommait Grace. Evoquez tous vos souvenirs de *keepsake,* rassemblez dans un même sujet toutes les perfections que les artistes d'outre-Manche ont réparties sur onze mille vierges, la noblesse du port, la taille souple et ronde, la bouche en fleur, les dents étincelantes, les yeux couleur de ciel, petit pied, main mignonne, une charge de cheveux châtains sur un front de la sérénité la plus angélique, un air de pétulance, de sagesse, de bonté, certaine solidité du menton qui trahissait pourtant la vigueur du caractère, et tout cela fondu dans je ne sais quelle harmonie suave dont le cœur était pénétré. Quand vous aurez tout combiné pour le mieux, je dois vous avertir que votre imagination, si puissante qu'elle soit, demeurera encore à mille lieues en-deçà de la réalité. Grace était supérieure aux autres femmes autant que la femme, *generally speaking,* est supérieure à l'homme; on pouvait mesurer la même distance entre elle et son sexe qu'entre son sexe et le nôtre, ce qui mettait deux infinis bien comptés entre miss Thornton et son futur mari. Et j'ai failli passer sous silence un mérite fort apprécié à bord du *Péluse :* elle était bonne personne, et elle s'exprimait correctement en français. On ne tarda guère à connaître le but et les circonstances de son voyage. Orpheline et sans dot, elle avait été recueillie par la famille d'un riche négociant, M. Longman. Longman fils, de Windcastle, membre du Yachting-Club, parcourait la Méditerranée avec sa jeune femme, et miss Helena Longman, après avoir passé les fêtes de Noël en compagnie des vieux parents, allait rejoindre son frère à bord du *Butterfly*, dans le port d'Alexandrie, pour courir l'Orient en famille. Elle avait emmené sa jeune amie, comme on conduit un enfant au spectacle.

Tout naturellement nous nous demandions si Grace achèverait ce long voyage, et si les hommes lui permettraient de rentrer au pays natal. Il y avait bien des chances pour qu'un petit être si rare et si prodigieux fût intercepté à mi-route par quelque honnête homme de mari. Cette probabilité fut l'objet de deux ou trois allusions discrètes qui ne parurent pas effaroucher miss Longman. La vieille demoiselle n'était ni sotte ni prude; elle laissait entendre, et même clairement, que, le mariage étant le but de la jeunesse et le commencement de la vie complète, elle s'estimerait heureuse d'établir sa jeune amie. Grace semblait partager cet avis, et sous la grêle de compliments dont elle était criblée, elle étudiait sans trouble et sans coquetterie les trop rares célibataires qui faisaient partie de sa cour.

Nous n'étions guère plus de cinquante passagers,

à toutes places, et dans le nombre on comptait fort peu de touristes. Ce n'est pas à la veille du jour de l'an qu'un voyageur abandonne famille et patrie pour le plaisir de changer d'air. Parmi nos compagnons des premières et des secondes, il y avait beaucoup d'employés au service de l'Égypte ou de Français établis en Orient pour affaires; on les reconnaissait au bonnet rouge, à ce fameux tarbouch qui paraît inutile et même un peu ridicule jusqu'au jour où l'on ne peut plus s'en passer. Cinq ou six Maugrabins, ou Arabes d'Algérie, étaient campés à l'avant du bateau; ils s'en allaient en pèlerinage à La Mecque, et cinq fois par jour ils priaient, baisant la terre, au milieu des matelots qui balayaient le pont.

Le soir de notre embarquement, après dîner, comme je risquais une cigarette à l'avant, je tombai dans un groupe de Français et d'Italiens qui babillaient autour de la machine. Ces messieurs, pour la plupart, semblaient connaître à fond la ville d'Alexandrie, et quoiqu'ils eussent le tort de parler tous à la fois, ma curiosité crut trouver une occasion de s'instruire.

— Moi, disait l'un, je me demande pourquoi les Juifs ont déménagé de l'Égypte pour chercher au diable vert une autre terre promise. Le pays de cocagne, c'est Alexandrie; je ne suis véritablement chez moi que là. Ce que j'ai fait d'affaires pendant la crise du coton n'est pas croyable : il suffisait d'être présent pour gagner des cents et des mille. Pas un sou d'impôt à fournir; payer l'impôt, c'est bon pour les fellahs. Le loyer même est une fiction légale. Je prends une maison de mille talaris à un propriétaire arabe. La première fois qu'il vient toucher son terme, je lui réponds : « Tu m'ennuies, moricaud; va-t'en voir chez le consul si j'y suis. » C'est qu'il y va, le malheureux! Il entame un procès dont il lui faut, comme de raison, payer les frais à l'avance. Cela dure six mois, un an, je ne sais trop; mais la veille du jour où je craignais d'être condamné, je passe la main à un Belge qui me donne cent louis de *bonne sortie*, et le procès est nul, la juridiction change; c'est devant le consul de Belgique qu'il faut recommencer la plainte et la dépense. Les consuls, qui sont établis pour protéger leurs nationaux, ne peuvent pas les condamner sans y mettre des formes; on a toujours le temps de faire le plongeon, et le Belge, averti, sous-loue la baraque à un Grec, qui la cède à un Italien, qui la repasse à un Allemand. Or, comme nous avons dix-sept consulats dans la ville, vous pensez si l'Arabe est volé; bonne affaire!

— C'est bien fait! ces animaux-là ne sont bons

qu'à nous donner leur argent. Croiriez-vous qu'un matin leur espèce de police a voulu m'imposer le balayage de mon trottoir?

— Vous n'avez pas invoqué les capitulations?

— Ah! mais si. Tous les étrangers sont chez eux en Egypte, et nous le faisons voir, morbleu! quand on nous pousse. Je fonde une maison de trente-et-un, avec quelques petites dames à l'appui. Nous rassemblons une clientèle de premier choix, deux comtes grecs, trois princes valaques, un Allemand de distinction qui a tiré sur le roi de Prusse en personne dans l'avenue de Lichtenthal. Ne voilà-t-il pas que les argousins du vice-roi me font des avanies sous prétexte que deux ou trois décavés s'étaient recommandés à saint Revolver!

— C'est un outrage à la religion! Votre consul...

— Soyez tranquille, mon consul a fait son devoir.

— Et quelle indemnité?...

— Ne m'en parlez pas! Par malheur, ou plutôt par étourderie, j'ai oublié de demander cent mille écus : on m'en aurait donné dix mille!

— Moi, dit un autre, je les ai eus, les dix mille écus. J'avais sollicité et obtenu la permission d'établir un rang de cabanes pour les baigneurs sur une côte un peu trop ventilée. Une bourrasque arrive et casse tout. J'intente une action contre le gouvernement égyptien, qui m'avait induit en dépense sans m'avertir de ce danger. Le consul m'a soutenu, il le devait, et j'ai mis trente mille francs dans ma caisse!

— Moi, je connais un homme qui a eu quatre mille livres sterling pour avoir proposé une affaire dont le gouvernement n'avait pas voulu.

— On ne lui devait rien.

— Comment! Il se dérange, il quitte sa famille, sa position, une très-haute position, il fait six jours de traversée, il mange la cuisine de l'hôtel d'Orient pendant trois semaines, et ça ne vaudrait pas quatre mille livres sterling!

— S'il occupait une haute position, rien à dire. Je connais en revanche un pauvre cordonnier à qui l'on doit trente-deux francs pour fournitures, et son consul renonce à le faire solder.

— Parbleu! lorsqu'un consul a des millions à réclamer, comment se dérangerait-il pour une paire de bottes? Du reste le gouvernement ne paye personne depuis six mois.

— Si, si!

— Non, non!

— Vous ne savez ce que vous dites.

— Ni vous non plus.

— Les caisses de l'Etat regorgent.

— Elles sont vides. Constantinople a tout pris. Je connais la servante de la femme d'un portefaix qui a embarqué un milliard en or à l'adresse de Fuad-Pacha.

— Et moi je puis nommer la maîtresse d'un Juif à qui le ministre des finances demandait vingt mille francs contre un billet de six cent mille.

— En sont-ils là?

— Parfaitement; on vend les diamants du harem.

— Qu'est-ce que vous chantez? ils viennent de commander pour dix millions de femmes en Géorgie! Quand on veut de l'argent, on en trouve. Les maires de village sont riches, et quelques coups de bâton sur la plante des pieds...

— La bastonnade est abolie.

— Allons donc! Depuis quand?

— Depuis Saïd-Pacha.

— Ce bourreau?

— Ce grand cœur! Si vous parlez d'un bourreau, vous voulez dire Abbas.

— Quel monstre!

— Quel justicier! une femme fellah vient se plaindre d'un soldat qui lui avait pris pour un centime de lait caillé. Abbas interroge le soldat, il nie. « Qu'on lui ouvre l'estomac! » On ouvre à l'instant même; le lait caillé s'y trouvait.

— Et si par aventure il ne s'y était pas trouvé?

— Abbas aurait fait pendre la femme.

— Aurait-il ressuscité le soldat?

— Malheureusement, chers amis, l'histoire est de pure invention.

— Qu'en savez-vous?

— C'est moi qui l'ai fabriquée.

— Je le crois, puisque vous le dites. Il n'en est pas moins vrai qu'Abbas-Pacha, dès l'âge de seize ans, empoisonnait le defterdar avec des bonbons.

— Quel defterdar?

— Celui qui faisait ferrer ses valets d'écurie quand ils avaient mal ferré ses chevaux.

— Légende sur légende!

— Est-ce une légende aussi l'histoire de l'inspecteur des raffineries qui fait arracher toutes les dents des petits fellahs lorsqu'on les prend à mordre au sucre?

— C'est un conte à l'usage de l'exportation. On en invente tous les jours un demi-cent sur la place des Consuls. Il faut bien tuer le temps, et tous les vice-rois y passent à tour de rôle depuis le grand Mohammed-Ali.

— Qui, grand?

— Mais Mohammed-Ali, je suppose.

— Ce cavas, ce gendarme, qui ne savait pas lire à quarante-deux ans!

— Moi, je l'admirerais, rien que pour avoir appris ses lettres à cet âge.

Lorsqu'ils se furent bien querellés sur l'histoire contemporaine, dont ils ne savaient mot, ils s'occupèrent des principaux Européens qui avaient élu domicile en Égypte. Les consuls généraux, les députés de la nation et jusqu'aux simples commerçants furent exaltés et dépréciés tour à tour avec une incroyable ardeur. Le même homme était un génie pour les uns, une simple brute aux yeux des autres, saint Vincent de Paul par-ci, Cartouche par-là.

— Il a volé!

— C'est lui qu'on a volé!

— Où a-t-il trouvé ses millions?

— Vous ne savez donc pas qu'il est au-dessous de ses affaires?

Et tout cela était affirmé, démenti, juré d'un air de conviction qui eût mis la magistrature en déroute. Un des beaux diseurs de la bande nous amusa pendant plus d'un quart d'heure aux dépens de l'isthme de Suez. Il avait l'accent provençal et la langue admirablement bien pendue.

— L'isthme, dit-il, quel isthme? La boutique à M. de Lesseps? *Tè!* ce n'est pas un isthme, ça, c'est une souricière à prendre les capitaux des imbéciles ; mais nous autres d'Alexandrie, on ne nous rase pas comme on veut ! Pas une piastre ne sortira de nos poches tant que nous n'aurons pas vu les trois-mâts circuler vent arrière entre Suez et Port-Saïd. Ils sont là-bas cinquante ou soixante amateurs qui déjeunent le matin, dînent le soir, se couchent la nuit, et boivent du vin de Champagne à la santé des bonnes gens d'Europe. Quand ils n'ont plus le sou, M. de Lesseps prend une pioche d'or massif, il fait semblant d'inaugurer quelque chose, et crac ! cent millions qui leur tombent du ciel. On ne saura jamais le compte des milliards qu'ils ont mangés sans rien faire.

Je me permis d'objecter timidement que plus d'un voyageur avait vu les travaux.

— Vu ? reprit-il avec une furie bouffonne, vu ?... Mais dès que vous arrivez, ils vous grisent, et sait-on seulement ce qu'on voit quand on est gris ? Ils vous promènent en bateau sur une espèce de rigole où l'on verse trois gorgées d'eau qu'on fait venir exprès du Caire, et qui servent tout le long du voyage grâce à un système d'écluses où le diable perdrait la carte. C'est la même eau qui vous mène et qui vous ramène, et, pour cacher le mécanisme, ils ont planté de distance en distance des tuyaux de fer creux surmontés de palmes vertes : tout homme un peu naïf ou simplement ému jurerait qu'il voit des palmiers; on y suspend même des dattes! Voulez-vous qu'on vous montre aussi des travailleurs, des campements, des villages? Vous n'avez qu'à dire, tout est prêt. A chaque étape, vous rencontrez une brigade d'ouvriers, la pelle en main, un demi-cent de tentes et même une demi-douzaine de maisons qui se démontent à volonté. Tout ça vous accompagne au long de la route, monsieur. Vous débarquez, vous admirez, vous entrez dans une maison très-proprette, vous buvez bouteille en cassant une croûte; mais à peine avez-vous tourné le dos, que le village et le chantier filent par la traverse et s'en vont vous attendre à la prochaine station : voilà! Tous les Français s'y laissent prendre, même le prince Napoléon, qui passe pour malin parmi les sénateurs. Une idée nationale! une spéculation nationale! et surtout le vin national! La tête tourne. Sir Henry Bulwer, un Anglais.... je déteste les Anglais, mais je les estime quand par hasard ils ont le sens commun.... celui-là s'était muni d'un couteau; il fit une entaille au chalet où M. de Lesseps lui avait offert le premier déjeuner, et tout le long de l'isthme il retrouva son entaille. Ces mylords portent le vin comme pas un Marseillais, c'est connu. Et au dernier banquet, lorsqu'il dit bonsoir à la compagnie, M. de Lesseps et les autres comptaient sur un petit compliment. Pas si bête! « Messieurs, dit-il, j'ai l'honneur de vous observer que, si les diplomates ont une langue, c'est pour se taire. » Ils ont eu beau le chatouiller pour le faire rire, voilà tout le *gratias* qu'ils en ont obtenu!

Un murmure de sympathie appuya cette tirade, et quelques boutiquiers d'Alexandrie enchérirent sur l'orateur.

O l'étrange racaille! Et faut-il que l'Orient nous juge sur de pareils échantillons! Je me rappelai malgré moi qu'un jour, à Scutari, comme je me promenais seul sur la rive asiatique du Bosphore, mon attention fut attirée par un long rouleau de choses mortes, brisées, corrompues, à moitié détruites, que le flot apportait, reprenait et abandonnait enfin. Cette épave sans forme, sans couleur et sans nom ne ressemble-t-elle pas un peu à l'émigration de rebuts humains qu'un courant invisible pousse à l'est de la Méditerranée?

J'ai su depuis que plusieurs nations de l'Europe étaient représentées sur la place d'Alexandrie par des maisons aussi considérées que considérables. La Grèce y tient le premier rang, puis l'Italie, puis nous; mais dans une colonie si terriblement bigarrée, où l'intrigue, la calomnie et la vantardise ont créé comme une langue à part, que le voyageur a de peine à saisir un atome de vrai ! Selon qu'il frappe à une porte ou à une autre, il devient optimiste, pessimiste, sceptique. Pas un fait, pas un homme, sur qui l'opinion soit d'accord ; l'unanimité est introuvable, la certitude impossible. Et comme tout sentiment, juste ou non, devient fatalement excessif dans ce foyer de passions ardentes, on s'explique la contradiction scandaleuse de tous les témoignages publiés sur l'Égypte.

Ce soir-là même, dans le groupe versicolore où je m'étais fourvoyé, je fis sans préméditation une expérience instructive. A propos des malheureux Algériens qui dormaient sur le pont, je m'informai si le rhamadan ne commençait pas bientôt, car j'avais toujours cru que le carême des croyants préludait au pèlerinage. Cinq ou six voix s'élevèrent en même temps pour me répondre.

— Le rhamadan, il y a bel âge qu'il est fini !
— Il n'est pas commencé !
— Eh ! j'étais encore à Alexandrie !
— Je vous dis qu'il arrive en mars !
— En juillet !
— En octobre !

Au plus fort du débat, un homme d'un certain âge, qui se promenait seul en fumant, s'arrêta près de nous, montra du doigt un croissant subtil qui se découpait dans le ciel, et nous dit : Voici de quoi vous mettre d'accord ; c'est la lune du rhamadan qui se lève.

Cela dit, il reprit tranquillement sa promenade ; mais les citoyens d'Alexandrie ne se tinrent pas pour battus. L'un dit : Pourquoi serait-ce la lune du rhamadan plutôt qu'une autre ? Son nom n'est pas écrit sur sa figure.

Un autre ajouta : Je le connais, ce bonnet rouge : c'est un photographe de Toulon qui a fait de mauvaises affaires.

— Vous vous trompez, c'est un dentiste d'Aix qui achetait des femmes pour Saïd.

— Allons donc ! Je l'ai connu lorsqu'il bourrait la pipe d'Abbas-Pacha !

Renseignements pris, l'homme à la lune était M. Gastinel, directeur du jardin d'acclimatation du Caire, professeur de chimie et de pharmacie, et l'un des savants les plus modestes et les meilleurs que j'aie connus. Le vice-roi l'a élevé au rang de bey l'été dernier.

V

Après une excellente nuit, tous les passagers de l'arrière se retrouvent sur la dunette à huit heures. La mer est calme, on entre dans les bouches de Bonifacio. Un groupe s'est formé autour de miss Grace et de son amie. La jeune fille est fraîche comme la rosée du matin, ses joues, fouettées par la brise, se colorent d'un sang jeune et généreux, ses yeux étincellent. Il faut bien que la mer soit l'élément naturel du peuple anglais : voilà une enfant qui navigue pour la première fois de sa vie; non-seulement elle ne sera pas incommodée une minute, mais elle n'a pas même le souci du danger. Lorsque je vins me mêler à sa cour, on raisonnait sur le naufrage de *la Sémillante*, cette malheureuse frégate dont le tombeau se trouvait précisément sous nos pieds. Ces souvenirs donnent à penser aux plus braves. Un officier d'infanterie de marine avouait que la bouée de sauvetage suspendue au chevet de son lit l'avait d'abord empêché de dormir. — Moi, dit miss Grace, il me semble que je saurais toujours me tirer d'affaire à la nage. Vous dites que *la Sémillante* avait perdu son gouvernail, et que d'ailleurs elle était un peu vieille pour se défendre contre la mer; mais il y avait à bord des passagers jeunes et vigoureux : on se débat, on gouverne à tour de bras jusqu'à la côte. Vous pouvez me jeter à la mer, je ne me noierai par pour si peu.

La conversation, par une pente naturelle, tomba sur *l'Atlas*, ce mystérieux paquebot qui n'a jamais donné de ses nouvelles. Le second du *Péluse*, un joyeux Marseillais, rond comme une pomme, expliqua le sinistre. *L'Atlas* était parti comme nous, à la fin de décembre; la cale était encombrée de cartonnages, de bonbons, de tous ces articles délicats qui font un gros volume et pèsent peu, tandis qu'on avait entassé des rails sur le pont. Les bâtiments chargés ainsi n'ont qu'un équilibre instable; pour peu qu'un coup de mer déplace le centre de gravité, on chavire.

— J'entends bien, dit miss Grace; mais que personne n'ait su gagner la terre en nageant, voilà ce qui me passe.

On essaya de lui faire comprendre que les naufrages en pleine mer n'épargnent personne. — Voyons, mademoiselle, combien de temps pourriez-vous nager sans fatigue?

— Mais, monsieur, je ne sais pas : la fatigue m'est inconnue, comme la peur.

Elle disait ces énormités simplement, du ton le plus aisé, sans la moindre apparence de forfanterie. Jolie nature que cette enfant! Lorsqu'on nous fit voir à bâbord la Madeleine et Caprera, je craignis un instant que miss Grace ne voulût gagner les îles à la nage. Quel feu! Elle envoyait des baisers à une petite maison blanche qu'on nous avait désignée comme la retraite de Garibaldi. — Il est presque en France, disait-elle. Heureux Français! remerciez-vous Dieu d'avoir mis un tel homme si près de vous?

— Il paraît que vous avez le cœur républicain, mademoiselle?

— Oh! non, je suis une loyale Anglaise, et je donnerais ma vie pour la reine; mais j'admire Garibaldi parce qu'il est le plus grand, le plus simple et le meilleur des hommes.

J'avais grand plaisir à la voir, et plus grand encore à l'entendre. Cependant la brise fraîchit, le ciel se couvrit de nuages, *le Péluse* se mit à danser, et, ma foi! je jugeai prudent de regagner ma chambre. Je m'y tins coi jusqu'à Messine, sans autre distraction que les visites du docteur et de mes amis. Le médecin du bord, M. Énault, me traitait par la honte. — Osez-vous rester là, me disait-il, lorsque nos deux Anglaises se promènent en riant sur le pont? Miss Grace a déjeuné d'un appétit charmant, et vous, un homme fort, vous sucez des quartiers d'orange!

Enfin la protection de Charybde et de Scylla permit aux plus souffrants de dîner devant Messine. C'était le 31 décembre, à l'heure du soleil couchant. Le repas fut joyeux; on croyait le beau temps revenu. La côte de Sicile est riante : partout des parcs, des vergers, des villas, des cabanes pittoresques comme on en voit dans les rêves. L'Italie, plus abrupte et moins cultivée, montre par-ci par-là un village implanté sur le roc en nid d'aigle; les voiles vont et viennent; le gaz s'allume ici sur les quais de Messine, là-bas dans les rues de Reggio. Tandis qu'on lève l'ancre, j'essaye un bout de promenade sur le pont, et je retombe dans les petits bourgeois d'Alexandrie. Encore une querelle et une querelle polyglotte, où le français, le grec et l'italien se marient le plus désagréablement du monde.

— Je vous dis qu'il est pacha : Ahmed-Pacha !

— Non, Ahmed-Bey !

— Non, Ahmed-Effendi.

— Eh bien! non, il n'est pas même effendi ; mais je vous accorde qu'il est hadji.

— Hadji, lui? Quelle bêtise ! Il est Arménien.

— Il est catholique grec, et la preuve, c'est qu'il a donné cent mille piastres à notre hôpital au temps du choléra.

— Pour ce que l'argent lui coûte ! Le coton seul

a mis dix millions dans sa poche en trois ans.

— C'est le blé !

— C'est la viande ! Il n'a pas perdu une vache quand tous les bestiaux mouraient comme des mouches.

— Au fait, c'est peut-être un sorcier.

— On l'a dit. Personne ne sait d'où il vient.

— Est-ce qu'il n'a pas déterré le trésor des kalifes ?

— Ou plutôt détroussé la caravane du Darfour ?

— Vous ne savez rien de l'affaire : il a gagné son premier million dans le Soudan, comme djellab, vous m'entendez ? marchand de chair humaine !

— Je m'étais laissé dire qu'il avait simplement vendu la goutte aux soldats anglais en Crimée.

— Jamais, mon cher ! Il est trop jeune. C'est un garçon de vingt-deux ans : calculez vous-même !

— Il en a bien cinquante au bas mot. Vous le confondez peut-être avec son fils.

— Quel fils ? Il est garçon.

— Et même, soit dit entre nous, il a rempli un poste de confiance dans le harem du prince Halim.

— Je vous jure qu'il a douze enfants.

— Imbécile !

— *Birbante !*

— *Kérata !*

Le dégoût de la querelle, joint aux oscillations croissantes du navire, me conseilla de regagner ma cabine. Au moment où je me détachais de ce groupe braillard, l'homme à la lune, M. Gastinel, me dit : — Si vous allez en Égypte, comme on le dit, pour étudier l'agriculture, ne manquez pas de voir M. Ahmed au Vieux-Caire. C'est un esprit supérieur, il a fait ses études en Europe, et il parle le français comme vous et moi.

J'ai honte de l'avouer, mais j'entendis à peine ce précieux conseil. Mon attention, pour le moment, n'était pas aux travaux de la terre. L'année 1867 expira sur le coup de minuit ; quelques estomacs vigoureux baptisèrent 1868 au vin de Champagne ; miss Grace se mit au piano, je crois même qu'on dansa des quadrilles dans un coin de la salle commune. Je ne veux pas me souvenir des trois jours qui ont suivi. La mer fut si mauvaise que les marins eux-mêmes en souffrirent plus d'une fois. Certain soir, au dîner, la grande table réunit trois convives en tout : les deux Anglaises et le commandant. Je vivais, si toutefois c'est vivre, dans une somnolence laborieuse, tracassé jour et nuit par les craquements répétés du navire, et agité de rêvasseries absurdes. Tantôt je pensais à miss Grace, tantôt je revoyais Ahmed, mon ancien Ahmed de Brunoy, poussant la charrue en uniforme de pacha, la redingote plaquée d'or. Souvent même, quand le roulis bouleversait les porcelaines de ma toilette, les images se mariaient et se brouillaient dans mon cerveau. Ahmed offrait le bras à miss Grace et la menait en grande pompe à je ne sais quel autel fantastique où les dieux de l'ancienne Égypte trônaient sur des balles de coton, des boucauts de sucre et des gerbes de blé. Un soir que l'eau de ma cuvette était répandue dans la chambre, je rêvai que le navire s'entr'ouvrait. J'allais périr au plus profond des flots, quand miss Grace en sirène et Ahmed en triton vinrent à mon secours. L'un me prêtait l'épaule droite, l'autre m'offrait la gauche; mais une force invisible les séparait toujours malgré tous mes efforts, et, si loin que j'étendisse les bras, je ne pouvais unir mes deux sauveurs.

Malgré tout, *le Péluse* faisait bonne route, et nous filions nos douze ou treize nœuds, vent arrière. La terre fut signalée le 4 janvier sur les neuf heures du matin; mais cette terre d'alluvion qui s'étale à fleur d'eau ne se voit bien qu'au dernier moment, quand on y touche. Est-ce le phare qui s'élève là-bas? ou la colonne dite de Pompée? ou simplement une cheminée d'usine? Mais nous avons franchi les passes, et nous voici dans le vieux port, le port du bon retour, comme disaient les Grecs,

Eunostos. C'est une fourmilière de navires, toutes les marines du monde s'y disputent l'espace; toutefois le pavillon ottoman prime les autres. Nous mouillons au milieu de vingt-cinq ou trente vapeurs égyptiens ou turcs; on pourrait compter par centaines les embarcations vice-royales qui se croisent en tout sens. Le mouvement, la bigarrure des costumes, la diversité infinie des types nous causent un véritable éblouissement. Nos deux Anglaises cherchent en vain dans cette cohue de choses flottantes le petit yacht de M. Longman; mais le yacht nous a signalés, et bientôt un canot des plus corrects, battant pavillon britannique, vient accoster notre échelle de tribord. Un jeune Anglais de bonne mine, rose comme une fille entre deux favoris ardents, quitte le gouvernail, escalade le pont, embrasse miss Longman et serre les mains de Grace. Ces dames nous présentent le maître du *Butterfly* et nous présentent à lui; on échange les poignées de main, les invitations se croisent en tout sens : venez dîner à bord du yacht; venez nous voir au Caire; nous comptons sur votre visite à Ismaïlia, dans l'isthme;... des projets, des promesses et des politesses à l'infini.

Une heure après, nous pataugions comme des bienheureux dans la boue d'Alexandrie. C'est une ville européenne, moins le pavé, et, comme il y pleut fréquemment en hiver, le terrain des rues se détrempe à un demi-pied de profondeur : vous marchez dans un je ne sais quoi qui a la couleur de l'encre et la consistance du beurre. A cela près, Alexandrie n'est ni laide ni désagréable, elle n'est que vulgaire. Beaucoup de grandes rues bien alignées, force maisons construites à la dernière mode; on dirait un faubourg de Marseille, si le panache d'un palmier ne se dressait par-ci par-là.

Population singulière s'il en fut, remuante, remuée, composite au plus haut point et mal fondue. Des cafés partout, cafés borgnes, cafés somptueux, cafés chantants, cafés tripots, cafés... comment dirai-je? On y débite l'amour en plein air, derrière un grand rideau qui s'ouvre pour inviter le consommateur et qui retombe pour le cacher. Le passager qui croyait importer la mode des Alcazars et des Eldorados marseillais n'a pas dû rire en voyant les affiches. Ici *la Rose de Saint-Flour*, là *Orphée aux Enfers*, les morceaux de *la belle Hélène*, les airs de *la Grande-Duchesse;* on ne vend pas un verre d'eau-de-vie sans donner Offenbach par-dessus le marché. Quelques établissements cultivent la chanson politique, et de quel style, dieux cléments! Il y a dans ce fumier la matière d'un livre. La musique remplit les rues; partout des chants baroques et des accompagnements sans nom. Le jeu se vend au petit tas, comme à Paris les pommes gâtées. Un malheureux accroupi dans la boue a devant lui deux cartes et trois écus ; un autre malheureux qui passe prend une carte, rafle les quinze francs et s'en va.

Nous étions recommandés à un riche négociant français qui achète les cotons égyptiens pour les envoyer à Mulhouse. Il nous reçut comme de vieux amis et nous fit admirablement les honneurs de la ville. On a bientôt tout vu, la fameuse colonne, l'aiguille de Cléopâtre, le nouveau port qui n'est pas achevé, les remparts en ruine. Il y a près d'Alexandrie une belle promenade le long du canal Mahmoudié : grandes villas, palais prétentieux, jardins qui sembleraient féeriques sans le luxe de poterie qui les encombre et les grilles Gandillot qui les terminent. La plus belle de ces propriétés est un ancien kiosque de Mohammed-Ali ; on voit encore devant la porte principale, au bord de l'eau, une petite rotonde pavée de marbre et ombragée de verdure. Le grand pacha y rendait la justice, dit-on. J'éprouve quelque difficulté à me représenter la scène, tant l'espace est étroit, mais je m'incline devant un témoignage respectable. Les barques vont et viennent sur le canal avec leurs grandes vergues sans fin ; sur la rive opposée, on aperçoit quelques huttes de fellahs, trop conformes, hélas !

au modèle qui m'avait été décrit par Ahmed.

Le jardin de Mohammed-Ali, qui appartient aujourd'hui à Nubar-Pacha, est, paraît-il, un des plus beaux de l'Égypte. Nous l'avons cru sans peine; c'est un enclos plein d'ombre, de fraîcheur et de parfums exquis. Toute la flore des tropiques y vit en joie, les pieds dans l'eau, la tête au soleil; mais la vue des appartements refroidit notre admiration, quoique le sultan Abdul-Medjid les ait illustrés de sa présence. Tout cela est trop riche, trop neuf et trop européen surtout. Les tapis viennent de Londres, les lustres portent encore l'étiquette de Baccarat, et les papiers de tenture sont les plus élégants qui se fabriquent en Italie. C'est le progrès, je le sais bien, et pourtant on est tenté de dire : Progrès, que me veux-tu? Nous sortons chargés de bouquets, car l'hospitalité orientale ne perd jamais ses droits, même en l'absence du maître, et nous allons rêver, comme Marius ou Chateaubriand, sur les ruines de l'Agricole.

Qu'est-ce que l'Agricole? Une grande société de culture et d'irrigation qui est morte avant de naître. Voici les magasins, voilà parmi les herbes, les chardons et les ricins, quelques centaines de machines dont beaucoup n'ont pas même été déballées. Ruines de fer, les plus tristes, les moins pittoresques et les moins durables de toutes, les plus coûteuses aussi, car on parle de vingt-cinq millions perdus ! Par qui ? pourquoi ? comment ? Je le saurai sans doute un jour ou l'autre, mais ce spectacle m'assombrit un peu.

Heureusement voici la joie et la jeunesse en personne : c'est miss Grace cahotée dans une grande calèche de louage avec la famille Longman. « Vous ne savez pas ? nous dit-elle, nous partons demain pour le Caire, une cange nous attend à Boulaq, et nous allons remonter le Nil. Mme Longman a une indigestion d'Alexandrie, c'est la patrie de l'ennui mortel; toutes ces dames passent leur vie à s'habiller, à manger des confitures, à médire du prochain et à courir les consulats. Au Nil, au Nil ! Assurément nous nous rencontrerons dix fois en route; je ne vous dis donc pas adieu. A bientôt. » Et les voilà tous repartis au grand galop de deux chevaux maigres; la calèche sautille sur la route mal aplanie, et les branches des caroubiers, qu'on n'émonde jamais, accrochent leurs chapeaux au passage.

Sur ce, notre aimable hôte nous ramène a l'hôtel et nous dit : Si vous avez des lettres à écrire, hâtez-vous; nous dînons à sept heures et vos couverts sont mis.

J'avais à peine écrit trois lignes que déjà un compatriote inconnu m'honorait de sa visite.

— Monsieur, je n'ai pas pu résister au désir...

— Très-bien, très-bien. En quoi puis-je vous être utile ?

— C'est moi qui voudrais faire votre fortune.

— Grand merci, je suis acoquiné à ma misère, et je m'en trouve à merveille.

— Mais refuseriez-vous de rendre un signalé service à l'Égypte ? Le gouvernement de Son Altesse est un grand consommateur de charbon. Il paye le newcastle 50 francs la tonne, rendu sous vergue au port d'Alexandrie. J'offre de prendre la fourniture à 40 francs, et, si vous m'aidez, je vous donne...

— Merci, monsieur, et brisons là ; je n'entends rien au commerce.

— Je croyais cependant que vos études...

— Non, monsieur, et comme j'ai mon courrier à faire, serviteur !

L'homme s'éloigna en disant : « Si c'est ainsi qu'on reçoit les compatriotes !...

Je n'étais pas encore assis quand la porte s'ouvrit de nouveau. Un gros monsieur très-doux n'avait pas pu résister au désir,... et d'ailleurs il pensait que sa qualité d'homme de lettres...

— Ah !... mais parlez donc !

— Monsieur, je suis venu dans ce pays pour étudier en conscience la marche du gouvernement. Deux volumes sont le fruit d'un travail qui m'a coûté plusieurs années de recherches. Deux volumes in-octavo, monsieur !

— Publiés ?

— Inédits ; mais, hélas ! je dois vous dire en toute sincérité que mon jugement définitif n'est pas favorable à la famille de Méhémet-Ali. Je crains même que la publication de ces deux forts volumes n'indispose l'Europe contre une dynastie qui jouit encore de quelque faveur.

— Vous me faites frémir.

— Eh ! monsieur, j'en frémis moi-même.

— J'en étais sûr, car au fond vous n'êtes pas méchant.

— Oh ! pas du tout ; mais un homme qui a travaillé, qui a mis plusieurs années de sa vie dans un livre...

— In-octavo..., ne se résigne pas à jeter son ouvrage au feu sans qu'une compensation raisonnable...

— Vous m'avez compris.

— Parfaitement... » Si bien même que je lui montrais le chemin qu'il avait à prendre.

Il sortit d'un air aussi rogue que son premier abord avait été doucereux, et je l'entendis crier d'une voix de tonnerre : — Ce n'est pas de cette façon qu'on accueille un confrère, monsieur !

Je le suivis avec le ferme propos de défendre

ma porte ; mais, tandis que je parlais au garçon de l'hôtel, une voix mâle me cria : « Bien, mon cher ! Vous avez eu cent fois raison de chasser ce vaurien qui pratique alternativement le chantage et la mendicité. Touchez là !

Je tendis la main sottement, et quand je m'aperçus de mon étourderie, le troisième larron était déjà à cheval sur une chaise, au milieu de ma chambre.

— Ah çà ! dit-il, est-ce que par hasard vous ne me reconnaîtriez point ?

Je m'excusai sur mon peu de mémoire. Il me donna son nom, un nom qui ne sonnait pas mal, mais que je n'avais entendu de la vie.

— Mon cher, nous nous sommes rencontrés cent fois à Paris. Je ne connais que vous. Vous n'avez pas changé, mon gaillard !

— Cependant...

— Vous aurez beau dire, je vous fais compliment de votre bonne mine, et je suis enchanté de vous offrir mes petits services dans ce pays biscornu.

— Trop de bonté. Vous êtes ici pour affaires ?

— Moi, fi donc ! Je suis venu chasser la sauvagine. C'est la terre promise, mon vieil ami. Pour un homme comme moi, qui tue sept bécassines sur huit à balle franche, il n'y a que l'Égypte au monde. Laissez-moi vous organiser une partie sur le lac Mariout, et vous m'en direz des nouvelles.

— C'est que je pars demain matin pour le Caire.

— Oh! qu'à cela ne tienne! Je m'attache à vos pas.

— Vous me comblez; mais j'ai deux amis, et...

— Ils ne seront pas de trop.

— Ils n'aiment pas la chasse, et d'ailleurs je ne suis pas venu pour mon plaisir. Certain travail...

— On me l'a dit. Eh bien! puisque vous vous mettez si cordialement à mon service, je veux tenter l'épreuve de votre obligeance : tant pis, mon cher! Quoique mes revenus soient ceux d'un gentilhomme aisé, je vous déclare que bientôt la vie ne sera plus tenable ici pour un oisif. Ce qui coûtait un louis avant la crise américaine en vaut quatre ou cinq à présent. Or, j'aime le pays, j'y suis bien vu, j'ai de l'activité, et, si vous me poussiez un peu, j'essayerais, oui, morbleu! de faire quelque chose.

— Je ne vous pousse pas!

— Mais vous pouvez m'aider. Je ne viens pas ici pour vous emprunter de l'argent; faites-moi seulement la charité d'une parole. Obtenez qu'on m'accorde une autorisation quelconque par écrit. Qu'on me permette de fonder un journal, une petite banque d'escompte, une maison de jeu, un café, n'importe quoi.

— Est-ce que toutes ces industries ne sont pas libres?

— Oui, mais celui qui vole de ses propres ailes est tenu de réussir, tandis qu'un homme autorisé par le vice-roi peut échouer à plaisir, il tombe sur un lit de roses. Heureux ou malheureux, ses derrières sont assurés. Si je gagne, j'empoche; si je perds, je me retourne contre le gouvernement, je réclame une grosse indemnité, le consulat m'appuie, l'Égypte tremble et paye : il y a souvent même profit à ne point réussir.

— Vous m'instruisez, monsieur : je connaissais un peu la chasse de la sauvagine; mais la chasse aux indemnités m'ouvre un horizon tout nouveau. Par malheur, mon crédit est nul, et je ne peux que vous souhaiter bonne chance. Vous avez assez d'esprit pour vous tirer d'affaire tout seul.

Oui, certes, il avait de l'esprit, et la preuve, c'est qu'il prit congé en souriant avec grâce, et sans me tendre la main cette fois.

Je fermai ma porte à double tour, et grâce à cette précaution, je manquai la visite de deux personnes que j'aurais vues avec plaisir. Les lettres expédiées, on s'habilla, et l'on courut chez M. Claude, notre nouvel ami, qui nous attendait à dîner. Les rues d'Alexandrie sont éclairées au gaz, mais les escaliers ne le sont pas encore. En arrivant au premier étage, je pris ma droite pour ma gauche, j'ouvris un magasin au lieu d'une antichambre, et le concierge, qui nous suivait la lampe en main, me trouva étalé de tout mon long sur une balle de coton. Je me relève un peu confus, mais non sans avoir lu sur une enveloppe de grosse toile les mots : Ahmed et Mansourah.

— Ah! pour le coup, dis-je à M. Claude, je veux en avoir le cœur net. Vous avez un correspondant du nom d'Ahmed?

— J'en ai plusieurs. C'est un nom très-commun chez les musulmans, comme Pierre ou Joseph chez les chrétiens.

— Mais ce n'est pas un nom de famille.

— Il n'y a pas de noms de famille. Les homonymes se distinguent généralement par leur titre ou par un sobriquet.

— J'ai entendu parler d'un Ahmed très-intelligent et très-riche.

— Mon homme de Mansourah! On en dit le plus grand bien.

— Vous le connaissez?

— Par correspondance.

— Il écrit le français?

— Comme tous les Égyptiens de la classe élevée, à moins pourtant qu'il ne se serve d'un secrétaire, car ses lettres sont signées à la turque, par la simple apposition d'un cachet noirci.

Mme Claude entra là-dessus, nous nous mîmes à table, et la soirée s'écoula comme un instant. Jamais plus gai repas ne fut offert plus cordialement ni mieux assaisonné de bonne grâce. Notre premier dîner d'Égypte se trouva par le fait un dernier adieu à la France.

Sur le minuit, comme je rentrais à l'hôtel, le domestique me dit : Vous trouverez la clé sur votre porte et la bougie allumée; on vous attend.

— C'est trop fort! Qui m'attend?

— Un monsieur.

— Quel monsieur?

— Je ne sais pas, un de vos amis.

— Ah! parbleu! je vais lui prouver qu'il n'y a plus d'amis passé certaine heure.

J'entre comme un furieux, un grand diable barbu jusqu'aux sourcils se lève à mon approche et m'embrasse en disant : Salam-alek!

Je lui réponds : Animal!

Il éclate de rire. — Bravo, mon cher; vous avez bientôt pris les belles façons d'Alexandrie. Je méritais un meilleur accueil, car j'arrive exprès pour vous voir, et il y a dix années que je vous attends, soit dit sans reproche.

Je recule de deux pas, je reconnais la voix, les yeux, tout l'homme, et à mon tour je lui saute au cou. C'était Ahmed.

VI

Il faut croire qu'à notre insu l'amitié s'échauffe ou se refroidit dans nos cœurs. Nous revoyons avec indifférence tel homme à qui l'année dernière nous disions adieu en pleurant. Tel autre qui ne nous était presque rien nous apparaît après dix ans comme un frère. Je connaissais Ahmed aussi peu que possible, puisque je l'avais rencontré une seule fois, et ce souvenir même datait de si loin ! Mais le jeune homme avait jeté dans mon esprit quelques germes féconds, et le souvenir de sa personne avait grandi avec les semences. La forêt se souvient, après un siècle et plus, du voyageur qui du bout de sa canne a planté un gland sans y songer. Et si cet étranger, ce passant, ce premier venu pouvait renaître, elle l'accueillerait en ami.

Ahmed n'avait pas les mêmes raisons de me faire fête; mais il en avait d'autres. Son patriotisme exalté s'insurgeait contre les publications malveillantes et sottes où l'on refait trois fois par an la caricature de l'Égypte. « Au diable, disait-il, les touristes lettrés qui viennent à tour de rôle écumer les scandales d'Alexandrie. Que diriez-vous de moi, si je faisais le voyage de Paris pour mettre l'égout collecteur en bouteilles? Notre pays attend un homme de bon vouloir et d'esprit net qui coure droit au but sans s'amuser aux bagatelles de la porte, et fasse connaître à l'Europe la somme incalculable de biens qu'elle peut tirer d'ici.

Il m'avoua du même bond qu'il n'était pas prophète en son pays, et que souvent l'appui moral lui faisait faute. « Par mes propres forces, dit-il, je ne pouvais que m'enrichir : c'est une affaire terminée; mais que m'importe l'argent, à moi qui n'ai pas de besoins et qui vivrais, comme défunt mon père, avec deux piastres par jour? Ma fortune ne profitera guère à personne, si vous ne m'aidez pas à la proposer en exemple. Il faut ouvrir les yeux des fellahs, leur prouver par les faits que le plus misérable d'entre eux est maître de sa destinée. Quel service on pourrait leur rendre, rien qu'en publiant l'histoire et le commentaire des quelques millions que j'ai gagnés! Mes plus proches voisins, mes ouvriers, ceux qui touchent ma prospérité du doigt, refusent de l'expliquer par sa vraie cause. Les uns disent qu'il y a de la sorcellerie dans mon fait, les autres que Saïd-Pacha m'a permis de puiser au trésor ; l'opinion commune est que mes terres sont bien cultivées parce que je suis riche. C'est le contraire qui est vrai : je suis riche parce que mes terres sont bien cultivées.

— Mon cher Ahmed, lui répondis-je, s'il est vrai que ma plume puisse étendre ou fortifier les bons effets de votre exemple, vous userez de moi comme il vous plaira ; cependant permettez d'abord que je reprenne haleine et que je calme mes esprits. Vous étiez mort pour moi depuis dix ans, vous ressuscitez tout à coup sous les espèces d'un gros capitaliste et d'un grand agriculteur : fort bien ; mais laissez-moi m'accoutumer à la joie de vous trouver en vie, et contez-moi comment le pauvre petit fellah qui se faisait tuer à Marseille est devenu le haut et puissant seigneur que voici.

— Ni haut, ni puissant, ni seigneur ; pas seulement maire de village, et plus fellah que jamais, sachez-le bien. Il ne tenait qu'à moi de faire mon chemin dans les fonctions publiques ; Saïd-Pacha m'a dit lui-même : « Choisis ta place, et vise haut. — Monseigneur, répondis-je, ma place est entre mes vieux parents, qui cultivent la terre de Votre Altesse. — Eh bien ! choisis pour eux et pour toi, dans la province qui te conviendra le mieux, un domaine de mille feddans; c'est moi qui paye ! »

Je pliais sous le fardeau de ses bontés. Dès l'instant où j'avais repris possession de moi-même, à Marseille, après une agonie de quarante-cinq jours, je compris en ouvrant les yeux que ma fortune allait changer. On m'avait transporté dans le plus bel appartement du meilleur hôtel, un célèbre chirurgien pansait ma blessure, j'étais gardé jour et nuit par deux braves garçons de ma race, venus du Caire exprès pour moi. Ils m'apprirent que Son Altesse voulait me voir et me remercier en personne; l'effendi qui m'avait laissé mourant dans une mauvaise auberge était exilé de ce fait au Fazoglou, sous un ciel où l'homme le plus vigoureux fond en six mois comme une poupée de cire.

« L'espérance de retourner bientôt en Égypte et de boire l'eau du Nil avec mon père et ma mère accéléra ma guérison. A la fin d'avril, le docteur me signe un passeport, et je débarque entre mes deux gardiens sur le quai d'Alexandrie. Ils me mènent tout droit au bureau du télégraphe; on annonce mon arrivée au vice-roi, qui habitait le palais n° 3, près de la ville : — « Un certain Ahmed-ebn-Ibrahim, ton esclave, sollicite la faveur de frotter son indigne barbe aux augustes babouches de Ton Altesse. » — Mon indigne barbe n'était pas née; mais le style officiel n'attend pas. Le bon Saïd-Pacha répondit dans une forme beaucoup moins pompeuse : « Qu'il vienne m'embrasser, le petit b.....! » Séance tenante, on me met dans un fiacre, et j'arrive au palais n° 3.

« Dussé-je vivre aussi vieux que la grande pyramide de Giseh, je n'oublierai jamais un seul détail de cette audience. Saïd-Pacha, plongé dans un vaste fauteuil, m'apparut comme Gargantua; c'était bien un de ces colosses débonnaires, bons vivants, gros plaisants, grands mangeurs et buveurs mirifiques, que votre Rabelais a si plaisamment esquissés. Sa main était de taille à souffleter les éléphants; sa face large, haute en couleur, hérissée d'une barbe à tous crins, exprimait la bonté, la franchise, la générosité, le courage; mais tout cela quelque peu barbouillé de cynisme. Il avait le malheur de mépriser les hommes sans exception, en sorte qu'il ne se respectait pas toujours assez lui-même.

« Dès qu'il me vit entrer, il se leva comme une masse, et me serra dans ses bras à m'étouffer. Il était véritablement ému; par trois ou quatre fois, en m'embrassant, il répéta : pauvre petit! Puis tout à coup, comme s'il avait eu honte de sa faiblesse, Saïd-Pacha me prit par l'oreille et me dit :

« C'est donc toi, polisson, qui te fais casser les os en l'honneur de ton maître? Qui est-ce qui te l'a permis, petit drôle?... Ne sais-tu pas que les os d'un fellah sont la propriété du vice-roi? Assieds-toi là. » J'hésitais; il me poussa vers un divan où je m'étalai de tout mon long, tant ce singulier homme était fort. Et de rire! « Voyons, reprit-il, tâche de m'expliquer comment tu ne me hais pas? — Votre Altesse m'a comblé de ses bienfaits. — Imbécile! je n'en suis pas moins ton maître et par conséquent ton ennemi. Tu viens de France, et tu n'as pas lu les fables de La Fontaine! Ne te scandalise point, mon enfant, je plaisante. Tu t'es bien conduit, et je ne serai pas ingrat, quoique prince. As-tu déjeuné? — Oui, Altesse. — Ah çà! répète-moi sans rien me dissimuler ce qu'on disait de ton auguste souverain dans ce café de Marseille. — Le respect me le défend. — Et moi je te l'ordonne. On m'accusait?... Parle donc! — De choses monstrueuses. — Monstrueuses, dis-tu? Cela devait être vrai. Regarde si je ne suis pas un vrai monstre? — Non, Altesse. — Faquin, tu oses me donner un démenti! — La puissance a le droit de se railler elle-même; moi, je suis un atome de poussière aux pieds du vice-roi. » Il me retint au moins une heure, sans déparler, et j'ai gardé de cette entrevue un souvenir étrange où l'admiration se mêle à la pitié. Ce pauvre homme était plein d'idées neuves et hardies qui s'éparpillaient au hasard comme un chapelet de perles dont le fil est rompu. Il aimait notre pays, il s'intéressait à notre peuple, il prodiguait les témoignages de sa bonté à tout ce qui l'approchait ; mais son éducation n'avait pas été complète : il ignorait l'art difficile et pourtant indispensable de faire le bien en grand. Aussi a-t-il laissé quelques heureux comme moi, et la nation criblée de dettes. Sa conversation était décousue comme sa conduite : au moment où je m'extasiais sur la droiture de son cœur et le haut vol de ses pensées, il lâchait un gros calembour ou une polissonnerie de corps de garde. L'œil limpide et brillant m'éblouissait quand nous parlions de l'Égypte, de l'avenir, de toutes les grandes choses à faire ; mais par moments je reculais tout effaré devant un regard équivoque.

« Au moment de me congédier, il frappa dans ses mains et fit appeler le trésorier de sa fortune particulière. — Écoute, lui dit-il, voici un brave garçon qui s'est fait tuer pour moi, ou peu s'en faut. Je te donne trois mois pour lui trouver une belle et bonne *abadieh* (c'est-à-dire une ferme du domaine) dans la basse Égypte, sans préjudice de la propriété qu'il choisira lui-même. En attendant, je veux qu'il aille voir ses parents et qu'il se repose en famille; tu vas donc lui compter deux mille livres sur-le-champ; pas une piastre de moins, entends-tu? Je permets qu'on me vole, mais malheur à celui qui volera mes amis! Ahmed, si ce coquin te fait tort d'un seul *para*, dis-le-moi; je l'expédie au Nil-Blanc, et je te donne sa place!

« Je baisai la main du prince, et je suivis M. l'intendant, qui me paya cinquante mille francs, rubis sur l'ongle; mais au premier moment cette richesse m'embarrassa beaucoup. L'or était dans des sacs que j'empilai au fond d'une couffe; le tout pesait seize ou dix-sept kilogrammes. Je chargeai le trésor sur mon épaule, et je m'en allai retrouver mes deux acolytes à la porte du palais. Vous allez vous moquer de moi, si j'avoue que ma première pensée fut de gagner la campagne et d'enterrer les cinquante mille francs n'importe où. L'instinct fellah se réveillait après quatre ans d'études et de voyages chez ce jeune homme si bien frotté de civilisation européenne. Malgré moi, je retombais dès mon premier pas dans la sotte et funeste prudence de mes concitoyens, qui cachent leurs économies dans le désert, et ne connaissent pas de placement plus sage; mais ce ne fut chez moi que la folie d'un moment : je me fis voiturer chez un honnête banquier grec qui prit mon or anglais contre des bons du trésor payables à trois et six mois, et, comme le papier du vice-roi perdait seize pour cent, j'empochai par avance trois mille francs d'intérêts sans écorner mon capital. J'avais de quoi récompenser mes gardes-malades, voyager à la recherche de mes parents, et vivre en attendant l'abadieh de Saïd-Pacha.

« Le même jour, je partis pour le Caire en grande vitesse, et le lendemain, sans me donner le temps d'embrasser mes anciens camarades, j'installais mes hardes à Boulaq, sur une barque de la haute Égypte. Huit jours après, je revis enfin mon village, le cher village de boue et de paille où je suis né. Aux yeux du voyageur, toutes nos tanières se ressemblent; je vous réponds que moi j'eus bientôt reconnu la mienne. Elle était au bout du hameau, à cinq cents pas du petit tertre où je m'étais arrêté; je la mangeais du regard, et pourtant une force invincible m'empêchait d'y courir. Je demeurai cloué sur place, et le marinier qui m'escortait avec mon bagage me dit deux ou trois fois : — Es-tu changé en pierre, effendi?

« A la fin, je m'armai de courage, et je m'élançai d'un tel pas, que mon compagnon de route ne pouvait me suivre. Je me demandais en courant : Me reconnaîtront-ils? Faudra-t-il leur dire mon nom? — Le père n'avait pas de trop bons yeux, et la petite Zeinab était bien jeune lorsque j'ai quitté le pays; mais la mère! oh! je suis sûr d'elle, j'entends déjà son cri de mère! A cette idée, je me mis à crier moi-même, tout haletant et tout pleurant. A mesure que j'approchais, il me semblait que la paille du toit était bien vieille et qu'il n'y avait plus de porte à la maison. Plus de porte, ce n'est pas toujours la mort, mais c'est au moins l'émigration d'une famille. On ne vend pas les quatre murs, parce qu'ils représentent à peine deux journées de travail; on se contente de déchausser la porte, et le fellah la charge sur son dos, tandis que la femme prend les nattes et les poteries sur sa tête.

« Je franchis, en me courbant, le seuil de la chère hutte abandonnée; je baisai la place où mon père et ma mère avaient dormi si longtemps, et le petit coin où moi-même j'avais goûté ce sommeil robuste que Dieu donne aux enfants des pauvres en récompense de leur travail. Mes larmes pleuvaient sur la terre, et pourtant je n'avais point perdu tout espoir; quelque chose protestait en moi contre la désolation du toit paternel. Je me disais que Saïd-Pacha, si généreux pour moi, s'était peut-être enquis de ma famille; qu'il avait envoyé de l'argent, que le vieil Ibrahim, enrichi par ce coup de fortune, habitait un logis plus vaste et plus commode. Quelques moments de patience, et tous mes doutes allaient être éclaircis. Le soleil se couchait; la population, dispersée dans les champs, reprenait le chemin du village. On voyait déjà sur la digue, le long du canal desséché, un cortége de bêtes et de gens. Mes bien-aimés parents étaient peut-être là, dans cette procession indolente : si j'allais les rencontrer face à face ! Je m'avançai jusqu'à la digue, et quand je fus à quelques pas des premiers arrivants, je m'assis.

« Tous les habitants de Cheik-Ali défilèrent devant moi. Je les reconnaissais de loin, car dans nos crépuscules lumineux les figures se dessinent sur le ciel comme des images découpées ; mais aucun d'eux ne me reconnut, même de près. Tous me donnaient le bonsoir en passant, et je leur répondais; quelques-uns se jetaient à bas de leurs ânes par respect pour mon costume, car j'étais mis comme un effendi; les plus défiants se demandèrent si je n'étais pas un employé du fisc chargé de faire incognito le dénombrement de leurs bêtes, et ils sautaient dans le ravin pour gagner le village par un détour. Je vis passer le gros Youssouf avec deux vaches, trois chameaux et un buffle; il était donc devenu riche en mon absence? Abdallah le borgne n'avait plus qu'un vieil âne et deux chèvres étiques; celui-là s'était donc ruiné? Le petit Osman, mon ancien camarade d'école, marchait fièrement à côté d'une femme qui portait une charge de bersim sur la tête et un enfant à cheval sur l'épaule gauche. Déjà marié, ce gamin ! Je faisais ces réflexions malgré moi, par une sorte de dédoublement de mon être, tout en me lamentant sur l'absence de ceux que j'aimais. J'étais comme ce condamné à mort qui compte stupidement les pavés en marchant au supplice. Le dernier que je reconnus était le vieux Mansour, autrement dit Abou-Seïf ou père *le Sabre* à cause d'une balafre qu'il a gagnée dans les guerres du grand pacha. Il m'avait déjà dépassé en me criant *salam* d'une voix forte, comme un homme qui voudrait prouver qu'il a commandé aux autres. « Cependant, dis-je en moi-même, si je n'arrête pas celui-là, tout le village aura soupé dans dix minutes et dormira dans un quart d'heure, et je ne saurai rien des choses qui me touchent. » Alors, rassemblant mon courage, je criai : — Abou-Seïf, es-tu donc aveugle? ou bien as-tu perdu la mémoire, toi qui me racontais si bien la bataille de Nézib?

« Il sauta de son âne et courut à moi en criant :
— Mes yeux sont encore bons, Dieu merci; mais les oreilles sont meilleures, car je t'ai reconnu à la voix, mon cher Ahmed. Sois le bienvenu dans

le village qui t'a vu naître; Allah bénit les oiseaux qui se souviennent de leur nid. En même temps il m'embrassait. Je ne pus pas me contenir plus longtemps, et, au lieu de lui demander des nouvelles de tous les siens, je lui dis :

— Et mon père ?

— Avec Dieu.

— C'était écrit. Dieu seul est immortel. Et ma mère ? Et Zeinab ?

— Elles vivent.

— Ici ?

— Non, elles ont quitté le pays après la mort d'Ibrahim.

— Où sont-elles ?

— Au Caire, à ce qu'on dit.

— D'où le sait-on ? qui les a vues ?

— C'est la femme de Mohammed qui les a rencontrées et qui leur a parlé.

— Louange à Dieu! Écoute, mon vieux Mansour, nous allons retourner aux maisons, tu rassembleras tes amis, les nôtres, veux-je dire. Fais allumer cinq ou six lampes au bazar, chez Yakoub, s'il est encore de ce monde, ou chez celui qui fait le café à sa place. J'avais apporté quelques provisions pour fêter mon retour en famille; ma famille, aujourd'hui, ce sera le peuple du village. Surtout ne manque pas d'inviter Mohammed, et dis-lui que je le supplie de savoir où, comment, dans quel état, sa femme a trouvé ma mère et ma sœur.

« Personne ne se fit prier ; les fellahs n'ont pas tant de fêtes dans l'année. Vingt-cinq ou trente paysans se rassemblèrent autour de moi dans l'humble café de Yakoub. On me donna les plus tristes détails sur la mort de mon pauvre père. Les hommes du pacha l'avaient pris avec beaucoup d'autres pour la corvée française, c'est-à-dire pour les travaux de cet isthme maudit. Le travail exigé n'était ni long ni difficile en lui-même : quelques couffes de sable à remuer pendant une vingtaine de jours ; mais le voyage avait duré plus d'un mois, les vivres avaient manqué en route, le simoun avait soufflé, le vieillard, qui n'était plus bien fort, avait perdu courage en se voyant loin de chez lui dans un pays inconnu, et deux jours de fièvre avaient fait le reste. Ni ma mère ni ma sœur n'étaient en âge de se suffire dans un pays où l'homme le plus valide, gagne péniblement huit sous par jour. Elles ne voulaient pas être à charge à leurs voisins, pauvres comme elles ; elles descendirent le Nil avec un petit convoi d'émigrans des deux sexes qui s'en allaient chercher fortune au Caire ou plus loin. Leur départ ne datait guère que d'un an ; il y avait trois mois que la femme de Mohammed les avait rencontrées dans un bazar de la capitale. Dans lequel ? La bonne créature ne put jamais le dire. « Un bazar où l'on vend toute sorte de choses ; Fatma et Zeinab y tenaient une petite boutique où j'ai vu des colocases dans un grand plat et des concombres dans une terrine. » Voilà tout ce qu'on en put tirer.

« Je passai cette nuit à prendre du café avec les braves gens de Cheik-Ali, je laissai quelques souvenirs aux plus pauvres, et je me remis en route avant le jour, fermement décidé à faire l'impossible pour retrouver ma mère et ma sœur. Chercher deux femmes dans Paris n'est pas une petite affaire ; vous avez pourtant la police et le hasard, ce grand artisan des rencontres imprévues. La police, il y a dix ans, ne se faisait remarquer ici que par son absence, et que peut-on espérer du hasard dans ce bal masqué perpétuel où tout visage de femme est invisible? Zeinab avait dix ans; à cet âge, les petites filles de notre nation sont presque des femmes; elle devait donc être voilée. Quant à ma mère, elle s'était conformée assurément à l'usage des villes, elle portait ce masque en deux pièces qui ne laisse voir que les yeux. Pauvres yeux que j'avais connus si doux et si riants, comment les retrouver à travers la flétrissure des larmes ? Évidemment le seul moyen de reconnaître ces deux femmes, c'était d'obtenir qu'elles me reconnussent ; mais, hélas ! que j'étais changé moi-même ! Celles qui ont égaré un enfant ne songent guère à le chercher parmi les hommes. Il y avait mille raisons de désespérer. Toutefois je ne perdis pas courage.

« Mon premier soin fut de reprendre mon costume et ma physionomie de seize ans. Je me rasai la tête, je coiffai le gros bonnet de feutre brun ; je me remis à marcher pieds nus, et en ce piteux équipage je traversai dans tous les sens les soixante marchés du Caire, bayant aux corneilles, tournant la tête à droite et à gauche, et m'arrêtant à toutes les boutiques où deux femmes étaient ensemble. Personne ne m'appela par mon nom. J'ai peut-être frôlé le coude de ma mère sans que la voix du sang lui criât : « C'est ton fils ! »

« Un matin que je m'apprêtais à refaire pour la trentième fois ma course inutile, je rencontrai un de ces crieurs qui parcourent les bazars en mettant soit un chibouk, soit une arme, soit un châle aux enchères. Celui-là tenait à la main une longue guitare incrustée, comme on n'en fabrique plus aujourd'hui. J'essayai l'instrument et je me rappelai qu'autrefois on me faisait une réputation de poète et de chanteur au pays de mon père. Le lendemain, je reprenais ma promenade dans les soixante bazars de la ville, et je chantais cette chanson, qui devint bientôt populaire.

LES DEUX COLOMBES BLANCHES

« Sur le canal de Minieh, les hauts pigeonniers blancs, bariolés de noir et de rouge, se mirent dans les eaux couleur de blé. C'est le village de Cheik-Ali! O mon village! mon doux village de Cheik-Ali!

« Des colombiers de Cheik-Ali, deux pigeons bleus se sont envolés, l'un vers l'Orient, l'autre vers l'Occident; le plus jeune s'appelait Ahmed, et le plus vieux se nommait Ibrahim. Pauvre Ahmed et pauvre Ibrahim!

« Ibrahim est mort au levant. Les roumis l'ont enterré dans le sable. Ahmed revient au colombier; il cherche deux colombes blanches qui étaient sa mère et sa sœur, les colombes blanches n'y sont plus. Où est Fatma? où est Zeinab?

« L'épervier qui plane là-haut, l'épervier aux yeux infaillibles, répond aux plaintes du pigeon bleu : « Fatma, ta mère, et Zeinab, ta sœur, ont descendu le Nil avec les barques. Il n'y avait plus ni blé ni dourah pour elles dans la plaine de Cheik-Ali.

« Le Delta est un éventail fermé par un bouton

de diamant qui s'appelle le Caire. Vole au Caire, pauvre pigeon bleu; tu y retrouveras les deux colombes blanches.

« L'oiseau du ciel a-t-il dit vrai? Vous tous qui m'écoutez, nobles fils du prophète, avez-vous rencontré Zeinab, ma sœur? Connaissez-vous Fatma, la veuve d'Ibrahim et la mère d'Ahmed? »

« Je chantais dans les carrefours, dans les rues encombrées de monde, cherchant la foule et surtout la foule des pauvres. Le petit peuple ne tarda pas à me prendre en amitié, j'ai la voix belle, et nos fellahs sont dilettantes à leur manière. Plusieurs *cafedgis* m'invitaient à chanter dans leurs boutiques; les esclaves des pachas, les eunuques des grands harems, m'offraient un bon prix pour m'entraîner dans le *salemlik* de leurs maîtres ou sous les balcons de leurs maîtresses. Je répondais : Ceux qui veulent m'entendre n'ont qu'à venir ici, et je ne me laissais pas détourner de mon but. Mes auditeurs me jetaient du cuivre et même un peu d'argent, car le fellah est encore plus généreux qu'il n'est pauvre. Lorsque j'avais fini ma quête, je chantais ce dernier couplet :

« Bénis soient les croyants qui m'ont fait l'aumône! Le pigeon bleu n'a besoin de rien; il vit de

Dieu. Que cet argent s'en aille aux veuves et aux orphelines, à celles qui sont orphelines comme Zeinab ou veuves comme Fatma! »

« Un jour que je faisais ma distribution accoutumée, deux mendiantes fondirent en larmes, et m'embrassèrent en criant : Allah !... J'étais rentré en possession de ma famille. »

— Et vous l'aviez bien mérité, mon cher Ahmed. Mais c'est un conte des *Mille et une Nuits*.

— Exactement. Le cycle des *Mille et une Nuits* n'est pas fermé, et les mœurs de l'Orient ne sont guère moins pittoresques aujourd'hui qu'au temps des kalifes.

— Incroyable! Comment! un homme de votre éducation, de votre notoriété, honoré comme vous de la faveur du maître, a pu chanter en mendiant dans les rues sans que l'opinion s'en émût?

— Quelle opinion? Croyez-vous que l'on sache à l'Esbékieh ce qui se passe au fond du bazar? Le Caire est une ville de trois cent mille âmes, mon cher. Chacun y vit pour soi, comme à Paris, mieux qu'à Paris, car nous n'avons pas de journaux qui nous racontent les faits et gestes du voisin. J'étais d'ailleurs un mince personnage, connu de quinze ou vingt camarades qui n'ont pas même eu vent de l'anecdote. L'eût-on rendue publique, elle ne m'aurait fait aucun tort : il y a des situations et des sentiments qui défient le ridicule. Vous-même qui représentez ici le peuple le plus railleur de la terre, vous seriez-vous moqué de ma guitare?

— Je l'aurais admirée, mon brave Ahmed, et, la main sur la conscience, je n'ai jamais rencontré de meilleur homme que vous.

— Il me semble aussi.

— Mais la suite?

— Quelle suite?

— Votre histoire n'est pas finie?

— Vous vous trompez. Depuis ce moment-là, j'ai été parfaitement heureux; je n'ai donc pas eu d'histoire.

— Votre mère et votre sœur?...

— Vous les verrez... autant qu'il est permis de les voir. Elles ont leur harem dans mon palais, au vieux Caire.

— Vous avez un palais, et vous n'avez pas marié Mlle Zeinab?

— Il n'y a pas de temps perdu : Zeinab n'a que vingt ans, et j'ai ma théorie sur ces mariages prématurés qui vieillissent les femmes d'Égypte. Ma sœur pourra choisir entre les beys et les pachas, quoiqu'elle ait bel et bien mendié dans les rues. Elle sait le français, je le lui ai appris moi-même. Elle est musicienne à la mode d'Europe. Elle a de l'instruction, de l'esprit, du caractère, enfin tout ce qu'il faut pour convertir un honnête homme à la monogamie, ce principe qui sera le salut de l'Orient.

— *Amen*. Et cette abadieh tant promise par Saïd-pacha?

— Nous la visiterons quand vous voudrez. C'est la première ferme-modèle qu'on ait créée en Égypte; espérons qu'elle ne sera pas la dernière. Le défunt vice-roi m'avait offert en outre une propriété de mille feddans ou quatre cent vingt hectares. Vous ne devineriez jamais où je l'ai prise.

— Dans le désert?

— Bravo! Vous me connaissez bien. Mais je vous quitte, vous devez tomber de sommeil, et moi, il faut que j'aille souper.

— A trois heures du matin!

— Eh! sans doute; nous sommes en rhamadan.

— Vous êtes donc toujours un modèle de piété musulmane?

— Que voulez-vous, l'esprit de famille! J'aime tous mes parents, sans excepter le père qui est aux cieux.

VII

Les lits sont durs dans les hôtels du Caire et d'Alexandrie; les matelas, bourrés de coton, font planche sous le corps du voyageur. En revanche, les couvertures sont d'une légèreté qui vous oblige à goûter la fraîcheur des nuits. Un ample moustiquaire qui est toujours un peu déchiré çà et là embarrasse vos mouvements sans déranger le va-et-vient des moustiques. Il y a des fenêtres qui ferment, m'a-t-on dit; quant à moi, je n'en ai pas rencontré. Il est vrai que ce gîte, inhospitalier s'il en fut, ne se paie que seize ou dix-huit francs par jour. La nourriture se donne par-dessus le marché : elle ne se décompte donc pas si, après en avoir tâté, vous aimez mieux dîner en ville.

Notre journée avait été si rude que les matelas de coton me parurent presque doux. Je m'étendis de tout mon long pour rassembler mes souvenirs et surtout pour classer les faits et les idées dont ma mémoire s'était enrichie au récit d'Ahmed; mais il y en avait tant et tant qu'au bout d'une minute la tête me tourna, je dormais. Ni les chansons des Grecs qui célébraient la fête de Noël, ni les querelles de la rue, ni la musique des bals voisins, n'interrompirent mon repos. Le soleil se leva comme il voulut; il faisait grand jour dans la chambre lorsque le bon Ahmed vint m'annoncer qu'il était temps de faire mes paquets.

Son costume, que je n'avais pas remarqué la veille, me frappa cette fois par un air de simplicité savante et voulue. A vingt-cinq mètres de distance, rien ne le distinguait de l'habit vulgaire des fellahs. C'était une longue tunique de drap bleu clair sans passementerie, ni boutons, ni ceinture, jetée sur une veste courte et une culotte flottante de même drap. Les pieds, qui semblaient nus sous leurs chaussettes de soie rosée, étaient à l'aise dans de larges babouches en cuir de Russie. Le bonnet de feutre rouge reposait sur une calotte de toile blanche dont le bord dépassait un peu. On ne lui voyait point d'autre linge, sauf pourtant le bout de col d'une chemise de batiste éblouissante de blancheur, quoiqu'elle ne fût ni empesée ni repassée. Il portait sur le bras, crainte de froid, un manteau de soie noire admirablement souple, douce au toucher, mais sans aucun éclat et plus modeste encore que confortable. J'ai su depuis que cet accoutrement lui servait en toute saison, et je n'en connais pas de mieux approprié au climat de l'Égypte. Dans un pays où l'on s'aborde en disant : Comment suez-vous? les gants sont un non-sens et l'empois un paradoxe. L'homme doit être vêtu de laine contre le chaud, contre le froid, et surtout contre les sautes de température. La moindre compression dans les habits est une gêne, et dans la chaussure un supplice. Le tarbouch ou bonnet de feutre est une coiffure chaude et légère ; on ne l'ôte que pour dormir. Si l'on se découvrait en entrant dans une maison du Caire, comme le soleil de la rue est ardent et l'ombre des appartements humide et fraîche, on s'enrhumerait dix fois par jour. Tout est logique dans les mœurs orientales. S'il est défendu d'entrer nu-tête à la mosquée, lorsqu'il est prescrit d'y marcher nu-pieds, c'est que le pied des musulmans, lavé cinq fois par jour, est pur, tandis que le cheveu souvent, hélas ! ne l'est guère. Ce qui peut paraître étonnant, c'est qu'on affronte le soleil de l'Égypte avec un bonnet sans visière ; mais la plupart des indigènes ne sourcillent pas même au plus grand éclat du midi ; les élégants et les délicats jettent sur leur tarbouch un grand mouchoir de soie et d'or qui protége le cou, les yeux et les oreilles.

Comme Ahmed terminait pour mon instruction le commentaire de son costume, mes deux compagnons de voyage entrèrent dans la chambre, et je fis les présentations : Ahmed-ebn-Ibrahim, le comte de Najac et M. Camille du Locle... Ils échangèrent force civilités, mais la stupéfaction de mes amis était visible. Ils se demandaient assurément par quel miracle j'étais accouché d'un grand fellah dans la nuit. Le temps pressait, je remis au lendemain l'explication de ce mystère; Ahmed fit avancer une voiture découverte, et fouette cocher!

Il y a loin de la ville à la gare, et la route ne vaut pas les chemins vicinaux de Bretagne. On traverse des fondrières, des flaques, des chantiers, des troupeaux, de grands troupeaux, le croirait-on? qui viennent des bords de la mer Noire se faire manger aux bords du Nil. Les chevaux indigènes ne connaissent guère que deux allures, le pas et le galop; mais l'émulation des cochers, qui est grande, les maintient généralement au galop. Les nôtres couraient ventre à terre, et pourtant nous fûmes dépassés par une autre calèche qui secouait miss Grace et la famille Longman comme une salade humaine. Les Anglaises nous envoyèrent un joyeux salut au passage; Ahmed me dit :

— Vous connaissez donc ces dames?

— Oui, nous sommes venus de Marseille avec elles.

— La plus jeune est bien belle.

— Je ne sais pas laquelle est la plus jeune.

— Sur le devant de la voiture, à gauche.

— Une fille à marier, mon cher !

— Quelle adorable créature !

— Vous avez donc des yeux pour les chrétiennes ?

— J'ai des yeux, voilà tout.

— Et un cœur ?

— Oh ! presque neuf.

— Il trouverait à qui parler. La jeune fille est d'une candeur adorable — et vaillante !.. On chercherait longtemps pour trouver sa pareille.

A ce moment, nous dépassions l'Angleterre. Ahmed me dit : — Je ne chercherais pas la pareille, si seulement je tenais celle-là.

— O nature de feu ! Je vois avec plaisir que le danseur de Brunoy n'est pas mort.

— Il mourra le plus tard possible, *Inchallah!*

Pendant trois ou quatre minutes, les deux calèches voguèrent de conserve dans un océan de boue, avec quel tangage, Dieu le sait ! On riait, on s'interpellait des deux bords. Miss Grace était illuminée. Ahmed dit trois mots d'arabe au cocher, et nous prîmes un peu d'avance à grandissimes coups de fouet.

M. Longman et ses compagnes croyaient être aux courses d'Epsom ; le jeune Anglais battait la générale sur les épaules de son cocher, le nôtre avait sans doute de bonnes raisons pour défendre la partie, ses coups de fouet pleuvaient comme la grêle et brillaient comme l'éclair. La gare se dressait devant nous, une construction banale comme toutes les gares du monde. Nous arrivons mauvais premiers dans une foule effarée et hurlante où quelques Circassiens, semblables à des moutons retournés, cuir en dehors, laine en dedans, formaient une masse compacte. L'attelage de M. Longman léchait nos roues de derrière.

Ahmed bondit de la voiture, courut à la portière des Anglaises, essuya de sa main gauche la boue épaisse qui couvrait le marchepied, et tendit la main droite à miss Grace.

La jeune fille, aussitôt calmée, le regarda d'un air froid, ouvrit une sacoche de cuir, prit une pièce de six *pence*, la jeta dédaigneusement dans la main du beau fellah, et s'élança sur la première marche de la gare.

Ahmed rougit jusqu'aux oreilles; mais il garda la pièce d'argent, la baisa, fit la révérence, et dit en bon français : — Merci, mademoiselle. Un présent d'une si belle main ne peut que me porter bonheur.

En même temps il fit un signe à l'un de ces gamins arabes qui entourent la gare avec des gargoulettes pleines d'eau fraîche ; il se lava les mains, jeta une pièce d'or à l'enfant, et nous rejoignit sous le vestibule.

Les billets, l'enregistrement des bagages et tous les menus soins du départ occupèrent les dix minutes suivantes. On se retrouva devant le train, sur le quai d'embarquement ; j'avais pris possession d'une voiture avec Ahmed, et j'invitais les dames à nous suivre, lorsque miss Grace dit à M. Longman en anglais : — Nous ne pouvons pourtant pas monter en wagon avec ce sale esclave noir.

Ahmed rougit de plus belle, et répondit en anglais : — Le jour où sir Walter Raleigh étendit son manteau sous les pieds de la reine, Élisabeth ne répondit pas : Quel est ce sale gentilhomme?

Ce fut au tour de miss Grace à rougir.

— Pardon, monsieur, dit-elle. Je ne voulais pas vous offenser. Oh non! Dieu m'est témoin que je ne le voulais pas.

Je crus à tort ou à raison qu'il était temps d'intervenir, et je présentai Ahmed, *mon ami*, à M. Longman et à ses compagnes. M. Longman lui serra la main à l'anglaise, et chacun prit sa place sans autre cérémonie. Mes amis de Paris, voyant que nous étions au complet dans une caisse de six personnes, se logèrent un peu plus loin, et le train partit pour le Caire.

Ahmed tournait le dos à la machine comme M. Longman et moi ; un hasard qui pouvait être embarrassant l'avait mis face à face avec miss Grace.

— Mademoiselle, dit-il en anglais, j'ai grand' peur que vous n'ayez apporté chez nous les préjugés de l'Occident sur la couleur et sur l'esclavage.

— Non, monsieur ; pourquoi ? L'Angleterre a toujours protégé... D'ailleurs je m'honore d'être chrétienne.

— Sans doute, mais la race anglo-saxonne, la première de toutes après la mienne, pratique des contradictions étranges. L'Amérique du Nord a versé des flots de sang pour l'affranchissement des nègres, et quand un nègre ose monter dans une voiture publique, elle le jette sans façon sur le pavé de New-York.

— Nous ne sommes pas Américains.

— Je l'ai reconnu tout d'abord au langage ; mais les Anglais eux-mêmes, dans leurs possessions asiatiques, assignent une place inférieure à tout ce qui n'est pas de sang européen. Chez nous, toutes les races sont égales : non-seulement l'Abyssin, qui est d'un noble sang, mais le nègre lui-même, marchent de pair avec les maîtres héréditaires du sol, et moi, qui suis de la race des maîtres, je donne la main à un Cafre pour peu qu'il ait reçu la lumière d'en haut et qu'il connaisse Dieu. Nous pratiquons en ces matières une tolérance large et véritablement humaine que Bonaparte expliquait par les mélanges de la polygamie, mais qui prend sa source plus haut, veuillez le croire.

— Je le crois, monsieur, je le crois ; mais qu'arrive-t-il ? Il me semble que nous reculons au lieu d'avancer.

En effet, la machine faisait vapeur en arrière, et nous revenions grand train sur la gare d'Alexandrie.

Ahmed mit la tête à la portière et dit :

— Rassurez-vous. Ce n'est pas un accident, mademoiselle. Ce n'est qu'un incident, mais il mérite d'être noté. Voyez-vous ce petit homme qui court précédé d'un tambour-major à longue canne ? C'est M. le consul de Prusse, un parfait *gentleman*, Français de l'édit de Nantes et homme de beaucoup d'esprit. Il se rend au Caire, où Son Altesse le vice-roi l'attend demain en audience solennelle. Je suppose qu'il a manqué le train, et qu'il lui a fait signe de revenir en arrière.

— Quoi ! déranger tant de personnes pour un seul homme ? Il n'y a donc pas d'heures pour les consuls ?

— Il y a peut-être des heures, mademoiselle, mais il n'y a pas de lois. Les consuls sont au-dessus de tout en Égypte. Ils ont des montres qui règlent le soleil.

Le train reprit la direction du Caire.

— Je voudrais aussi, dit Ahmed, redresser l'opinion que vous sembliez exprimer sur la condition de l'esclave. L'esclavage chez nous n'est qu'un mode d'adoption fort onéreux le plus souvent pour celui qui achète une âme. Les domestiques européens, dans leur orgueil de caste, vous disent quelquefois : Nous ne sommes pas des esclaves. En Égypte, c'est toujours un esclave qui commande aux domestiques de la maison. Pourquoi ? Précisément par ce que, n'étant pas une personne, il fait partie intégrante de la personne du maître. Il est comme une expansion d'un autre individu supérieur à lui. Celui qui l'a payé à prix d'argent ne saurait le jeter dehors sans encourir un blâme. En revanche, il a le droit de demander son *teskéré*, c'est-à-dire ses lettres de liberté, après sept ans de service, s'il n'est pas satisfait de sa condition. L'esclavage est si peu méprisé en pays musulman que les sultans de Constantinople, chefs sacrés de l'islam, naissent tous de femmes esclaves, et n'en sont pas moins fiers, il s'en faut. Les mameluks, qui ont longtemps régné chez nous, continuaient leurs familles en achetant les enfants du Caucase, qu'ils adoptaient à leur majorité. Souvent encore un grand seigneur égyptien élève, instruit et développe une petite marchandise à deux pieds sans plumes, qu'il marie ensuite à sa fille et substitue à tous ses droits. Vous rencontrerez sans nul doute au Caire des ministres, des généraux, des magistrats de l'ordre le plus élevé, qui ont valu mille ou quinze cents francs dans leur première jeunesse.

— L'esclavage serait donc moral, à votre avis ?

— Non, mademoiselle, et j'espère qu'il aura bientôt fait son temps. Je l'ai déjà supprimé dans ma maison, qui a son importance en Égypte et qui sert de modèle à plus d'une.

— Je croyais, dit M. Longman, que les consuls généraux d'Angleterre avaient depuis longtemps mis ordre à ce trafic.

— Les consuls sont tout-puissants, monsieur; mais les mœurs, même mauvaises, sont encore plus fortes. Nos souverains se prêtent de bonne grâce aux moindres volontés de l'Europe, ils publient les édits les plus conformes à la civilisation moderne; mais le commerce des personnes se fera, soit en public, soit en secret, tant que nous n'aurons pas réformé l'organisation du harem.

— J'espère que nous verrons des harems, dit miss Grace.

Mme et Mlle Longman firent chorus.

— Vous en verrez, répondit Ahmed, autant qu'il vous plaira. Il n'y en a que trop dans notre malheureux pays. Le harem est un gaspillage odieux de la personne humaine.

— Vous êtes musulman, et vous parlez ainsi !

— Le divin Mohamed, notre prophète vénéré, n'a prêché ni la polygamie, ni l'esclavage ; il les a tolérés tout au plus, en leur imposant des limites. Dans l'état actuel de nos mœurs, l'homme épouse une enfant illettrée, sans éducation morale, qui sait à peine si elle a une âme. Il la détient dans sa maison comme un instrument de plaisir, et, n'ayant ni le loisir de la surveiller, ni l'espoir qu'elle saura se garder elle-même, il l'enferme dans un cachot dont les geôliers ne sont d'aucun sexe. Il n'y a que l'esclavage qui puisse offrir de tels gardiens. Les servantes même du harem, qui se comptent par centaines dans les grandes maisons du pays, ne sauraient être que des esclaves : une fille d'Égypte aime mieux épouser un mendiant que rester fille. L'usage a donc créé une population de malheureux et d'infortunées qui vivent pour le plaisir ou pour la vanité d'un seul homme, sans espoir d'obtenir jamais un sort meilleur. Le maître du harem peut réunir sous le même toit quatre femmes légitimes qui vivent en bonne harmonie, s'il se peut, et s'appellent réciproquement ma sœur. Il dispose arbitrairement des esclaves qu'il leur donne. Tout enfant né dans le harem est sien devant la loi, sans privilége en faveur des fils légitimes.

Miss Grace coupa court à cette dissertation, qu'elle écoutait depuis un moment avec impatience pour ne pas dire pis.

— Les filles d'Angleterre, reprit-elle, n'aiment pas à traîner leur esprit sur de telles matières.

— Mais, mademoiselle...

— Je sais que vos intentions sont excellentes, monsieur. Vous êtes un réformateur, et, pour guérir le mal, il faut nécessairement le connaître; mais nous répugnons à toucher, même avec des gants, aux choses malpropres, fût-ce avec le désir de les rendre plus nettes.

— Cependant, mademoiselle, je vous jure...

— Je vous crois,... j'aime mieux vous croire que d'entendre une plus ample explication; si vous m'en croyez à votre tour, vous attendrez que l'organisation de la famille musulmane se soit amendée pour en parler avec tant de détails à des oreilles anglaises.

— Mais, mademoiselle, s'écria-t-il avec un désespoir comique, il y a des Anglaises qui ont épousé des pachas!

— Les pauvres malheureuses créatures! elles avaient donc renié leur foi?

— Pas du tout! La femme va au temple et le mari à la mosquée. Et cela fait des ménages parfaits.

Miss Grace se mordit les lèvres, Mme et Mlle Longman se mirent à tousser en duo, le jeune Anglais défit un gros paquet de châles et de couvertures, et, pour aborder un sujet qui ne scandalisât personne, on parla du froid qu'il faisait.

— Ces wagons, dit M. Longman, sont les plus détestables du monde.

— C'est l'Angleterre qui les a fabriqués, répondit Ahmed, et vous les trouveriez excellents, si nous étions en juin ou en juillet; mais cette ventilation, qu'on bénit en été, manque de charme dans la saison brumeuse.

— C'est pourtant vrai, dit miss Longman en regardant à la portière. Voici du vrai brouillard, comme à Londres.

Admed répondit : — C'est que nous courons sur le bord d'un vaste marais.

— En Angleterre, dit M. Longman, tout cela serait drainé depuis longtemps, et converti en bons pâturages.

— Mais nous l'avons drainé, monsieur, et cette immensité serait encore en pleine culture, si les Anglais n'avaient brisé nos digues et introduit violemment la mer chez nous.

— Vous êtes patriote, monsieur!

— Passionnément. Et vous?

— Moi? Sagement, c'est-à-dire sans préjugés et sans haines.

— Eh bien! non, nous n'aimons pas les Européens, parce qu'ils n'ont jamais su ni nous servir, ni se servir de nous. Ils pourraient emporter d'ici cent millions par an sans nous appauvrir, au contraire; mais tout ce qui vient chez nous pour faire de l'argent a la rage de s'enrichir en huit jours. Nous ne demanderions qu'à nous annexer à l'Europe, si l'Europe se donnait la peine d'enchaîner nos intérêts aux siens; mais on ne fait pas la conquête d'un pays en y lançant de temps à autre une bande de fourrageurs.

— Je vous assure, monsieur, que ni ces dames ni moi nous ne mettrons l'Égypte au pillage. Puisse-t-elle nous traiter aussi généreusement!

Nouveau silence. Entre nous, je n'étais ni très-fier ni très-content d'avoir présenté Ahmed. Ces hommes de passion qui s'échappent en tirades sont sujets à jeter du froid dans la conversation. Pour moi, qui connaissais le fond de l'homme, je ne pouvais que l'approuver en tout; mais qu'importe le fond? la société mondaine n'existe que par le jeu de surfaces polies qui glissent harmonieusement les unes sur les autres.

Un rayon de soleil nous tira tous d'affaire. Nous étions sortis des brouillards; le sourire du ciel se refléta sur les visages, et Ahmed, sans rancune sinon sans emphase, se mit bravement à nous faire les honneurs de son pays.

La campagne était verte; les blés drus s'étendaient en longues nappes, les trèfles et les luzernes, d'une belle venue et d'une admirable couleur, s'élevaient à un demi-mètre dans des champs découpés en échiquier. On apercevait çà et là un massif de canne à sucre, une vigne haute et puissante étayée sur de longues treilles de roseaux, un groupe de palmiers, un vaste taillis de bois sec émaillé de houppes blanches et cotonneuses, quelque peu de bétail éparpillé, buffles par-ci, bœufs par-là, un cheval, un âne, une brebis et son agneau, deux ou trois chèvres; point de troupeaux proprement dits, chaque bête attachée au piquet sur un petit lopin de verdure. Tous les animaux domestiques nous paraissaient chétifs et misérables.

— Les races, nous dit Ahmed, ont dégénéré par l'ignorance et l'incurie des hommes; le cheval est devenu rosse dans le pays des fiers cavaliers mameluks. Notre buffle est efflanqué, haut sur pattes et d'humeur débonnaire. Ce n'est plus la brute héroïque que vous avez sans doute admirée comme moi dans les forêts d'Ostie ou dans les marécages de Pæstum. Nos bœufs sont des joujoux d'une forme assez agréable, mais qui fournissent peu de viande et médiocrement de travail. Le chameau même, cet antédiluvien, est en voie de décadence. Les chèvres sont petites, les moutons maigres, les poules chétives, et elles pondent des œufs de pigeon. Tout ce mal vient de l'homme ; l'homme saura le corriger, s'il plaît à Dieu. Si vous me faites l'honneur de visiter ma ferme, vous verrez que je donne le bon exemple. Il y a quelques années encore, nous avions vingt fois plus de bétail qu'aujourd'hui : une grande épizootie nous a frappés, la même qui s'est fait sentir en Angleterre ; mais le bétail anglais, plus fort et mieux nourri que le nôtre, n'a péri que dans la proportion de cinq pour cent, quand notre perte était de quatre-vingt-quinze. Nous avons sauvé justement ce que vous avez perdu, fort peu de chose. La réparation ne tardera guère, elle a déjà bien commencé ; il n'y a point de miracle impossible sur le sol béni de l'Égypte. Regardez ces monceaux de terre noire que tous vos jardiniers achèteraient à prix d'or; c'est le limon du Nil accumulé. Le Delta n'est qu'un vaste trésor d'humus qui descend à des profondeurs insondables; notre fertilité, étalée en tartine sur les terres épuisées de vos pays, serait la résurrection de l'Europe. Ce n'est pas le seul bien que Dieu nous donne à profusion : voici l'eau du Nil qui serpente dans ces mille canaux pour arroser la terre; voilà notre soleil de janvier, je vous souhaiterais de l'avoir au mois d'août.

M. Longman appela notre attention sur un long cortége pittoresque qui passait à gauche du train. C'était le peuple d'un village en route vers je ne sais quel marché. Hommes, femmes, enfants, animaux, se suivaient gravement à la file, et chacun portait son fardeau. Ahmed n'eut pas besoin de nous faire admirer la naïve grandeur de la scène, la majesté de ces humbles personnages qui se posaient et se drapaient en statues sans y songer.

— Étrange! s'écria miss Grace. Il me semble que nous entrons dans un chapitre de la Bible.

Ahmed lui dit : — Ce mot me prouve, mademoiselle, que vous étiez digne de voir l'Égypte.

— Mais, monsieur, je n'en ai jamais douté! répondit-elle en riant.

Ceux qui croient aux atomes crochus seront forcés de convenir que cet élément d'union n'abondait pas entre Ahmed et miss Grace. A je ne sais quelle station, une femme fellah nous offrit des cannes à sucre. Ahmed, imperturbable dans sa galanterie, acheta tout le fagot; le wagon en fut encombré, les bouts sortaient par chaque portière. Mon digne ami prit un fort couteau dans sa poche, coupa quelques morceaux entre les nœuds, et les éplucha dextrement pour les offrir aux dames. Miss Grace aurait bien refusé; mais la curiosité féminine est si forte! La jeune fille avait lu dans ses livres qu'on suce les cannes à sucre; elle se mit à procéder en conséquence, et cela sans le moindre succès. « Mademoiselle, lui dit Ahmed, ça se déchire avec les dents et ça se mâche très-fort. »

Elle mâcha un tantinet; le travail lui parut pénible; et le régal de médiocre saveur. J'étais un peu du même avis, sans oser trop rien dire; Ahmed nous enseigna du geste l'art de puiser le sucre à sa source : quel moulin que ses trente-deux dents!

Ce qui nous frappa tous et vivement dans ce premier aperçu de la Basse-Égypte, c'est le nombre et la variété des oiseaux qui s'ébattent librement sous le ciel. Les hirondelles sillonnaient l'air en tout sens, et miss Grace, enchantée de les revoir, leur disait : « Allez donc, petites, allez manger les mouches qui s'entassent autour des yeux des jeunes fellahs! » Les bergeronnettes couraient sur les jetées en hochant la queue; de grands martins-pêcheurs planaient en frétillant des ailes sur les canaux d'irrigation; les chardonnerets, les verdiers, tous ces chanteurs que l'hiver bannit de nos contrées, semblaient être chez eux et se promenaient par tribus; les chasse-bœufs, blancs comme neige, piétinaient familièrement autour des hommes et des bêtes; les corneilles mantelées voletaient deux à deux sans plus s'effaroucher de l'homme que si elles avaient fait un pacte avec lui.

— Savez-vous, dit Ahmed, pourquoi notre campagne est si vivante? C'est parce que les fellahs sont doux, et n'aiment pas à détruire. Ils ne connaissent point le stupide plaisir de tuer par désœuvrement ou par vanité, pour faire un beau coup de fusil. Nos enfants mêmes sont meilleurs et plus humains que les vôtres, quoiqu'ils n'aient pas reçu, je l'avoue, une aussi brillante éducation. Comptez les nids qui pendent aux branches de ce tamarix; il y en a bien dix ou douze, et la plupart à portée de la main. Pas un garçon n'y touche, heureusement pour nos récoltes et pour les vôtres, car, si nous détruisions en hiver les pauvres petits êtres que l'Europe déniche ou fusille en été, la terre appartiendrait bientôt aux insectes nuisibles.

— Ah! monsieur, s'écria miss Grace, pitié pour cette pauvre Europe ! Quel mal vous a-t-elle donc fait? Ne pourriez-vous louer votre pays sans dénigrer le nôtre? Je vous jure qu'on s'associerait plus volontiers à vos enthousiasmes, s'ils se montraient moins agressifs. Nous ne sommes pas tout à fait des barbares, quoi qu'en disent les Chinois et quelques Égyptiens... Mais, grâce à Dieu, voici les Pyramides ! Oui, oui, je ne me trompe pas, les voici !

Ahmed balbutiait une excuse entrecoupée de compliments dont l'intention était bonne. Il s'escrimait à démontrer que l'arbre se juge aux fruits, et qu'un pays assez heureux pour avoir donné le jour à miss Grace méritait une place à part dans l'admiration des peuples; mais les Pyramides avaient tué l'effet de son éloquence. Notre wagon était tout aux Pyramides, et le passé faisait un tort irréparable au présent. Presque au même moment les deux déserts d'Afrique et d'Arabie apparurent à la droite et à la gauche du train. M. Longman ouvrit son guide, Mme Longman se mit à crayonner des notes, miss Longman murmura quelques strophes de poésie classique, et miss Grace, qui n'avait pas le fanatisme exclusif, loua le général Bonaparte dans des termes qui auraient peut-être humilié Garibaldi. Puis la banlieue du Caire apparut avec ses nombreux villages, ses grands arbres et ses cultures variées. Enfin le train s'arrêta sous la gare. Les courtiers des hôtels s'arrachèrent nos personnes et nos biens. Shepherd prit la famille Longman, Coulomb mit la griffe sur nous. Nous hésitions un peu; Ahmed nous dit : « Ne choisissez pas, tous les hôtels européens se valent en Égypte. »

Il procéda lui-même à notre installation, nous recommanda au prône, et assista patiemment à notre déjeuner. Je lui demandai des nouvelles de ce victorieux appétit que j'avais admiré certain soir après la chasse.

— Toujours le même, me répondit-il. Vous en jugerez par vos yeux, car vous dînez chez moi avec vos amis. J'ai déjà faim, tel que vous me voyez, et, quoique votre chère soit des plus médiocres, j'éprouve, en vous voyant, le supplice de Tantale; mais où serait le mérite, si l'on obéissait à Dieu sans souffrir? La soif est plus douloureuse que la faim, et je ne sais si la privation du tabac n'est pas plus insupportable encore. Vous verrez ce soir dans les rues, quelques minutes avant le coup de canon qui annonce la fin du jeûne, de vieux fumeurs, la pipe dans une main et l'allumette dans l'autre, pour ne pas retarder d'un moment leur plaisir favori. Il fut un temps où l'étranger qui fumait en public pendant notre carême courait grand risque de se voir arracher son cigare. Était-ce intolérance ou plutôt jalousie? Je ne sais, mais nos mœurs se sont humanisées. Sortons dans l'habit où nous sommes, et faites comme chez vous.

VIII

L'hôtel Coulomb ouvre sur l'Esbékieh, ce magnifique jardin poudreux qui, après avoir été lac, puis champ de foire, puis bocage mystérieux, sera bientôt, par une dernière transformation, le parc Monceau du Caire. Au moment de notre arrivée, on déballait les grilles; on sacrifiait à l'alignement des mimosas grands comme des chênes et tout en fleur.

— Si vous m'en croyez, dit Ahmed, vous ferez apporter quatre chaises sous un arbre, et nous nous promènerons aujourd'hui sans bouger de place. C'est dimanche; il y a des courses, je ne vous offre pas de vous y conduire, car ce n'est pas ce genre de spectacle que vous êtes venus chercher si loin; mais toute la population est en l'air, et vous assisterez à un défilé qu'on ne voit pas aux Champs-Élysées.

Marché conclu, nous prîmes possession d'un joli petit coin où la poussière ne nous montait qu'à la cheville. Oh! l'admirable carnaval! Malgré ces façades vulgaires qui singent grossièrement je ne sais quel faubourg de l'Europe, malgré les fiacres découverts où s'étalent des Grecs, des Italiens et des Français en chapeau mou, nous nous sentons à dix mille lieues de Paris; la circonférence du globe n'en a pourtant pas plus de neuf mille. Tout ce qui passe nous étonne; nous sommes là trois étrangers, chaque objet ou plutôt chaque vision nous arrache trois cris. Un flot d'ânes circule au grand trot dans un océan de poussière; l'âne est triple : la bête, son cavalier et son propriétaire; l'un sautillant, l'autre cahoté, le troisième piquant un bâton pointu, Dieu sait où! Cela court à tous les diables, et cela pousse un cri nasillard, guttural, que pas une écriture ne saurait rendre : représentez-vous la lettre N sans l'accompagnement d'aucune voyelle, et prolongée à l'infini. Ahmed nous déchiffre un à un tous les passants, énigmes vivantes : ci un Copte ou fellah chrétien, mais chrétien à sa manière; ci l'homme de la basse Egypte, ci l'indigène du Saïd, puis le Berbère ou Nubien, l'Abyssin, le

Bédouin du désert, le vrai nègre et tous les croisements de ces races diverses, le Juif, le Turc, pâle, maigre et dépenaillé, à moins pourtant qu'il soit luisant d'embonpoint et de dorure, car cette colonie fort réduite commence par des pachas et finit par des gendarmes. Peu de cavaliers, ce qui m'étonne; le cheval lui-même est plus rare que je ne l'aurais cru. Les fiacres sont traînés par des fantômes à tous crins; les beaux attelages (on les compte) viennent de Londres ou de Paris. De quart d'heure en quart d'heure, une grosse caricature ambulante nous rappelle les musulmans légendaires de la Courtille. La masse de la population masculine est plus svelte et plus brillante que chez nous. A ma gauche, un soldat en uniforme tricote indolemment un bas bleu. Un peu plus loin, les enfants se balancent dans des boîtes carrées, peinturlurées de jaune et de rouge, qui remplacent les chevaux de bois et les gondoles de nos foires. Les femmes passent et repassent, toutes en domino, les unes noires de la tête aux pieds, les autres bleues; quelques lourdes matrones s'acheminent, le ventre en avant, les jambes écartées, dans un costume prétentieux et sale où toutes les couleurs de l'arc-en-ciel se sont donné rendez-vous. Deux amis se rencontrent, ils avancent la main et la retirent avec une hâte fébrile, comme si chacun d'eux craignait la contagion de l'autre. Ahmed nous dit : « Ils sont égaux, chacun d'eux prend la main de son ami, comme pour la baiser, et chacun la retire modestement pour se soustraire à un tel hommage. » Au même instant, un pauvre hère aborde un employé en lui baisant le bas de sa *stambouline.* La stambouline est cette redingote qui fut inaugurée à Constantinople par la réforme du sultan Mahmoud. Le nom de Stamboul est magique, c'est le Paris de l'Orient; le *stambouli* est le tabac par excellence. Tout ce qui est beau, brillant, à la mode, se décore du nom de Stamboul. Trois musulmans revêtus de stamboulines pareilles se promènent de front. Ahmed nous dit : « Devinez-vous quel est le plus grand personnage des trois ?

— Non. Comment ? Pourquoi ne seraient-ils pas égaux ?

— Tous les hommes sont classés dans nos pays, et si exactement que nul ne s'y peut méprendre. Celui qui marche à droite est le supérieur du second, qui lui-même est le supérieur du troisième. Chacun connaît sa place et s'y tient. »

Comme il disait ces mots, un quatrième personnage s'arrête devant les trois autres, et semble attendre leur salut; ils portent tous le médius au bord de leurs tarbouchs; l'autre aussitôt s'incline, abaisse la main droite jusqu'à terre, l'appuie sur son cœur, sur ses lèvres, sur son front et la renverse enfin par un mouvement long et tranquille devant le trio majestueux.

— Avez-vous compris? dit Ahmed. Le survenant est un inférieur, il attendait pour saluer qu'on se montrât d'humeur à recevoir son hommage. C'est ainsi que les serviteurs de bonne maison se comportent en Europe, et que les gens du monde, ces éternels serviteurs de la femme, devraient toujours agir avec elle. Quant au salut lui-même, je suppose que vous l'avez interprété sans effort.

— Ma foi, répondit Najac, il m'a semblé que le geste du pauvre diable voulait dire : Je ramasse la poussière, je m'en frotte l'estomac, j'en fourre plein ma bouche, et il m'en reste encore pour le front.

— Pas tout à fait. Traduisez : mon respect, mon cœur, ma parole et ma pensée sont à toi.

— Dame ! c'est plus joli que je ne pensais, plus délicat surtout.

— Mais nous sommes des prodiges de délicatesse, et, si l'Europe nous connaissait mieux, je vous assure qu'elle se mettrait à l'école chez nous.

— Ah ! tudieu ! la belle voiture ! Quel dommage qu'elle ait passé si vite ! on n'a rien vu.

— Un grand harem, ni plus ni moins.

— Comment ! dans un coupé à deux places?

— Pourquoi donc pas? Le nombre n'y fait rien. Ce gros nègre qui trône à la gauche du cocher est un eunuque. Une coutume absurde, selon moi, mais difficile à déraciner, ne permet pas qu'une femme honnête se promène, même au grand trot de deux chevaux anglais, sans cette triste compagnie. C'est un pavillon comme un autre.

— J'en aimerais mieux un autre, dit Du Locle.

— Et moi aussi, répliqua-t-il.

— Mais pourquoi ce grand efflanqué qui courait à dix pas devant la voiture?

— Pourquoi? demandez-lui, demandez à son maître, à sa maîtresse, à tous les citoyens du Caire, à l'Égypte, au peuple musulman tout entier, pourquoi les gens de bien qui sortent en voiture se font précéder d'un *saïs*. Si quelqu'un vous répond de manière à contenter votre bon sens, je donne ma démission d'homme. C'est offenser la nature elle-même que d'obliger une créature raisonnable de Dieu à courir nu-pieds devant un attelage.

— Vous accoutumez la nature à des offenses bien plus graves.

— A qui le dites-vous? Je ne le sais que trop. Nous subissons un vieux restant de mœurs atroces. On abuse du sang des hommes, comme si le Nil en rapportait une inondation chaque année. L'usage veut qu'un maître appelle ses domestiques en frappant dans les mains, il faut donc qu'en tout temps un serviteur oisif fasse le pied de grue à la porte. L'usage est d'envoyer un saïs à l'avant-garde, lorsqu'on sort en voiture. La grande porte des maisons ne ferme pas, ou ferme mal; l'usage est de coucher un *boab* ou concierge en travers de la porte. Les ânes de louage sont parfois rétifs ou paresseux, l'usage est qu'en louant un baudet dans la rue on emmène son propriétaire par-dessus le marché. Nos femmes n'ont pas appris à se garder elles-mêmes, l'usage veut qu'on les fasse garder par des eunuques. Elles s'ennuient dans leurs prisons; quoi de plus naturel? L'usage veut qu'on leur donne une multitude de compagnes, *odaleuks*, danseuses, chanteuses, lectrices, bouffonnes, que sais-je encore? condamnées toutes au célibat perpétuel, ou réservées au caprice du maître. A mesure que le harem se peuple, il faut doubler les sentinelles. Calculez, si vous en êtes capables, la somme de non valeurs des deux sexes qui s'accumule ainsi dans une seule maison. Et l'on se plaint que les bras manquent! Eh! chers amis, si vous avez peur d'écraser les passans sous les roues de vos voitures, attachez des grelots au collier de vos chevaux. Si vous voulez avoir des domestiques à vos ordres, faites poser des sonnettes dans la maison. Pour économiser le sommeil et la santé d'un malheureux boab, ayez une porte qui ferme. Voulez-vous supprimer la fabrication monstrueuse des eunuques, ayez des femmes qui sachent se garder elles-mêmes; et, en attendant ce progrès, qui veut peut-être un certain temps, mettez une serrure au harem. Et, tirant de sa poche une petite clef, il ajouta : — Voici le seul eunuque que je possède pour protéger ma mère et ma sœur; je l'ai payé vingt-cinq francs à Paris, et il ne coûte rien à nourrir.

Nous l'écoutions avec un vif intérêt, mais sans rien perdre du spectacle qui se renouvelait incessamment sous nos yeux. Un enfant riche, au visage pâle et boursouflé, le corps soutenu par trois serviteurs, se dandinait comme un poussah précoce sur un magnifique baudet de l'Hedjaz tout caparaçonné d'or et de soie. Une file de chameaux maigres chargés de moellons s'acheminait au petit pas vers quelque chantier de bâtisse. Les mendiants se succédaient sans interruption devant nous, et, dans le nombre, nous nous étonnions de compter les aveugles par douzaines. Ahmed nous dit à ce propos : « Le peuple périt par les yeux ; sur quatre Egyptiens, il y a, je pense, un aveugle, un borgne, un chassieux et un homme comme moi. » Ses yeux étaient de vrais soleils ; je n'ai rien vu de plus beau dans ma vie. « Ce n'est pas, reprit-il, l'intensité de la lumière qui aveugle les gens du pays, c'est la poussière un peu, et beaucoup le manque de soin dans les premières années. Celui qui enseignerait l'hygiène à la race des pharaons doublerait en vingt ans le nombre des hommes utiles et la richesse de l'Egypte. Nos borgnes sont, pour la plupart, des malheureux mutilés par eux-mêmes ou par la poltronnerie de leur famille. On avait si grand'peur du service militaire au temps de Mohammed, d'Ibrahim et d'Abbas, que les pères crevaient un œil à leurs enfants, ou leur coupaient la première phalange de l'index pour les dérober à l'armée. Aujourd'hui les mœurs ont changé. Le vice-roi lève des troupes, c'est surtout pour que la jeunesse, de seize à dix-huit ans, apprenne à lire. L'exercice ne perd pas ses droits ; vous verrez nos petits soldats, ils possèdent l'escrime à la baïonnette presque aussi bien que vos chasseurs de Vincennes. Jamais sans doute nous n'irons en guerre pour notre compte ; notre faiblesse et les rivalités de la politique européenne font de l'Égypte une Belgique orientale, mais croyez que nous n'avons pas peur du feu; nos contingents ont servi la Porte en Crète, ils ont fait bonne figure au Mexique, où pourtant nos intérêts n'étaient nullement engagés. »

Un effronté gamin, le nez en l'air, l'œil émerillonné, s'arrêta devant nous, et nous dit en français : « Messieurs, voulez-vous l'escamoteur? » Il se mit en besogne aussitôt, sans même attendre la réponse. Le petit scélérat n'avait ni compère, ni théâtre, ni table, ni tapis; il était habillé d'une chemise bleue, comme les autres fellahs de la rue, et pourtant, en un tour de main, il nous fit voir plus de merveilles que pas un prestidigitateur de Paris. Je ne parle pas des muscades qu'il se lançait dans l'oreille droite et faisait sortir par la gauche; sa bouche rose et endentée comme la gueule d'un jeune chien crachait à volonté des chapelets d'épingles, des noyaux de dattes, des balles de plomb, des écheveaux de soie multicolore et de l'étoupe en feu; il couvait un œuf sous l'aisselle et donnait la volée à un pigeon tout venu; il secouait son corps en se prenant lui-même par les oreilles, et se faisait sonner comme une bourse pleine d'or, quoiqu'il ne possédât assurément que des choses futures. On lui jeta quelque monnaie qu'il flaira dans le creux de sa main sans en laisser aucune trace, comme pour indiquer que les biens de ce monde sont fugitifs entre tous.

Cependant les heures marchaient, et les chevaux couraient sur le turf. Le retour du beau monde nous surprit lorsque nous y pensions le moins. Nos Anglais, comme on peut le croire, ne s'étaient pas privés d'une fête nationale : il est si doux de retrouver Epsom par trente degrés au soleil! La famille Longman en calèche, précédée d'un saïs cousu d'or, nous salua des mains sans s'arrêter; elle courait au grand trot vers la rue marchande du Mousky et les trésors bizarres du Khan-Khalil.

— A propos, dit Ahmed, donnez-moi franchement votre avis. Ces Anglaises m'ont pris pour un sauvage?

— Pourquoi? Pas tout à fait. Vous les avez légèrement ébouriffées; mais les femmes sont ainsi faites que miss Grace, à coup sûr, ne vous en estime que plus. Vous ne m'avez pas dit ce que vous pensiez d'elle.

— Je n'en sais rien, je l'aime.

— Vous plaisantez!

— Non, parole d'honneur.

— Toujours le jeune homme de Brunoy!

— Plus mûr, plus fort et plus tenace.

— Je vous accorde qu'elle est jolie, mais enfin...

— Qu'est-ce que la beauté? Un épiderme. C'est une âme, mon cher, que cette fille-là!

— Une âme, soit! mais qui n'a pas sympathisé de prime abord avec la vôtre...

— Grâce à Dieu! Vous feriez une battue dans tout l'empire musulman, qui embrasse l'Afrique, l'Asie et un coin de l'Europe, sans y rencontrer une femme qui pensât par elle-même, qui vécût de son propre cœur, et qui fût véritablement une personne. A quelle heure voulez-vous dîner?

— Puisque nous dînons chez vous, il me semble, mon bon, que notre heure est la vôtre.

— Non, vous saurez bientôt que le musulman n'a pas d'heure, pas plus qu'il n'a de salle à manger. Il se nourrit, lorsqu'il a faim, en quelque lieu qu'il se trouve; mais lorsqu'un hôte lui fait l'honneur de partager son repas tel quel, c'est toujours l'hôte qui commande.

— Eh bien! mon cher ami, nous vous commandons de nous servir à dîner aussitôt que le jeûne du rhamadan sera rompu, c'est-à-dire à l'instant même, car voici le canon qui part et le mendiant d'à côté qui allume sa longue pipe. En voiture, et vite au Vieux-Caire!

Nous prîmes possession d'une calèche qui passait à vide, et le cocher, fouettant, criant, mâchant une galette molle qu'il avait tirée de sa poche, injuriant les piétons, non-seulement dans leurs personnes, mais jusque dans les ossements de leurs pères, nous conduisit en un quart d'heure par des chemins prodigieux, à travers un dédale inextricable, au seuil d'une porte mauresque qui s'ouvrait dans un grand mur blanc. Nous mettons pied à terre en musique; un piano caché dans la maison, travaillé par deux mains intrépides, exécutait l'air des roses de *Lalla-Roukh*, comme si la mélodie de Félicien David, repoussée de Paris par un tremblement de terre, était remontée à sa source.

Ahmed nous fit entrer dans une vaste salle où rien ne rappelait, grâce à Dieu, la civilisation européenne. Il avait mis son amour-propre à meubler la maison sans emprunter la moindre chose au monde des roumis, sauf pourtant le piano. Le dallage de marbre était profondément enfoui sous un tapis de Perse. Le divan qui courait autour du *selamlik* se cachait sous vingt-cinq ou trente tapis de Caramanie aux dessins variés, aux couleurs étincelantes. Les murailles, jusqu'à trois mètres de hauteur, étaient bariolées de faïences arabes en carreaux. Une étoffe de soie brochée d'or, produit d'une industrie autrefois florissante aux entours de La Mecque, allait rejoindre la corniche, savamment taillée à facettes dans le style de l'Alhambra. La lumière tombait d'une lampe de verre irisé prise à quelque mosquée en ruine. Pas un meuble; seulement une profusion de riches coussins éparpillés sur le sol, et quelques vases de bronze ou d'argent niellé dans des niches mystérieuses.

A l'arrivée du maître, on apporta les chibouks et le café, ces prémices inévitables de l'hospitalité orientale. Le café venait de Moka, les tasses du Japon; les supports de filigrane étaient un tissu d'or fin; le gros bout d'ambre des chibouks reposait sur une bague d'or criblée de diamants. Nous prîmes soin d'abréger les préliminaires, et l'on mit Ahmed en demeure de commander le repas au plus tôt; mais, avant le repas, il nous fit servir le *mézé*, cet apéritif compliqué que les Russes appellent la *schâle*.

Sur un pied de santal tout incrusté de nacre, les serviteurs de notre fellah déposèrent un plateau d'argent où le caviar frais, les olives, le fromage, les cornichons, les mandarines débitées par tranches, les pois chiches grillés, les noisettes sans coquilles et le pain blanc découpé en petits morceaux entouraient une bouteille de mastic, une carafe et quatre verres. Le mastic de Chio est l'absinthe de l'Orient, mais une absinthe sans poison qu'il serait bon d'acclimater en Europe au détriment de l'autre. Notre hôte n'en buvait point, par un scrupule peut-être excessif, car la plupart des musulmans ne s'en privent guère. On effleura tous ces échantillons de nourriture, et l'on demanda le dîner, le vrai dîner, à cor et à cri. Ahmed nous dit : Vous êtes bien pressés. Il est de mode ici, dans la bonne compagnie, de croquer des noisettes en buvant du rhaki jusqu'à ce que tout le monde ait perdu la tête. Cela dure deux et trois heures, souvent plus; parfois même le mézé va si loin que l'on oublie de dîner.

— Et la cuisine attend le bon plaisir des convives ?

— Sans doute. Aimeriez-vous mieux qu'elle se fît attendre ? Le musulman commande aux choses et ne leur obéit jamais.

— Cette méthode vous expose à manger des plats détestables.

— Oui, mais on a puisé des trésors d'indulgence dans la bouteille que voici. Toutefois je ne veux pas vous imposer nos mœurs.

Il fit un signe; le mézé disparut, un jeune domestique qui portait sur l'épaule une serviette brodée d'or, et dans la main droite une aiguière du temps des kalifes, versa l'eau tiède sur nos mains, après quoi nous pûmes dîner.

— J'ai pensé, dit Ahmed, qu'il ne vous répugnerait pas de manger une fois à l'arabe, assis sur des coussins, et sans autre fourchette que les cinq doigts. C'est un usage un peu barbare, je le sais; cependant on m'assure que les gens de cour à Paris, vers la fin du siècle dernier, mettaient quelque coquetterie à cueillir la salade feuille à feuille dans les assiettes de Sèvres sans crainte de graisser leurs mains blanches. Essayez de notre méthode; pour une fois, vous n'en mourrez pas. Le repas est absolument arabe, sauf un plat qu'on a commandé chez le pâtissier européen du Mousky, et les vins d'Yquem et de Laffitte, qui viennent de Bordeaux, si j'ose en croire le marchand.

La cuisine nous parut bonne; nous ne savions pourtant pas qu'elle sortait du harem. Le plus délicat d'entre nous était Camille Du Locle, en sa qualité de poète. Il commença par dîner du bout des dents, mais bientôt il parut prendre cœur à la besogne. J'ai conservé pieusement le menu, et je l'abandonne sans scrupule à la critique des gourmets.

Le *kébab*, petits morceaux de mouton rôtis à la brochette.

Les fèves rouges au beurre.

La dinde farcie cuite en pâte.

Les feuilles de vigne roulées autour d'un mélange de viande et de riz.

Le vol-au-vent à la française.

Le *kufté* ou hachis en boulettes.

L'omelette au fromage.

Les fèves vertes.

Le *baklawa*, gâteau feuilleté.

Le *pilaw*. Tout repas se termine par un *pilaw*, parce que les grains de riz sont censés remplir tous les vides qui pourraient demeurer dans un estomac bien nourri.

Le *hochaf*, sirop parfumé, ou plutôt pommade liquide qui se mange à la gamelle dans des cuillers d'écaille. On croit humer une purée de roses.

Je passe les hors-d'œuvre, qui étaient nombreux et variés : lait caillé, cornichons, oignons blancs, concombres, choux rouges confits au vinaigre, et le reste.

A la fin du repas, tout musulman soigneux se savonne non-seulement les mains, mais les dents.

Lorsque la table fut levée et qu'on eut rapporté les chibouks, Ahmed nous dit : — Vous n'avez pas remarqué une lacune? Ce vol-au-vent à la française qu'on vous avait promis...

— Tiens! c'est vrai! Qu'est-il devenu?

— Le pâtissier, votre compatriote, l'a envoyé ponctuellement; seulement il était vide. J'ai fait courir au Mousky; l'homme a répondu : « Comptiez-vous que pour vingt-cinq francs j'allais encore vous le remplir? Un vol-au-vent rempli se paye double; mais, s'il faut tout vous dire, j'aime mieux rester où nous en sommes, et m'épargner ce supplément de tracas pour aujourd'hui. »

IX

Il était huit heures à nos montres, et environ deux heures à celle d'Ahmed, qui se réglait chaque soir sur le soleil couchant. Nous avions des fourmis dans les jambes, et la soif du nouveau nous talonnait. Quant à notre hôte, il semblait d'humeur plus calme, et, si nous l'avions laissé faire, je crois bien qu'il se fût livré, selon l'usage, aux douceurs du *kief*. Ces hommes d'Orient, quelles que soient leur vigueur physique et leur activité morale, subissent le climat : ils sont capables des plus puissants efforts; mais ils font une large part au repos. Notre inquiétude les étonne, le besoin de mouvement qui nous tracasse les ébahit, l'Européen qui court sans but ou qui danse à l'heure du sommeil leur paraît un animal aussi curieux que l'écureuil tournant dans sa cage; mais ils savent immoler leurs goûts et leurs habitudes au devoir de l'hospitalité. Ahmed devina notre envie, et le brave garçon, qui peut-être tombait de sommeil, nous demanda comment il nous plaisait de terminer la soirée. Nous ne songions guère à dormir, mais nous avions pitié de lui. « Mon cher ami, lui dis-je, faites-nous voir votre maison, et renvoyez-nous à l'hôtel ; pour aujourd'hui, l'on vous tient quitte du reste. Demain matin, nous allons voir Éram-Bey, le secrétaire du vice-roi, qui demandera une audience pour nous. Après midi, nous voulons courir seuls, sans guide, à l'aventure; c'est une pratique que j'ai souvent essayée dans les capitales d'Europe, et qui m'a toujours réussi. Vous viendrez à six heures partager notre mauvais dîner, puis nous nous livrerons à vous pour étudier les mœurs nocturnes du rhamadan, si vous avez le temps de nous conduire.

— A votre volonté. »

Il donna quelques ordres en arabe, et reprit : « La maison que vous allez voir est l'ancien palais d'un mameluck appelé Mustapha-Aga. Personne ne saurait dire en quel temps elle fut bâtie, l'architecture est encore d'une assez bonne époque. Les trois quarts du vieux Caire sont en ruine, c'est un faubourg Saint-Germain décrépit; mais il y reste encore, grâce à Dieu, quelques belles habitations, et j'ai eu le bonheur d'en acheter une. Vous pouvez voir dès à présent que je ne l'ai point gâtée par l'introduction des nouveautés européennes; votre industrie n'a rien à nous offrir qui vaille le bon vieux luxe de nos pères. Plût au ciel que mes riches concitoyens fussent tous de mon avis! Nos plus beaux édifices ne seraient point démolis ou défigurés au nom du progrès par le rebut de vos maçons, de vos barbouilleurs et de vos tapissiers. Voulez-vous prendre vos pardessus? On me dit que la cour est éclairée. »

Elle était même illuminée. Huit grands gaillards, pareils à des statues de bronze, portaient au bout de longues piques huit réchauds de fer à claire-voie où flambaient des copeaux de bois résineux. Les feux rouges, fumeux et pétillants dardaient leurs langues en tout sens; il pleuvait des gerbes d'étincelles sur le pavé de marbre blanc. Une fontaine jaillissante placée au milieu de la cour semblait jeter du vin clairet, tant ses eaux réfléchissaient exactement la lumière colorée. Les bâtiments, blanchis à la chaux, formaient un vaste quadrilatère égayé par vingt balcons impénétrables à la vue; chaque ouverture est close par un de ces treillis de bois qu'on appelle *moucharabiés;* il semble que l'architecte ait fait tous ses efforts pour éviter la symétrie; les moucharabiés, accrochées comme au hasard, sont toutes de dessin différent. Une face du premier étage s'avance en tribune et s'appuie sur une magnifique colonne de granit.

C'est la relique d'un temple grec; le chapiteau de marbre date des Ptolémées; les Arabes l'ont exhaussé par une étrange et ingénieuse rallonge de cèdre sculpté. A gauche de la colonne, au pied du mur, une portière bariolée de mille couleurs et brodée d'inscriptions religieuses indique l'entrée du harem, ce sanctuaire de la famille. Le piano que nous avons entendu doit être perché sur cette large galerie; mais il se tait maintenant, les lumières sont éteintes, tout dort là-haut, à moins pourtant que quelques beaux yeux cachés derrière le grillage ne s'amusent aux dépens de trois Français ahuris.

On nous fit admirer ensuite une chambre à coucher sans lit, un cabinet de travail sans bureau et trois salles de bain sans baignoire. Le lit est remplacé par un divan où l'on se couche tout habillé, sous une gaze ou sous une fourrure, suivant la saison. C'est aussi sur un divan que l'Égyptien écrit sans plume, le papier mis à plat sur la main gauche et le roseau taillé dans la droite. Les livres et les manuscrits, comme les vêtements, les armes et les bijoux, reposent dans des coffres de laque ou de marqueterie; les tapis sont semés de grandes boîtes anciennes, incrustées de nacre, d'écaille ou d'argent. Les

niches pratiquées dans les murs étalent un
monde de curiosités japonaises, chinoises, in-
diennes ou arabes, bronzes, faïences, porcelaines,
ivoires ciselés. Les parois sont décorées d'ara-
besques peintes ou moulées dans le stuc. Il
n'y a pas deux chambres qui communiquent de
plain-pied, il faut toujours monter ou descendre;
parfois la même pièce a deux niveaux dont le
plus élevé forme une sorte d'estrade. L'air circule partout, car les treillages de bois remplacent les fenêtres; tout est d'une propreté exquise,
tout sent bon, et l'étranger se demande si ce
parfum de roses émane du jardin ou d'une cas-
solette invisible. Au moment où nous y pensons
le moins, une porte s'ouvre, Ahmed nous pousse
doucement, et nous nous trouvons transportés
dans un véritable paradis. C'est un bosquet, je
dirais presque un bois, où les palmiers, les
orangers, les myrtes, les lauriers-roses, les mimosas, les bananiers et les bambous s'entremê-
lent dans un aimable et inextricable fouillis.
Un grand arbre par-ci par-là, sycomore, olivier,
figuier des banians, s'étale en parasol et règne
au-dessus du bocage. Tantôt c'est une clairière
où les rosiers, les jasmins, les pélargoniums,
les sauges cardinales, fleurissent en bouquets
énormes. On y voit des plantes rares même en

Égypte, l'arbre à crème par exemple auprès de l'arbre à café. Mille petits filets d'eau circulent en murmurant dans des canaux de terre cuite, et vont baigner les plantes une à une ; une multitude d'oiseaux effarés voltigent de branche en branche au milieu des lanternes multicolores et des torches qui ont interrompu leur sommeil, tandis que les sphinx immobiles et les statues mystérieuses d'Isis reflètent froidement l'incendie sur leur surface de granit. Cependant le croissant de la lune marie sa lueur argentée à l'éclat turbulent de l'illumination; le ciel est scintillant d'étoiles, les lampes éternelles d'en haut et les lumières fugitives d'en bas confondent leurs images dans l'eau rapide du Nil, car le vieux fleuve coule à nos pieds. Assis sur la première marche de l'escalier qui conduit le maître à ses barques, nous voyons défiler silencieusement les grandes voiles; la pointe de Rhoda brille à gauche, et les palais de Giseh s'étalent sur l'autre rive presque en face de nous. Un peu plus de clarté, et l'on distinguerait les pyramides. Une musique étrange, sauvage et presque agréable pourtant accompagne ce grand spectacle : c'est le bruit de deux sakiés ou norias mises en mouvement par des bœufs qui puisent l'eau du fleuve et arrosent le jardin nuit et jour. Ahmed fait rapporter les pipes, le café, le mastic de Chio, et nous nous sentons envahis à notre tour par cette sensation de bien-être égoïste et placide qui n'explique que trop les langueurs de monde oriental.

— Ah! sarpejeu, disait Najac, il me pousse un turban sur la tête, et je me sens devenir Turc. Faites-nous vite et tôt reconduire à l'hôtel, car c'est le véritable Léthé qui coule là-bas, et je ne me soucie point d'oublier famille et patrie.

Notre hôte rayonnait. « N'est-il pas vrai, répondit-il, que la vie arabe a du charme, et qu'un homme échangerait volontiers les plaisirs tapageurs et vaniteux de l'Europe contre cette félicité tranquille et concentrée?

— Un homme? oui, répondit Du Locle. Une femme? je ne sais pas.

— Toutes les femmes ne sont pas des Parisiennes, Dieu merci! Il en reste bien quelques-unes qui préfèrent l'être au paraître, et qui se contenteraient d'être heureuses tout uniment, sans éblouir ni éclabousser personne. »

Je devinai le sous-entendu de sa phrase et je lui dis à demi-voix tandis qu'il nous ramenait vers sa maison : « Mon cher ami, la femme, qu'elle le sache ou non, est faite pour la vie d'intérieur; il y a chez la plus mondaine un secret instinct qui s'émeut à la vue d'une maison confortable, élégante, un peu retirée, où l'on sent qu'il ferait bon vivre et qu'on vivrait pour soi. Si la plupart des Parisiennes haïssent leur logis, c'est qu'elles y sont mal : est-ce vivre que de s'agiter du matin jusqu'au soir dans un tiroir étroit entre deux familles inconnues, dont l'une vous trépigne sur la tête et l'autre étudie le piano sous vos pieds? La rage de sortir est une protestation maladive contre le *home* inhabitable qui se loue si cher à Paris. Je sais un peintre de talent qui n'est ni bien ni mal de sa personne, mais qui occupe une maison entière et qui l'a meublée avec art. S'il y vient des personnes légères, Dieu le sait! Toutes ou presque toutes, après avoir couru, visité, fureté, sont prises d'une émotion qui les désarme et les livre sans défense au bon plaisir du propriétaire ; il y en a qui pleurent, mon ami! A quel propos? je vous le demande. Est-ce parce que les tapis sont moelleux, les tentures de bon goût et les étagères bien garnies ? Si précieux qu'ils puissent sembler, ces détails n'ont rien d'attendrissant en eux-mêmes. Expliquerez-vous ce miracle par quelques tableaux passables ou même excellents? On en voit de divins au Louvre et sans pleurer. Non, c'est qu'en méttant le pied dans un intérieur à souhait, la femme la plus déclassée reprend goût à ce bonheur intime pour lequel la nature l'a faite. Sa coquetterie s'évapore, ses calculs vont à la dérive, elle sacrifie tout au plaisir de régner, ne fût-ce qu'une heure, dans une maison pour de vrai. Jugez de ce qu'éprouve une fille de bien en pareille occurrence!

— Vous croyez que...

— J'affirme qu'une enfant honnêtement née et apprise, comme miss Grace par exemple, serait plus d'à moitié décidée, si elle vous avait vu chez vous.

— Eh! puisqu'elle me hait à l'avance!

— C'est beaucoup dire : vous l'avez plutôt agacée que séduite; mais du moins vous n'avez pas tout à fait passé inaperçu. Faites votre paix avec elle; tâchez que la famille Longman vous favorise d'une visite, et, quand vous les tiendrez ici, laissez parler les murs, les divans, les tapis, les tentures, les potiches, les statues, les terrasses, le Nil et les arbres de votre jardin. Vous aurez autant d'avocats qu'il y a d'oiseaux dans ces branches, de fleurs dans ces parterres et d'étoiles dans ce beau ciel.

— Inchallah! s'il plaît à Dieu.

— Il est donc bien vrai qu'un croyant peut épouser une chrétienne?

— Puisque je vous l'ai dit! Est-ce que cette idée choquerait vos préjugés religieux?

— Mes préjugés ? Ahmed, vous êtes biblique. »

La voiture était attelée, une excellente berline à deux chevaux. Il y prit place malgré nous, par un scrupule d'hospitalité : impossible de nous en défendre ; mais au vingtième tour de roues chacun se mit à réfléchir pour son compte, nos quatre têtes oscillèrent d'arrière en avant comme pour approuver une opinion que personne n'avait émise. Rien de tel que le sommeil pour accorder les hommes entre eux.

Ahmed nous déposa tout ébaubis devant l'hôtel d'Orient, et poussa le boab qui dormait sur un méchant matelas contre la porte. « A demain, six heures du soir !

— A demain. »

Je ne me rappelle pas si les moustiques entreprirent de nous réveiller cette nuit-là, je réponds qu'ils en furent pour leur peine. Il y a derrière l'hôtel un horrible café-concert où l'on danse, où l'on s'enivre, j'ai même entendu dire que nos frères d'Europe s'y égorgeaient quelquefois ; mais les étonnements de la journée plus encore que la fatigue physique avaient anéanti nos sens. Notre sommeil flotta ballotté sur un débordement de tapage, comme le berceau de Moïse sur le Nil.

Mes fenêtres ouvraient au nord sur un quartier que j'ai parcouru bien des fois sans arriver à m'y reconnaître. Le Caire est un dédale, toutes les rues, sauf une ou deux, semblent construites au hasard; non-seulement elles ne portent pas de nom et les maisons n'y sont pas alignées, mais elles n'ont ni commencement ni fin : on y entre par une porte, on en sort par une brèche, on y rencontre des jardins, des cimetières, des bazars et des précipices. Partout des édifices démolis que personne ne songe à relever. Il semble à première vue qu'une bonne moitié de la ville soit en ruine. Si vous prenez votre observatoire un peu haut, le regard se répand sur une immense plate-forme de terrasses poudreuses, hérissées de quelques minarets cà et là. Le vice-roi bâtit des palais de noble apparence où la pierre et le marbre ne sont pas épargnés, quelques riches négociants élèvent des maisons à la mode d'Europe, la police municipale s'applique résolûment à percer une longue rue en ligne droite; mais les ruelles, les masures, les huttes de sauvages et les mœurs assorties à ce décor sont l'œuvre de plusieurs siècles. Le pittoresque est là chez lui, le progrès a l'air d'un intrus, il fait scandale; une métamorphose du Caire n'est pas probable avant cent ans. Les fellahs qui cultivent la banlieue, les petits marchands du bazar, les ouvriers des corporations, le gros du peuple en somme a des goûts simples et des besoins élémentaires. A quoi bon des rues carrossables pour tant de bonnes gens qui n'useront jamais d'une voiture? La moindre ruelle paraît large au piéton et même au cavalier d'un âne. Ces voies étroites où les maisons se joignent par le haut entretiennent la fraîcheur et l'ombre. Les logis ne sont pas spacieux, pourquoi le seraient-ils? Le pauvre monde n'y rentre que pour dormir. Les boutiques de cinq ou six mètres carrés suffisent aux mouvements d'un commerce somnolent et rêveur; les habiles y font malgré tout d'assez belles fortunes, et le maladroit qui s'y ruine n'est pas rongé par les frais généraux. Souvenez-vous que la presque totalité de cette population végète au jour le jour, et dépense sa vie à gagner de quoi vivre. La naissance indigente et la mort nécessiteuse forment un cercle vicieux qui ne réclame pas beaucoup de place. C'est l'étranger riche ou cupide, mais toujours vain, bruyant et pressé, qui se démène avec fracas et fait les routes trop étroites. Les musulmans parvenus sont tranquilles par esprit de dignité, les petits se taisent et s'effacent par modestie. Les frottements de la vie publique sont doux, chacun sachant quelle est sa place et n'ayant garde d'en sortir; quant à la vie privée, elle se clôt et se capitonne dans un mystère impénétrable. C'est l'Europe qui a tout dérangé en important ici la hâte, la montre et la fièvre; le besoin des voitures est venu d'Occident, comme les voitures elles-mêmes. Sur les trois cent mille âmes qui s'agitent au pied du Mokattan, il y en a pour le moins deux cent cinquante qui vivraient du Koran, de l'eau du Nil et du pain mou, sans autre ambition, si la colonie ne leur imposait en quelque sorte les mœurs et les idées d'une autre race. Notre commerce, en quadruplant le prix de toutes choses, a troublé un monde heureux ou du moins résigné; nous secouons une antique et respectable quiétude qui tirait son origine du soleil africain; nous contraignons une population tranquille à se démener comme nous bon gré mal gré, sous peine de mourir de faim au bénéfice de l'Europe.

Le touriste, qui vient au Caire pour son argent comme il irait à l'Opéra-Comique, regarde la ville comme un décor et le peuple comme un troupeau de comparses. L'homme véritablement humain, c'est-à-dire convaincu de la solidarité qui l'unit à ses semblables blancs ou noirs, interroge avec émotion cette société brusquement transformée. Ce qui nous frappe dès l'abord, c'est le contraste des misères présentes et des splendeurs anciennes. Je ne parle pas du passé cinquante ou soixante fois séculaire qui a créé les pyramides et tant d'autres monuments prodigieux. Il paraît trop certain que les maîtres du sol et du peuple immolaient des millions d'indigènes ou d'esclaves à des œuvres de pure ostentation; mais les mosquées du Caire et ces miracles de fine architecture que l'on appelle improprement les tombeaux des califes représentent une somme de travail accumulé que tous les bras de l'Égypte ne sauraient reproduire aujourd'hui. Rien de plus admirable en soi qu'une vieille mosquée; le monument est beau, solide, savamment construit, décoré avec autant de goût que de richesse. Presque toujours une fontaine de marbre, annexée au lieu saint, s'offre au passant de la rue; une école, perchée au-dessus de la fontaine, appelle les enfants du quartier. Toutes ces œuvres, aussi bonnes que belles, datent d'un temps que l'histoire nous donne comme plus misérable et plus troublé que le nôtre. Comment les hommes d'alors ont-ils pu créer des merveilles que l'Égypte contemporaine ne sait pas même réparer? Tout croule, tout périt, tout s'en va misérablement en poussière sans que les vivants d'aujourd'hui tentent même un effort pour étayer ces glorieuses ruines. Ils ont la foi pourtant, leurs âmes n'ont pas molli comme les nôtres depuis la construction de nos cathédrales gothiques. D'où vient que ces croyants laissent tomber les monuments du culte, quand notre scepticisme se met en frais au moins pour les entretenir? En tout pays, les édifices publics créés par une contribution réelle ou personnelle figurent un trop-plein, un boni, l'excédant de la production nationale sur la consommation. Les Égyptiens que nous avons sous les yeux consomment aussi peu que possible, et produisent, à ce qu'il semble, le maximum du travail corporel. C'est tout au plus s'ils peuvent se suffire et payer au gouvernement une ration de strict entretien. Est-ce la terre qui a dégénéré? ou la race? ou l'État? ou faut-il croire que le despotisme idiot des mamelucks a creusé un abîme impossible à combler?

Le 6 janvier, dès le matin, nous courions seuls comme des fous par la ville. Combien de fois nous nous sommes perdus, je ne saurais le dire; il paraît que l'indigène lui-même s'égare à tout propos lorsqu'il sort de son quartier. J'ai passé par des rues où deux hommes ne se rencontraient pas sans s'aplatir à la muraille; j'ai traversé des oasis où les chameaux, les moutons et les chèvres sommeillaient pêle-mêle sous un dais de palmiers; j'ai donné dans des culs-de-sac où l'on croyait toucher au bout du monde; j'ai violé sans mauvaise intention la retraite mystérieuse de mégères qui criaient comme des harengères. Un hasard nous jeta dans le quartier du Crocodile, mauvais lieu, je suppose, car la jeunesse européenne y fourmillait autour de moricaudes peu voilées. Après avoir tourné sept ou huit fois sur nous-mêmes, rencontré des maisons sans portes et des portes sans maison, évité des montagnes de coton qui circulaient à dos de dromadaire, refusé les services de cent cinquante âniers, longé un double rang de boucheries où l'on égorgeait les moutons dans nos jambes, à la face du ciel, nous débouchons au milieu d'un bazar où l'or, les pierreries, les châles, les tapis, les étoffes de soie et les meubles précieux s'empilaient en mille boutiques plus étroites et plus basses que le moindre placard de Paris. Nous étions au Khan-Khalil. C'est un océan de richesses. J'ai su depuis comment on s'y gouverne et même comment on s'y fait voler suivant les règles de l'art; mais je n'en ai jamais si bien joui qu'à la première rencontre. Les marchands nous interpellaient en arabe, en turc, en persan; les chiens galeux nous frôlaient les genoux, les mendiants de tout âge et de tout sexe nous tiraient par le bras, les ânes nous bourraient de la tête, les eunuques ayant charge de femme nous maudissaient d'une voix aiguë. Les *pick-pockets* — ce produit de la civilisation ne manque pas au Caire — tâtaient nos poches mal garnies et s'éloignaient avec majesté. Sauf un Algérien qui vend des bronzes surmoulés et des haches d'armes de Manchester, nul marchand ne parlait une langue européenne, et j'avoue que nous éprouvions quelque plaisir à nous sentir baignés dans le pur Orient; mais les âniers comprennent toutes les langues de nos pays sans en parler aucune. Il nous suffit de dire à trois bambins : *locanda Coulomb*, pour nous voir emportés d'un joli trot, à travers l'éternel encombrement du Mousky, jusqu'à la porte de notre auberge. Les ânes sont les fiacres du Caire, comme disait déjà le général Bonaparte.

On fit un bout de toilette après le déjeuner, quoiqu'à vrai dire la toilette soit un préjugé dans une ville où la poussière pleut nuit et jour, et une voiture de louage plus confortable et mieux attelée que les fiacres de Paris nous conduisit chez Éram-Bey.

X

Le secrétaire intime de Son Altesse est Arménien, beau-frère de Nubar-Pacha; il parle français comme nous, sans préjudice des autres langues, et son éducation est tout européenne. Il nous accueillit dans un salon parisien où quelques jeunes gens de son âge, Ibrahim-Bey, Arakel-Effendi et autres joyeux camarades fredonnaient les airs d'Offenbach, commentaient les dernières caricatures de Cham et discutaient savamment le mérite des chevaux et des demoiselles à la mode. Aimables compagnons, bons vivants, gens d'esprit dont quelques-uns nous ont laissé et nous gardent aussi, je l'espère, une durable amitié.

Éram-Bey se chargea d'annoncer notre arrivée au vice-roi, qui la savait déjà sans doute, car les nouvelles les plus indifférentes parviennent instantanément au chef de l'État. Il nous fit espérer que nous serions reçus le lendemain, et comme il se rendait à son service, Arakel-Effendi s'empara de nous jusqu'au soir pour nous montrer la citadelle, les tombeaux des califes et la promenade de Choubrah. Il sait beaucoup, cet Arakel, et il voit juste. Sans être Égyptien de naissance, car il appartient à une grande famille arménienne, il s'est fait une sorte de patriotisme adoptif, ses goûts, ses idées, ses préférences, nous rappellent à chaque instant les discours d'Ahmed. Il parle de l'islam avec une chaleur qui l'eût fait brûler en Espagne au bon temps d'Isabelle la Catholique; sa maison est installée dans le style arabe. Un esclave, acheté, affranchi et marié de son argent, commande à ses domestiques. Il n'a point de harem que je sache; mais il mange avec les doigts dans une salle décorée de bronzes et de tableaux modernes, devant une bibliothèque où Guizot coudoie Paradol et Macaulay.

La citadelle, qu'il nous montra, m'a paru plus curieuse et plus pittoresque que belle; c'est un amoncellement de bâtisses énormes, ruineuses, mal entretenues et médiocrement appropriées à leur destination présente. Tous les ministères de l'Égypte sont ramassés dans un ancien harem de Mohammed-Ali. Figurez-vous un immense palier de premier étage découpé en croix latine. Aux quatre angles intérieurs s'ouvrent des portes grandioses dont chacune est l'entrée d'un appartement isolé. Si l'étranger n'est pas admis à visiter un harem en activité de service, il n'a qu'un faible effort à faire pour se figurer la vie intime des musulmans d'après les harems désertés qu'on lui montre. Le palier représente un domaine indivis où les quatre épouses légitimes se rencontrent à toute heure du jour et vivent en commun. C'est là qu'elles s'embrassent et s'appellent ma sœur, sans jalousie apparente. Chacune a son appartement, grand, moyen, médiocre ou mesquin, suivant le rang de celle qui l'habite, car les femmes sont classées par ordre hiérarchique aussi exactement que les hommes. L'usage veut que le mari dorme successivement chez ses quatre épouses légitimes; c'est une formalité à laquelle un musulman bien appris n'échappe guère. Il est vrai que l'architecture orientale, fantasque en apparence et très-ingénieuse au fond, a ménagé des compensations particulières. Dans chaque appartement, vous découvrez, en cherchant bien, des cabinets obscurs, mystérieux, qu'on dirait installés en dépit de toutes les règles, mais qui attendent le caprice et qui semblent prévoir l'imprévu. C'est grâce à cette complication que le mari de quatre femmes peut avoir dix enfants dans son année.

Voilà ce que j'appris d'abord dans les bureaux des ministères; mais mon attention ne tarda guère à se reporter sur les coutumes administratives. Les maisons du gouvernement sont véritablement des lieux publics : y vient qui veut, les mendiants, les marchands d'allumettes, et même, après le rhamadan, ceux qui vendent du pain, du lait caillé ou des dattes. La porte des ministres est ouverte du matin au soir; gardée par des cavas, il est vrai, mais ouverte. L'humble solliciteur à qui l'on en refuserait indûment l'entrée n'aurait qu'à crier un peu fort pour être entendu des pachas. Toujours les habitudes des *Mille et une Nuits* et cette familiarité démocratique dans l'absolu que les excellences parisiennes auraient bon besoin d'apprendre! J'aperçois d'ici un ministre accroupi sur son divan dans un immense salon sans meubles. C'est le président du conseil, Ragheb-Pacha lui-même. Un chef de division debout devant lui dans l'attitude la plus humble lui donne quelques pièces à signer. Il les lit en se dandinant de tout son corps par un mouvement régulier qui rappelle les oscillations du pendule : ce tic est enseigné dans les écoles musulmanes; on croit à tort ou à raison qu'il aide la mémoire. J'ai vu des médecins distingués, des professeurs formés au Caire et perfectionnés à Paris se précipiter ainsi tête basse dans la lecture de nos journaux.

Lorsque Ragheb a lu la pièce qu'il doit signer, il prend son cachet, il l'enduit d'encre, il humecte avec sa langue un coin du papier, il applique le sceau et l'efface imperceptiblement du bout du doigt, de peur qu'un faussaire ne soit tenté d'en prendre copie : usage antique et qui remonte au temps où les hommes d'État ne savaient pas écrire, après quoi le ministre jette négligemment le papier sur son tapis pour que le chef de division l'y ramasse. Ces airs hautains ne seraient pas tolérés en Europe par un expéditionnaire à quinze cents francs; je suppose que Ragheb a subi pareille huliation dans sa jeunesse et qu'il se venge. Nous n'avons pas voulu voir de plus près ce haut personnage ; mais nous nous sommes fait annoncer chez Zulficar-Pacha, ministre par intérim des affaires étrangères, et il nous a reçus tout naturellement, sans lettre d'audience, avec une bonhomie cordiale et pleine de dignité. C'est un ancien esclave, comme Ratib-Pacha le généralissime, comme Kourchid-Pacha, et Khassim-Pacha, et Mourad-Pacha, cet aimable, ce bon, ce charmant homme qui continue avec honneur la famille de son ancien maître et beau-père, le Français Soliman-Pacha.

Parmi les hauts fonctionnaires de l'Égypte, on cite un certain nombre de fellahs arrivés, Mashar-Pacha, Behget-Pacha, élèves tous les deux de notre École polytechnique. Giaffer-Pacha, le gouverneur général du Soudan, est fils d'un paysan de Damiette. Dans ce pays de privilége, où le pauvre et le riche, le contribuable et le fonctionnaire semblent séparés par un abîme, le mérite personnel franchit en un rien de temps tous les obstacles, et l'homme de valeur arrive plus sûrement peut-être que chez nous.

Arakel nous fit voir la mosquée de Mohammed-Ali, la chambre des délégués, et le divan historique où le grand pacha se caressait la barbe pendant le massacre des mamelucks. La mosquée ne manque pas de caractère pour un monument contemporain; elle est presque aussi grande par le plan que par les dimensions, ce qui n'est pas peu dire; la richesse des matériaux employés dépasse toute croyance : c'est un déluge d'albâtre oriental qui monte jusqu'à neuf ou dix mètres du sol. La pacotille commence là, c'est-à-dire une piètre imitation de la noble matière. Ce mélange de splendeur et de vulgarité se retrouve dans presque tous les monuments postérieurs à l'occupation française. Les vice-rois ont voulu faire beaucoup, grandement, richement et vite : le temps leur a manqué, l'argent aussi et les hommes surtout. L'impatience de jouir les a livrés en proie aux faiseurs européens; j'explique ainsi le style Schahabaham qui gâte leurs plus belles œuvres. L'ancien sélamlik du grand homme, ou, si l'on veut, sa salle du trône, est un champ de bataille où la magnificence et le mauvais goût semblent lutter à armes égales. Rien de plus grandiose que les parties d'architecture, rien de plus riche que les tissus et les tapis de fabrique européenne; le barbouillage du décor touche au grotesque. Le motif le plus apparent de ces peintures murales est une horloge vingt fois reproduite et qui marque des heures de fantaisie. On a plus de goût aujourd'hui. La chambre des députés ou délégués est meublée approximativement comme un salon du nouveau Louvre;

mais que toutes les richesses de l'Égypte moderne paraissent misérables, lorsqu'en sortant de la citadelle on se fait voiturer aux tombeaux des princes arabes! Il y a là quarante ou cinquante édicules dont chacun mériterait d'occuper six mois durant nos plus excellents architectes. J'espère qu'un jour ou l'autre on les restaurera tout au moins sur le papier. Quant à les rebâtir, nul n'y songe; les indigènes ne vont pas même les visiter; ce coin de la banlieue appartient à la mort, au désert, à l'oubli. C'est l'antipode de cette avenue de Choubrah qu'on nous mena voir aussitôt pour nous régaler du contraste.

Avec un peu de bonne volonté, ceux qui vont du Caire à Choubrah dans une voiture bien suspendue, pourraient se croire en Europe. La route est large, bordée de sycomores et de caroubiers magnifiques. On dit qu'ils n'ont pas quarante ans; nos arbres forestiers les égaleraient à peine en deux siècles. La poussière est plus dense que sur nos promenades, et le sol moins artistement nivelé; mais les coupés de Londres et de Paris, menés grand train, s'y croisent avec des *gentlemen riders* du meilleur style, et, si par aventure le cocher qui fait claquer son fouet est doublé d'un eunuque, ce trait de mœurs peut passer inaperçu. Force villas italiennes d'un goût parfois douteux, mais riantes et riches, se suivent sans se ressembler au milieu de petits parcs agréables. Si l'on entrait un peu trop avant dans le détail, peut-être découvrirait-on la misère installée à poste fixe dans quelques huttes de fellahs; mais le touriste ne voyage que pour cueillir la fleur des choses. Il y a d'ailleurs un moment où les villas heureuses, les taudis misérables, les jardins, les voitures, les cavaliers, la poussière et même les beaux sycomores de la route s'effacent comme par miracle devant la splendeur éblouissante du soleil couchant.

Le soleil luit pour tout le monde, dit-on; n'en croyez rien. Ce disque blanc, jaunâtre et parfois rouge, que les peuples du Nord voient descendre sous l'horizon quand les nuages ne le cachent pas, n'est que la pâle et triste image du soleil Osiris, dieu puissant en Égypte, qui se lève dans une éruption et se couche dans un incendie; mais aussitôt que l'incendie s'éteint, gare au froid! La nuit tombe comme une chape de plomb sur les épaules mal abritées.

Tous les promeneurs se couvrent, on se blottit au fond des voitures, les cochers tournent bride, les chevaux s'animent; c'est à qui rentrera plus vite à la maison. Comme nous approchions de l'hôtel Shepherd, qui est à l'entrée de la ville, je laissai mes amis poursuivre leur chemin, et je fis une visite à la famille Longman, tandis qu'ils devançaient Ahmed au rendez-vous.

Nos amis les Anglais me parurent assez confortablement établis, et charmés de tout ce qu'ils avaient vu depuis leur arrivée. « Ce Caire est un monde ! disait miss Grace, et le plus merveilleux de tous les mondes possibles. On y courrait vingt ans sans éprouver la moindre fatigue, car il y a place pour tout, excepté pour l'ennui. Nous avons battu la ville en tout sens et je me sens comme enivrée des formes, des couleurs, surtout de l'admirable variété des choses que j'ai vues. M. Longman se dépitait presque aujourd'hui en apprenant que notre barque ne sera pas prête avant huit jours. Moi, je voudrais qu'elle se fît attendre six semaines ; il me semble que ma curiosité ne se rassasiera jamais. Savez-vous qu'ils sont excellents, ces pauvres Egyptiens, et mille fois plus hospitaliers qu'on ne pense ? Notre voiture a versé ce matin dans un chemin peut-être un peu trop pittoresque. La foule s'est précipitée sur nous ; en un clin d'œil, la calèche était remise sur ses roues, les chevaux relevés à bras d'hommes, les traits rattachés et réparés. Un vieux diable, brûlé comme l'enfer, me ramassait dans la poussière comme un enfant et me déposait sur les coussins avec une douceur quasi maternelle. Ils ont tous refusé notre argent. C'est-à-dire que ces sauvages ont une délicatesse inconnue au petit peuple de nos villes. Il y a de la misère en Orient, et, chose étrange, il n'y a point de canaille. »

Je lui fis compliment de sa conversion subite : « Car enfin hier encore, à midi, vous étiez dure au pauvre monde des fellahs. »

Elle rougit un peu. « C'est, dit-elle, que les demi-barbares, comme les demi-savants, sont des êtres insupportables. Le grand gorille noir que vous nous avez présenté n'est pas civilisé, quoi qu'il prétende; il est frotté de civilisation. Sous prétexte qu'il bredouille assez correctement une ou deux langues de l'Europe, il a l'air de se croire notre égal, comme si la supériorité de nos croyances et de nos mœurs ne le mettait pas sous nos pieds avec tous les musulmans, ses compères!

— Je suis certain, mademoiselle, que, si vous le connaissiez un peu mieux, vous lui rendriez meilleure justice. »

Je résumai en peu de mots l'histoire de mon brave ami; je dépeignis l'intérieur qu'il nous avait fait admirer la veille, et je pris sur moi d'ajouter : « C'est un homme qu'un peu d'éloquence et beaucoup de douceur amèneraient sans peine aux doctrines calvinistes. » Elle tressaillit; je crus voir étinceler dans ses beaux yeux cet esprit de prosélytisme qui s'éveille au moindre mot dans les cœurs sincèrement anglais. « Vous moquez-vous ? On sait que les musulmans ont converti de gré ou de force quelques millions de chrétiens ; mais ni la séduction ni la menace n'ont arraché une âme à la foi de Mahomet.

— Je sais ce que je dis. Ahmed n'est pas du bois dont on fait les renégats, mais je maintiens que musulmans et calvinistes s'embrasseraient comme du pain, s'ils connaissaient moins mal leur religion réciproque.

— Fi ! l'horreur !

— Nous en reparlerons, miss Grace ; la chose en vaut la peine. En attendant, je vous supplie, mesdames, de nous prêter M. Longman après votre dîner. Nous avons le projet de courir à pied par les rues et de faire une étude de mœurs sous la direction d'Ahmed.

— Est-ce que nous serions de trop ? demanda la jeune dame.

— Peut-être bien. Dans tous les cas, si M. Longman est content de son guide, il pourra se concerter avec lui pour quelques sorties générales.

On agréa mes offres, et deux heures après le jeune patron du yacht venait nous rejoindre à l'hôtel. Il tendit la main au fellah et lui dit :

« J'espère que vous avez oublié, monsieur, les légers ennuis du voyage. Quant à nous, nous vous connaissons maintenant assez pour souhaiter de vous connaître un peu plus. Ces dames prendront le thé vers onze heures, et l'on nous attend tous à Shepherd. »

Ce petit compliment, assaisonné d'une politesse un peu froide, mais manifestement sincère, émut Ahmed au dernier point. A peine trouva-t-il quelques mots de réponse, et cinq minutes après, dans la rue, il s'approcha de moi et me dit à l'oreille : « Que s'est-il donc passé, juste Dieu ?

— Rien, mon cher ; seulement je leur ai raconté votre histoire, et on sait à l'hôtel Shepherd que vous n'êtes pas le premier venu. »

Les rues du Caire ne sont éclairées ni par la police ni par les particuliers, et pourquoi le seraient-elles ? Les boutiques ferment à la nuit, le commerce s'arrête, chacun rentre chez soi, la vie intime commence ; les musulmans n'ont pas l'habitude de se visiter à tout propos et de vivre les uns chez les autres comme nous. S'il vous plaît de sortir après dîner, vous ferez sagement de vous éclairer vous-même. Par exception, les marchés où l'on débite des comestibles sont presque illuminés pendant les nuits du rhamadan : il faut bien pourvoir aux besoins de la consommation nocturne ; mais tout le reste de la ville est plongé dans une nuit profonde que les falots des rares passants sillonnent sans la dissiper. Ahmed s'était pourvu de deux lanternes à trois bougies que ses serviteurs portaient à la tête et à la queue de notre petite caravane. Nous marchions un peu éblouis dans un massif de lumière ; les chiens, réveillés en sursaut, fuyaient à notre approche et hurlaient de loin contre nous. Ces pauvres bêtes, qui vivent sur le commun et qui gagnent leur salaire en balayant mille horreurs éparses dans les rues, furent nos seules rencontres, ou peu s'en faut, pendant un bon quart d'heure ; aucune trace de police.

— Savez-vous, dit M. Longman, que la sécurité publique pourrait être mieux protégée?

— Elle l'est bien assez, répondit Ahmed ; nous payons vingt fois moins de gardiens que la population de Londres ou de Paris, et nos personnes courent vingt fois moins de risques. Les attentats contre la vie humaine, les vols à main armée, les crimes d'escalade ou d'effraction, sont presque inouïs parmi nous. Ce n'est point que le fellah professe un respect sans limite pour la propriété d'autrui ; on respecte si peu la sienne ! Ces éternels volés ont toujours ramassé sans scrupule ce qui leur tombait sous la main. S'ils traversent u champ de légumes et que le propriétaire n'y soit as, je plains la récolte ; mais ils sont doux, la violence répugne à leur nature : il y a de la marge entre la naïve maraude et ce qu'on appelle chez vous le vol qualifié. »

Cet entretien nous conduisit à l'entrée d'une rue lumineuse et bruyante où la foule des acheteurs, des mendiants et des curieux circulait de boutique en boutique. Ahmed nous précéda sous une espèce de hangar assez vaste et fort aéré, car on apercevait le ciel à travers les longues pailles de la toiture. Quelques lampes fumeuses et vacillantes éclairaient une centaine d'individus de tout âge, blancs, noirs ou basanés, les uns assis par terre, les autres accroupis sur des nattes, sur des bancs; on fit une razzia de six chaises, cinq pour nous, la dernière pour remplacer la table qui manquait. Le tavernier y déposa un plateau de fer battu, chargé de tasses et de verres. Au même instant, un orchestre bizarre que nous n'avions pas remarqué dans son coin attaqua une mélodie grinçante et farouche, et une grande créature fardée, constellée de paillons et surchargée de bijoux, bondit comme si elle sortait de terre en faisant sonner deux paires de crotales.

Une almée !... Je me trompe, *un* almée, car ce monstre a le menton bleu comme un vieux comédien de province. Il arrondit les bras, il fait des grâces, il sourit... Brr ! la moelle se fige dans nos os, rien qu'à l'aspect de ses premières agaceries. Son ventre nu sous une mousseline transparente se tord en mouvements prétentieux, ses hanches vont et viennent, sa jupe frétille en cadence. Le montreur de cette bête immonde, un garçon de dix-huit à vingt ans en blouse de fellah, se tient debout devant lui, ou devant elle, une bougie à la main, pour éclairer tous les détails de sa personne. Il lui crie de temps à autre un compliment horrible accompagné de gestes trop significatifs. L'être ambigu sourit à ces incroyables louanges, et bientôt, toujours en musique, il fait le tour de la halle pour quêter des hommages plus solides et mieux sonnants. Il s'arrête devant chacun des spectateurs et lui dédie ses contorsions les plus engageantes jusqu'à ce qu'on lui jette un pourboire. Les uns lui donnent de l'argent, d'autres lui tendent leur verre, où il prend une gorgée de rhaki, d'autres enfin, et ce n'est pas le petit nombre, se détournent avec dégoût. Un des serviteurs d'Ahmed était resté dehors avec les deux lanternes, l'autre avait une provision de cuivre et d'argent dans un sac; il payait.

« Pourquoi diable nous montrer ce spectacle-là? dis-je en sortant à notre guide.

— Pour plus d'une raison, mon cher ami.

D'abord je ne veux pas que vous me soupçonniez de cacher nos plaies. L'honnêteté m'oblige à vous faire connaître le bien et le mal. Vous venez d'entrevoir un genre d'ignominie que les anciens Orientaux, les Grecs de la belle époque et les plus illustres Romains trouvaient parfaitement naturel en dépit de la nature. J'ajoute que les sauvages de l'Amérique, ces hommes primitifs, donnaient naïvement dans le même travers, lorsque Colomb leur fit sa première visite. Notre peuple est arriéré, je le sais, je l'avoue. Nous sommes au xiiie siècle de notre ère, c'est-à-dire en plein moyen âge musulman. Il n'y a pas cinquante ans, l'immense majorité du peuple égyptien prenait un plaisir sans vergogne aux danses répugnantes qui se cachent piteusement aujourd'hui. J'estime qu'en cherchant bien on découvrirait trente *kowals* dans les trois cent mille habitants du Caire. Ils ne font pas leurs frais, les malheureux ! Leur clientèle, comme vous avez pu le comprendre, se recrute parmi les buveurs de rhaki, les consommateurs de haschich, le rebut des mauvais musulmans. Je ne vous dirai pas que ces turpitudes scandalisent nos honnêtes gens au même degré que vous. Si les mœurs se sont épurées, notre pudeur n'est pas la vôtre, nous manquons de délicatesse; peut-être faudra-t-il encore un peu de temps pour décrasser nos âmes de certaine grossièreté héréditaire. L'action des vice-rois y peut beaucoup; Abbas a presque fait un coup d'État en reléguant les almées dans la Haute-Égypte; un signe d'Ismaïl-Pacha suffirait pour envoyer au diable les derniers kowals, et notre souverain, Dieu merci ! ne s'intéresse ni peu ni prou à cette indigne espèce. Qui sait si vous ne serez pas les derniers témoins d'une infamie longtemps célèbre? Bathylle, le danseur qui fit les délices de Rome, était un fellah comme moi. »

Tout en causant, il nous poussait vers une humble boutique, presque une échoppe, dans laquelle vingt-cinq ou trente personnes s'étouffaient le long des murs. C'était encore un café, et n'en déplaise aux Européens qui se forgent un Orient de fantaisie, ce petit coin sans air et sans lumière ressemblait à tous les cafés égyptiens. On se serra du mieux qu'on put pour nous faire un peu de place, et nous voilà tant bien que mal assis sur une espèce de cage à poulets. J'allais me demander à quel propos Ahmed nous avait transvasés dans cette coupe déjà trop pleine, lorsqu'un jeune bédouin en burnous râpé, chaussé de babouches béantes, vint s'accroupir au milieu

de la chambre sur une natte réservée. Il tira de
son sein un rouleau de papier, et commença
modestement une lecture. Les assistants paraissaient le connaître et même s'intéresser par
avance aux choses qu'il allait dire. J'en vis un
qui bredouillait en hâte à l'oreille de son voisin
une sorte de commentaire ou de prologue pour
le mettre au courant de l'affaire. Le lecteur promena les yeux sur son public, reconnut les visages que sans doute il avait déjà vus la veille,
lança deux ou trois questions auxquelles on répondit affirmativement, après quoi, sans plus
marchander, il nous lut son petit chef-d'œuvre.
C'était sans doute quelque chapitre d'un roman
plein de surprises. L'intérêt le plus vif se peignait sur toutes les physionomies. De temps à
autre, l'auteur suspendait son récit pour inter-
roger le public. Chacun disait son mot, donnait
sa solution; les avis se croisaient, les opinions
contradictoires s'entre-choquaient dans l'air
avec fracas. Lui, souriant avec malice et montrant ses petites dents aiguës, laissait dire,
puis repartait de plus belle, à la grande joie de
ceux-ci, au grand dépit de ceux-là, à la satis-
faction générale des neutres qui confondaient
leurs voix dans un long soupir modulé. Ces
hommes sont de grands enfants; ils s'amusent

d'un rien et s'extasient à tout propos. Le moindre chanteur de la rue est interrompu vingt fois à l'heure par un *ah!* général plein de langueur et de sympathie, véritable accompagnement qui fait comme une musique dans la musique. Notre conteur avait porté au maximum l'intérêt de son auditoire, lorsqu'il s'arrêta net, roula vivement ses papiers, les cacha dans sa poitrine, et se déroba, non sans rire un peu, comme le feuilletoniste parisien qui laisse le poignard suspendu sur la tête de l'héroïne et dit : la suite au prochain numéro. Non-seulement on l'applaudit et on le rappela, mais quelques dilettanti le retenaient par son vieux burnous, sans songer que la pauvre guenille n'était pas de force à se défendre. Je crus qu'il s'apprêtait à faire une collecte, et je mis la main à la poche ; mais Ahmed m'arrêta.

« Vous vous trompez, dit-il ; ce jeune homme est un des six mille élèves de la grande université arabe qui peuple Gama-el-Azhar. Il étudie le Koran, ce résumé de toutes nos lois religieuses et civiles, pour devenir un jour magistrat ou prêtre. En attendant, il consacre ses loisirs à des ouvrages en style fleuri, dans le genre des *Mille et une Nuits*, et les lectures qu'il fait ici sont comme une répétition générale, une révision des épreuves; il tâte le public, essaye ses effets, provoque la critique et se prépare à corriger ses fautes.

— A-t-il du talent?

— Oui et non; l'invention est faible : vous saurez que les idées neuves se font rares chez nous.

— Ailleurs aussi.

— Mais nous avons une jeune école qui s'inspire des bons auteurs persans, soigne la forme, revient insensiblement au vrai style. Le petit peuple n'est pas aussi indifférent que vous pourriez le croire à cette résurrection littéraire : nos cavas et nos chameliers, ayant appris à réciter leur Koran dès l'enfance, deviennent connaisseurs et savent apprécier une phrase bien faite. Je crois au reste que chez vous la plus humble population des villes n'est pas sourde aux beautés de Corneille et de Molière, car j'ai vu le succès des représentations gratuites. »

Tandis qu'il me donnait ces explications, un grand nègre aux cheveux crépus s'établissait sur la natte centrale, et déroulait un nouveau manuscrit.

« Allons-nous-en, dit Ahmed, je sais quel ennui l'on éprouve à écouter sans comprendre. »

Nous nous levons, chacun en fait autant; le lecteur et les auditeurs nous saluent comme si nous étions leurs frères.

« Eh quoi ! s'écria M. Longman, voilà donc les fureurs du fanatisme musulman, qu'on nous disait si terrible en carême ?

— Quant à moi, reprit Camille Du Locle, ce que j'ai surtout admiré, c'est la propreté du petit monde. Tant de corps humains entassés dans un étroit espace où il fait chaud s'asphyxieraient mutuellement en Europe. Cependant les habitués de ce bouge littéraire ne sont ni des préfets ni des ministres.

— C'est le fretin de la nation, dit Ahmed ; mais le riche et le pauvre se lavent cinq fois par jour. Nous allons pénétrer dans une habitation privée. Gardez vos chapeaux sur la tête, car vous tomberez au milieu d'une pratique religieuse et solennelle. On vous apportera cependant les pipes et le café ; acceptez. »

Nous arrivions devant une large façade de pierre un peu dissimulée, pour ne pas dire enlaidie, par la carcasse d'une illumination éteinte. Najac voulut savoir pourquoi tous les palais du Caire et même les maisons de moyenne importance affectaient ce singulier mode de décoration. Du bois peint en vert et en rouge, des fils de fer, des godets sans huile, ne sont pas un ornement à conserver toute l'année.

« Vous avez raison, dit Ahmed ; mais l'usage

veut qu'on illumine à toutes les fêtes de Son Altesse, et les fonctionnaires petits et grands croient faire acte de *loyalism* en gardant à demeure le monument de leur hommage. Entrez; nous sommes chez Son Excellence El-Arroussy, uléma, cheik-ul-islam, docteur en théologie, recteur de la mosquée El-Azhar, c'est-à-dire doyen de la Sorbonne arabe, et archevêque musulman, ou peu s'en faut. »

Dans une vaste cour, abritée d'un velarium aux couleurs éclatantes, une centaine de dévots célébraient les louanges de Dieu. Les uns étaient assis sur leurs talons; les autres, debout sur leurs pieds, ou formaient le cercle. Quelques longs siéges de forme antique s'offraient à la multitude des allants venants, car la cour du grand cheik était ouverte à tout le monde. On nous fit place; le sélamlik s'ouvrait à notre droite, le harem se fermait à notre gauche. Un petit eunuque noir nous servit les rafraîchissements de rigueur, et le fils de l'uléma, bel homme de quarante ans environ, nous donna la bienvenue au nom de son père absent. Les politesses échangées, nous fûmes tout au spectacle et au concert. Le groupe des fidèles accroupis et debout exécutait un *zikr*, c'est-à-dire une invocation. Les basses, singulièrement fortes et profondes, répétaient à satiété le nom d'Allah; un ténor énumérait les attributs de la divinité, et brodait sur chacun d'eux une variation nouvelle : « Que tu es puissant! que tu es doux! que tu es clément! que tu es généreux! » Et le chœur de reprendre : « Allah! » La scène était grandiose dans sa simplicité; ce culte exclusivement moral, sans pompe, sans images, n'est-il pas le plus digne que l'homme puisse offrir à ses dieux? Notre émotion redoublait encore à l'idée que tous ces musulmans, appris dès leur bas âge à maudire le nom de chrétien, nous faisaient place au milieu d'eux, et semblaient nous associer à leur prière, comme si le dogme nouveau de la fraternité humaine avait retourné leur cœur en éclairant leurs yeux.

« Si vous voulez garder vos illusions, dit Ahmed, sortons d'ici.

— Pourquoi?

— Parce que cela va se gâter. Voyez-vous ces gaillards qui commencent à dodeliner de la tête comme l'ours blanc du Jardin des Plantes? Ne remarquez-vous pas que les voix de basse deviennent rauques et haletantes? Le *zikr* est en lui-même une fort belle chose; mais on le pousse trop loin, et on le corrompt par l'abus. Ces mouvements de tête et ces cris répétés étourdissent l'homme, l'épuisent, le jettent enfin dans une sorte d'ivresse qui ravale le croyant au niveau de la brute. Lorsque cette pratique était permise dans l'armée, les soldats s'en donnaient au point que le service n'allait plus. La mode en passera, et plus tôt que plus tard, car l'islam retourne grand train vers sa simplicité native. Les derviches tourneurs, qui dansent la valse à deux temps dans une espèce de cirque forain, ne sont plus qu'un objet de mépris. Les santons immondes et braillards perdent leur crédit sur le peuple ; la police les ramasse, les tond, les débarbouille, et les envoie travailler sans que personne s'avise de crier au sacrilége. »

Il regarda sa montre et ajouta : « Nous avons près d'une d'heure à nous avant de rallier l'hôtel Shepherd ; voulez-vous que nous descendions, pour finir, dans un de ces repaires qu'Eugène Sue a révélés au beau monde de Paris?

— Un tapis-franc du Caire ?

— Sans armes et sans *policemen ?*

— Soyez tranquilles ; je vais vous montrer des sauvages et des misérables, mais les meilleures gens du monde au demeurant. « Iacine, dit-il à son premier porte-fanal, conduis-nous à ce café de Bab-el-Baher où tes compatriotes se rassemblent pour boire la bière du pays. » Iacine est Barbarin, messieurs, c'est-à-dire Nubien, né entre la première et la deuxième cataracte, sous le tropique du Cancer. Les Barbarins sont les Auvergnats du Caire ; ils y exercent les professions les plus humbles, les plus dédaignées et les moins lucratives; ils sont concierges, porteurs d'eau, balayeurs, gens de peine, mais bons musulmans, eux aussi, et par conséquent fort honnêtes.

— Mais nous voilà hors de la ville?

— Non, c'est que nous traversons un jardin. Prenez garde à vos pieds ; il y a des puits, des rigoles et encore autre chose à éviter. »

La tête de colonne tournait autour d'une grande cage de roseaux sans en trouver l'entrée : tout à coup le fanal d'avant-garde plonge sous terre, on le suit à l'aveuglette, et nous nous trouvons réunis dans une enceinte murée par-ci, treillagée par-là, vide de meubles et de personnes, occupée, en attendant mieux, par un cuveau de lait mousseux. Tout s'anime bientôt : Iacine pousse un premier cri, et une figure du plus beau brun se détache du sol. C'est le maître de ce domaine, le brasseur barbarin. Il frappe dans ses mains ; une autre statue de terre modelée se lève en poussant des cris aigus : c'est Abdallah, le garçon de café, tout habillé de noir par la nature. Ahmed leur dit en arabe : « Enfants, je paye la *bouza* cette nuit à tous ceux qui viendront en boire. La cuve est pleine ; j'aime à croire que la bière est fraiche?

— Goûte plutôt! » Et le brasseur emplit une demi-calebasse qu'il fait circuler à la ronde.

Ahmed n'hésite pas, il semble même apprécier la marchandise, et moi, sans défiance, j'avale à pleine bouche ce liquide trompeur qui unit la saveur de l'encre à la couleur du lait. J'aurais pu prévenir mes compagnons, je l'aurais dû peut-être; mais il m'aurait été trop pénible de mourir empoisonné sans eux. Je passai donc la calebasse sans rien dire. M. Longman, enhardi par l'exemple, emplit ses joues, ferma la bouche, écarquilla les yeux, s'aperçut que je riais dans ma barbe, et songea probablement qu'un Anglais en voyage doit tout souffrir plutôt que de s'avouer vaincu. Il fit un effort héroïque, l'encre passa, rien ne parut ; mais moi, qui l'observais, je constatai qu'il était écarlate. Najac saisit la coupe aux trois quarts pleine avec l'assurance d'un homme qui va sur la foi d'autrui. La boisson le prit à la gorge et l'étrangla si bien que sa face joyeuse éclata comme une bombe : le liquide jaillit par le nez, par la bouche, peut-être même par les yeux et les oreilles, aspergeant toute l'assistance et en particulier Du Locle, qui s'écria : « Merci : je n'en tâterai point ! »

A la faveur de cette comédie, les boabs, les porteurs de guirbeh et autres Barbarins entraient incognito; l'enceinte se trouva presque pleine. Le petit Abdallah avait-il fait une battue dans le quartier, ou tous ces pauvres diables accouraient-ils spontanément à l'odeur de la bière? Personne ne l'a su; mais bientôt la demi-citrouille écumante circula si vite et se vida si bien que le niveau de l'encre blanche baissa d'un bon pied dans la cuve. Une franche gaîté se répandit sur ces visages noirs qu'on aurait dits cirés à neuf, tant ils luisaient ! Iacine, ou El-Iacine, ou même Éliacin, pour écrire son nom comme l'auteur d'*Athalie*, n'eut pas besoin d'inviter ses *pays* à la musique et à la danse : ils se mirent à chanter comme des sourds en se trémoussant comme des fous, ployant les jambes, battant des mains, montrant les dents, et prouvant, n'en déplaise aux disciples de Gratiolet, que l'homme est proche parent du singe. J'observai même que l'un d'eux, ayant laissé tomber une demi-piastre par terre, la saisit entre deux orteils par un acte de préhension véritable. Ces bonnes gens auraient-ils quatre mains? Je ne suis pas éloigné de le croire, et je recommande la question aux physiologistes qui nous succèderont en Égypte.

Ahmed était préoccupé d'une autre idée. « Remarquez-vous, dit-il, que cette population, la plus misérable du Caire, se laisse régaler naïvement, et ne montre ni faux orgueil ni basse envie? Transportez en esprit la scène dans quelque cabaret de vos faubourgs. De deux choses l'une : ou les pauvres nous répondraient par cette familiarité insolente qui est le châtiment des riches encanaillés, ou ils repousseraient avec fureur nos politesses les plus cordiales. Une seule fois en ma vie, je me suis égaré chez vous dans un bal de porteurs d'eau; j'y ai laissé moitié de ma redingote et mon chapeau tout entier, trop heureux de remporter mes quatre membres. Ces barbarins de France s'étaient figuré, bien à tort, que nous entrions là, comme les Romains en Sabine, pour ravir leurs épaisses moitiés. Le mélange des sexes, que vous considérez comme un élément de concorde, rend le petit monde ombrageux et lui fait redouter l'intrusion du riche. Ici, rien de pareil : les hommes seuls ont part à la vie publique; ils sont classés, chacun connaît sa place, on peut mêler toutes les catégories de la société sans qu'elles se heurtent ou se confondent. »

Tandis qu'il philosophait ainsi, les sauvages de Nubie, animés par la bière, par le chant, par la danse et par le souvenir du pays natal, s'exaltaient jusqu'au délire. A la lumière de nos deux lanternes, ces grands corps demi-nus représentaient un vrai sabbat, mais un sabbat de bons diables. Ils ne se démenaient pas en mercenaires payés pour amuser autrui, mais plutôt en hommes libres ou en enfants étourdis qui dansent pour eux-mêmes. Lorsque nous leur dîmes adieu, il nous accompagnèrent tous aux confins de leur territoire; mais la fête repartit de plus belle aussitôt que nous eûmes tourné le dos.

La voiture d'Ahmed nous attendait à cent mètres de là. Elle nous transporta lestement à Shepherd, où miss Grace servit le thé au milieu des récits de M. Longman et d'une conversation bruyante.

Ahmed semblait avoir perdu sa faconde en route. Je ne sais quelle timidité le paralysait; il ne s'expliquait plus que par monosyllabes, et, chose étrange, Mlle Thornton, si vaillante et si délibérée l'avant-veille, était plus muette que lui. Nous fîmes tous les frais; ce fut moi qui offris l'hospitalité aux Anglaises dans le palais du fellah et dans son abadieh de la Basse-Égypte. Il trouva juste assez d'éloquence pour dire que le Delta est sillonné de chemins de fer comme la Belgique, et qu'il ne faut guère plus de quatre heures pour aller du Caire à Mansourah. La jeune Mme Longman était fille d'un gros agriculteur du Yorkshire; le ménage faisait valoir quelques acres de terre autour de son château, et quoique assurément on ne se fût pas mis en route pour étudier la production des blés et des cotons, cette curiosité intelligente qui distingue tout Anglais bien né entraîna le succès de ma démarche. On prit rendez-vous nonseulement pour un *lunch* dans le beau jardin du vieux Caire, mais pour une promenade à la ferme. Ahmed ne se sentait pas de joie ; cependant il ne retrouva l'usage de la parole que sur le chemin de notre hôtel. Pour peu qu'on lui eût prêté le collet, il était homme à nous entretenir jusqu'au matin des perfections de miss Grace ; mais nous mourions tous de fatigue, et le congé que nous primes de lui devant chez nous n'admettait pas de réplique. Quelle journée, bon Dieu ! et dire que j'en ai passé soixante-dix en Égypte tout aussi pleines, ou peu s'en faut, que celle-là !

XI

Le lendemain, vers deux heures après midi, le vice-roi nous reçut en audience au palais de Kasr-en-Nil, dans une vaste salle éblouissante d'or et de soie. On dit que le mobilier seul a coûté un million et demi ; je ne jurerais pas du contraire. Le prince des fellahs (c'est lui-même qui s'intitule ainsi dans la conversation) nous accueillit avec toute la bonne grâce imaginable, et nous entretint une heure durant dans notre langue maternelle. Il s'exprime au commencement avec effort et semble chercher ses paroles ; mais dès qu'il s'anime, et surtout lorsqu'il traite un des sujets qui lui sont chers, l'abondance lui vient, et le discours coule de source. Sa préoccupation capitale est le progrès des cultures indigènes ; il énuméra vivement les principaux *desiderata* de l'Égypte, et me traça ainsi tout un programme d'études. « Les bras manquent ; comment y suppléer dans un pays où le charbon coûte de cinquante à cent francs la tonne, suivant les provinces ? Pourquoi nos blés subissent-ils une dépréciation d'un tiers sur les marchés d'Europe ? Ils se vendent vingt francs quand les autres en valent trente. D'où vient cette àcreté particulière et ce parfum musqué qui les distinguent ? Ce défaut s'explique-t-il par le mode de dépiquage usité chez les fellahs, ou par la nature du sol qui manque absolument de phosphates ? Nous convient-il d'acheter des engrais, et lesquels ? La maladie qui sévit sur nos cotons est-elle incurable ? Nos récoltes de cannes sont magnifiques, et le rendement en sucre est médiocre ; pourquoi ? Y a-t-il en Europe ou ailleurs des cultures que l'Égypte puisse emprunter avec profit ? Y a-t-il un remède à la dégénérescence des animaux et des plantes? Le régime alimentaire adopté par les hommes est-il assez réparateur? Quelle part faut-il reporter aux vices du gouvernement dans la misère publique? »

Ces questions se logeaient une à une dans ma mémoire, et la dernière ne fut pas celle qui me donna le moins à penser. Qu'il y ait des nations mal gouvernées, ce n'est pas sujet d'étonnement ; mais un prince qui ne se fait pas d'illusion sur ses agents et qui court de lui-même au-devant de la critique, voilà ce que le voyageur ne rencontre pas tous les jours.

Le vice-roi nous dit : « Je désire que vous visitiez et la Haute et la Basse-Égypte. Vous remonterez le Nil sur un bateau à vapeur que je vous prête; on aura soin que rien n'y manque; ne vous préoccupez ni des provisions ni du service : dans quatre jours, à l'arsenal de Boulaq, vous n'aurez qu'à monter à bord. Il se peut que je vous retrouve à Thèbes, où j'ai commandé quelques fouilles; en tout cas, vous rencontrerez mes trois fils, qui font tous les ans un petit voyage d'éducation. »

Au sortir de cette audience, nous disions entre nous que l'hospitalité écossaise doit avoir pris ses quartiers d'hiver en Égypte, car enfin, si le plus grand écrivain de la France ou de l'Allemagne allait présenter ses hommages à l'auguste souveraine du royaume-uni, on le laisserait se débrouiller tout seul avec les bateaux à vapeur, les chemins de fer et les auberges. Ibrahim-Bey, qui nous guettait à la porte du grand sélamlik, nous cria : « Bonne nouvelle ! C'est Arakel qui sera votre guide et votre interprète, ou en un mot votre michmandar. » Rien ne pouvait nous être plus agréable ; Arakel a fait le voyage du Nil avec Prevost-Paradol et ce pauvre Gramont-Caderousse ; il sait la Haute-Égypte sur le bout du doigt, et dans les heures de nostalgie, si tant est que nous en ayons quelques-unes, il nous parlera de Paris.

Nous fîmes une halte chez les aides de camp, et vers trois heures et demie la voiture que nous avions gardée nous conduisit au *lunch* d'Ahmed. Les serviteurs nous menèrent droit au jardin, et nous montrèrent le Nil. J'en conclus que nos amis étaient en promenade sur l'eau ; ils ne se firent guère attendre : au bout de quelques minutes, un grand canot à six rameurs les ramenait au pied de la terrasse. Les dames avaient pillé le jardin, elles étaient couronnées de fleurs et chargées de bouquets énormes. La meilleure harmonie semblait régner entre la jeune Égypte et la vieille Angleterre. On servit le goûter sous une tonnelle de jasmin ; Ahmed nous dit : « Si vous voulez envoyer chez vous le vrai parfum de ma patrie, cueillez quelques-unes de ces fleurs et logez-les dans une lettre; elles arriveront sans rien perdre, soit à Londres soit à Paris. » Nous n'eûmes garde de nous faire prier; quant à miss Grace, elle répondit étourdiment : « De famille, je n'en ai plus; je ne pourrais adresser une fleur qu'à mon Valentin; mais s'il vit, ce que j'ignore, commencez par me dire où il est. »

Ahmed rougit jusqu'aux oreilles; il porta la main droite au bord de son tarbouch, mais il ne trouva pas d'autre réponse, et l'on attaqua le luncheon.

La simple nature avait fourni les mandarines, les oranges à chair rouge, les dattes fraîches semblables à des prunes d'Agen, les bananes, tout enfin, sauf un xérès haut en couleur que miss Longman ne savourait point sans extase. « C'est du xérès de Mansourah, dit Ahmed. Le Koran m'interdit de le boire, mais non de le fabriquer, et j'en livre une centaine d'hectolitres, bon an mal an, au commerce d'Alexandrie. Nos aïeux étaient vignerons, les monuments l'attestent; pourquoi ne ferions-nous pas comme eux? Je produis aussi de l'opium, et je le place au meilleur prix, sans en avoir jamais goûté moi-même. Mieux encore, les ricins que je cultive dans la Haute-Égypte fournissent assez d'huile pour médicamenter la moitié de l'Europe ; nous n'en abusons pas ici, nous n'en usons pas même, sinon pour graisser les machines, qui s'en trouvent fort bien et qui ne se dérangent pas pour si peu. »

Le dernier mot ne parut pas d'un goût irréprochable ; miss Grace se mordit les lèvres, on leva la séance et l'on s'éparpilla dans le jardin.

« Quel singulier garçon que votre ami ! me dit la jeune Anglaise : il est intelligent, il est aimable, et il est rustre.

— C'est que l'éducation occidentale a des délicatesses inconnues à ces hommes de l'Orient.

— Oh ! je vois bien. Un véritable abîme entre eux et nous. Cependant celui-ci est bon fils et bon frère ; il a parfaitement élevé Mlle Zeinab.

— Vous l'avez donc vue ?

— Mais oui, en arrivant.

— Vous êtes entrée dans le harem ?

— Je crois bien ! c'est le troisième de la journée ; mais c'est le plus joli, le plus propre et le plus intelligent des trois. Dès le matin, une de nos compatriotes, qui vit au Caire, nous a menées chez la femme d'un employé supérieur, Arabe ou Turc, je ne sais trop, une sorte de préfet monogame. La maîtresse du logis n'entend pas plus l'anglais que nous sa langue ; elle nous a reçues en grande pompe, au milieu de ses dix-huit ou

vingt servantes dont pas une ne m'a paru passable
ou médiocre. On nous fait asseoir sur un divan,
on nous sert à chacune le café et devinez quoi?
La pipe! oui, monsieur, une pipe aussi longue
qu'un manche de balai. La madame nous donne
l'exemple et commence à fumer comme un Suisse.
Il paraît que nous aurions commis la plus grave
impolitesse en refusant de faire comme elle; je
me mis donc à souffler de toutes mes forces dans
ce tuyau de bois doré. Au bout de trois minutes,
la préfète se lève, fait une révérence, disparaît et
rentre bientôt dans une autre toilette. Elle refait
la roue, se rassied, fait apporter d'autres tasses et
d'autres pipes. Nous n'y comprenions rien, mais
nous vidions nos tasses et nous soufflions de plus
belle une fumée qui nous aveuglait. Le jeu se
répéta dix fois : dix toilettes! dix tasses! dix chibouks! et cela n'était pas fini quand nous prîmes
congé de vive force. Il paraît que la cérémonie
aurait pu se continuer jusqu'au soir; mais nous
avions besoin de respirer le grand air et surtout
de secouer nos pauvres robes qui s'étaient impré-
gnées de cet affreux tabac. Quel néant que la vie
des femmes musulmanes! je comprends la manie
de la toilette, sans la partager; je crois même
qu'au fond les femmes s'habillent moins pour
plaire que pour rivaliser avec les personnes de

leur sexe. Si je me voyais condamnée à ce désœuvrement laborieux et ridicule, j'aimerais mieux, ah! cent fois mieux, mourir aujourd'hui même. L'autre harem où l'on nous a conduites était plus riche, paraît-il; le maître a quatre femmes très-grosses, plutôt laides que belles, peu soignées, et tout le reste à l'avenant. La population, singulièrement entassée, va peut-être à quatre-vingt-dix ou cent personnes. On a dansé pour nous, fort mal à mon avis; on a chanté cruellement faux, sans préjudice des pipes et du café, qui semblent être le fond de la conversation. La principale épouse a fait venir ensuite une vieille bouffonne, qui s'est mise à tourner autour de moi avec des cris, des grimaces et des contorsions inintelligibles; je me fatiguais à chercher le sens de sa pantomime, lorsque Mmes Longman et la personne qui nous guidait perdirent patience et m'entraînèrent dehors en toute hâte. Ici, nous nous sentons transportées dans un monde supérieur. La mère de M. Ahmed, sans pouvoir nous parler ni nous entendre, nous a donné la bienvenue la plus cordiale. Zeinab, qui paraît être de mon âge, est une belle personne, modeste dans son maintien, sérieuse d'esprit, fort occupée de sa maison, passablement lettrée, et quel cœur! Ce n'est pas de l'amitié qu'elle a pour son frère, c'est un culte.

— Elle lui rend justice. Je vous ai dit comment il s'est conduit avec sa famille.

— Il est bien payé de retour; mais pourquoi ne se marie-t-il pas? Zeinab et la bonne maman se lamentent de le voir tourner au vieux garçon.

— Vieux garçon! il n'a que trente ans. Toutefois, si vous connaissez en Angleterre ou dans les colonies une jeune fille qui vous ressemble rien qu'un peu, dites-le-moi; nous ferons sa fortune et son bonheur en un tour de main.

— *For shame!* Comment pouvez-vous supposer qu'une chrétienne et une Anglaise?...

— Le propre d'une chrétienne est d'être bonne, le propre d'une Anglaise est d'être active et intelligente. Ahmed est l'ouvrier d'une grande œuvre de bienfaisance; pourquoi ne trouverait-il pas une femme assez héroïque pour prendre la moitié de sa tâche et se dévouer avec lui?

— Si je rencontre en mon chemin celle que vous cherchez, je vous le ferai dire; mais n'y comptez pas trop, mon cher monsieur. Voici Mme Longman qui m'appelle. »

Mme Longman ne l'appelait pas, mais pas du tout. Elle courait dans le jardin avec sa belle-sœur en cueillant une pannerée de mandarines.

Je me tins la chose pour dite, et je m'en fus rejoindre mes amis. Le jeune Anglais leur racontait, d'après une confidence de sa femme, comment miss Grace avait été traitée le matin même dans un assez grand harem. Les bouffonnes du Caire ne savent rien de plus plaisant que de singer la brutalité des hommes. Miss Thornton n'avait rien compris à cet horrible jeu; il y a des grâces d'état pour l'innocence! Mais Ahmed se mordait les poings au récit de M. Longman, et l'on voyait les larmes lui monter aux yeux.

« Oui, disait-il, l'enseignement qu'on donne aux femmes musulmanes est stupide, monstrueux, infâme! On les dresse à la provocation comme vos chiens à la chasse. Elles n'apprennent qu'à éveiller insolemment l'appétit grossier; nous en faisons des êtres inférieurs, cupides, vils, dont le commerce quotidien dégrade l'homme. Si le harem est un milieu malsain pour l'âme des maris et des pères, que sera t-il pour les enfants? Le vrai fléau de l'Orient n'est ni le tabac, ni l'opium, ni le haschich, c'est la femme. Cependant gardez-vous de croire que cette dégradation d'un sexe s'étende à tous les étages de la société : il y a des hauteurs où elle ne saurait atteindre, grâce à Dieu; je jure également qu'elle ne descend pas jusqu'à la couche infime où ma digne femme de mère m'a enfanté et allaité.

— Monsieur Ahmed! cria miss Longman, venez

ici, je vous prie; Grace prétend que cette coupole éclairée par des lentilles de verre est une étuve de bain arabe.

— Rien de plus vrai, miss Longman; à votre service !

Pauvre garçon ! une inconséquence de plus ! Les trois Anglaises rougirent, et Grace la vaillante répondit fièrement : « Merci, monsieur; je préfère me baigner dans le Nil.

— Voudrez-vous me permettre de vous accompagner, le cas échéant? »

Nouveau scandale.

« C'est que, mademoiselle, l'eau du Nil est si légère qu'on s'y noie quand on n'est pas de première force.

— Nous sommes de première force, monsieur. »

Il sentit un peu tard qu'il avait fait un pas de clerc, et s'empressa de rompre les chiens. « Pour le moment, dit-il, c'est de la terre ferme qu'il s'agit. Vous avez daigné me promettre une visite dans mon domaine de Mansourah. Je me flatte de vous y montrer toute la Basse-Égypte en raccourci. Ces messieurs doivent s'embarquer dans quatre jours pour Thèbes et Philæ; vous-mêmes, si j'ai bien compris, suivrez bientôt la même route : il n'y a pas de temps à perdre; si nous partions demain matin? »

M. Longman dit oui, les Anglaises ne dirent pas non ; quant à nous, on devine si nous étions heureux de commencer notre cours d'agriculture pratique en si aimable compagnie.

XII

Ce ne fut pas Ahmed qui vint nous réveiller le lendemain matin ; il envoya son valet de chambre à notre hôtel, une heure avant le départ du premier train de la Basse-Egypte. J'en conclus, mais sans jalousie, qu'il avait mis sa personne à la disposition de miss Grace et des Longman. Tandis que nous donnions la dernière main à nos bagages, un envoyé d'Éram-Bey nous apporta un papier d'auguste origine qui défendait aux chefs de gare d'accepter notre argent. En même temps le télégraphe enjoignait aux préfets, sous-préfets et gouverneurs de nous offrir partout leurs services. Ah ! l'hospitalité orientale n'y va pas de main morte, et ceux que nous traitons de barbares font généreusement les honneurs de leur pays.

Devant la gare, point d'Ahmed. Nous attendons, l'heure approche, j'envoie le domestique à Shepherd ; enfin, une minute avant le coup de sifflet, nous voyons accourir notre ami haletant, maussade et seul.

« J'en étais sûr, dit-il; je l'avais rêvé cette nuit : elles ne viennent pas.

— Quelle raison vous a-t-on donnée?

— Aucune! tout au plus un mauvais prétexte. Des lettres à écrire pour le courrier de demain, que sais-je encore? Le fait est qu'elles auraient honte de paraître en public avec un homme de ma couleur. Elles ne savent pas que Dieu, lorsqu'il fit l'homme, ramassa la poussière éparse sur toute la surface du monde pour que l'est et l'ouest, le nord et le midi fussent pétris et confondus dans une seule poignée du limon.

— Pourquoi leur prêtez-vous un mauvais préjugé qui jure avec leur conduite d'hier?

— Pourquoi? parce que je suis trop furieux pour être juste. Vous avez peut-être raison; il se peut que M. Longman m'ait donné une excuse valable, et qu'on vienne nous retrouver ce soir comme il me l'a promis ; mais j'enrage de partir sans même les avoir vues. Je les entendais à travers la porte, et elles n'ont pas seulement bougé de leur chambre tout le temps que j'ai été là.

— Écoutez donc, c'est qu'à huit heures du matin les femmes de nos pays reçoivent peu de visites.

— Je ne suis pas une visite, moi! je ne suis... que moi.

— C'est beaucoup plus que rien, n'en déplaise à votre modestie. Pourquoi supposez-vous que ces Anglais ne prendront pas le train du soir comme ils vous l'ont promis?

— Je le suppose parce que le crains.

— Moi, je me porte garant de leur loyauté, et j'affirme que, s'ils avaient renoncé à cette excursion, on vous l'eût déclaré tout net. Maintenant, dès qu'il ne s'agissait que d'un retard de sept ou huit heures, vous auriez mieux fait d'attendre avec ou sans nous. »

Il reprit fermement : « Pour cela, non; vous étiez mes hôtes avant même de toucher le sol de l'Égypte, et je ne suis pas homme à vous laisser pour des connaissances de rencontre. Je dois vous montrer mon pays afin que vous le fassiez connaître à l'Europe et à lui-même; il n'y a ni plaisir, ni caprice, ni intérêt de cœur qui passe avant ce devoir-là. Parlons de vous, de votre étude, de l'audience que Son Altesse vous a donnée hier après midi, des questions que vous avez à résoudre. Le vice-roi est grand agriculteur, non-seulement par l'étendue de ses propriétés, qu'il ferait bien de restreindre, mais par le goût et l'intérêt. Malheureusement il ne peut ni voir ni agir par lui-même, de sorte que, malgré tous ses calculs, il est le plus mal servi et le plus volé des princes. Vous me direz qu'il y a de la grandeur à se laisser voler, et qu'aux souverains musulmans cette grandeur fut toujours chère; mais comme il n'est point de tricherie qui, en dernière analyse, ne retombe sur nous, les sujets sont intéressés aux affaires de leur maître. »

On devinait sous ce langage une âpreté toute nouvelle pour nous ; j'ouvris les yeux, je m'avisai que le contre-temps du matin et l'empêchement de miss Grace nous fournissaient peut-être une occasion de voir le revers de la médaille en confessant un fellah pessimiste. Sans perdre une minute, je développai mon programme, et je m'en remis pour le reste à la mauvaise humeur d'Ahmed.

Il partit comme un trait. « Oui, dit-il, les bras manquent; mais il serait plus long que difficile d'énumérer les causes d'un tel mal. L'ignorance publique, l'oubli des premiers éléments d'hygiène, la mauvaise alimentation, l'absence presque totale des soins médicaux, tarissent la nation dans sa source. Un peuple qui perd régulièrement trois enfants sur cinq ne saurait croître sans miracle. Les fléaux que je vous signale sont anciens, je le sais, ils ne seront pas éternels.

Le prince y remédie tant bien que mal depuis son avénement. Hélas ! qu'est-ce qu'un règne de cinq ans dans la vie de cette pauvre vieille Égypte? La misère accumulée ne s'efface pas d'un trait de plume, pas plus qu'on n'ôte les pyramides d'un coup de balai.

« Les bras manquent, je vous l'ai dit, parce que le luxe idiot de nos villes entretient une multitude de fainéants.

« Les bras manquent, parce que de tout temps les despotes de l'Égypte ont gaspillé la vie humaine. Tel ouvrage qui fait l'admiration des voyageurs a coûté trente mille existences d'hommes, tel autre dix ou quinze mille, sans compter les enfants que ces victimes de la corvée auraient produits. L'incertitude de tous nos biens, et du premier de tous, qui est la vie, a provoqué plus d'une fois des émigrations formidables. Le phénomène inverse se produira peut-être un jour ; je l'attends. Lorsque nous pourrons démontrer que l'homme est plus libre chez nous, moins chargé d'impôts, plus heureux que dans les autres États musulmans, les renforts nous viendront d'Afrique et d'Asie. Quant à l'Europe chrétienne, voici ce que je lui demanderais, s'il y avait moyen de s'entendre avec elle. Elle ne peut pas nous donner des paysans ; le fellah seul est assez robuste et assez patient pour travailler nos terres et porter notre climat; mais nous manquons de chefs et de sous-chefs qui dirigent nos exploitations rurales : l'Europe pourrait nous en prêter quelques centaines avec grand profit pour elle et pour nous. Nous avons besoin d'ouvriers en tout genre, depuis l'homme qui construit et répare les machines jusqu'au simple terrassier. Vous comprenez qu'une large importation de main-d'œuvre européenne doublerait indirectement l'effectif du personnel agricole en libérant le fellah des corvées qui le dérangent et l'épuisent avec un médiocre profit. Les chemins de fer, les routes, les ports, les canaux, les bâtiments civils et militaires devraient être réservés à l'ouvrier d'Europe, qui dispose de moyens supérieurs aux nôtres et produit plus que nous en moins de temps. Si le fellah n'avait plus d'autre affaire que la culture de son champ, si le pouvoir, bien équipé de main-d'œuvre étrangère, s'interdisait d'arracher le paysan à sa charrue sous aucun prétexte, le rendement du sol croîtrait dans une telle mesure que les plus gros salaires de nos collaborateurs européens ne grèveraient point le budget. Reste à savoir si les hommes de vos pays voudront et pourront travailler sous le ciel de l'Égypte? L'expérience est faite, grâce à Dieu, et sur une grande échelle. Lorsque Son Altesse abolit la corvée dans l'isthme de Suez, vos ingénieurs n'ont eu qu'à faire un signe, et quinze mille ouvriers grecs, dalmates, monténégrins, maltais, italiens, allemands, français même, accoururent sur les chantiers; ils vivent en santé, presque en joie, sur ce sable maudit où mon père a trouvé la mort. Quinze mille ouvriers d'Europe, c'est la moitié de ce qu'il faudrait, bon an mal an, pour faire et pour entretenir tous nos travaux d'utilité publique. Le difficile ou plutôt l'impossible sera de les retenir ici quand l'isthme sera percé. Tant'pis pour nous et pour vous, car, si nous avons intérêt à faire provision d'hommes laborieux et habiles, l'Europe aussi ferait une excellente affaire en colonisant un pays qui n'est pas à plus de six jours de Marseille. Les gens de cœur qui vont chercher fortune en Amérique y restent, parce qu'ils peuvent y fonder une famille. Ceux qui viendraient gagner leur vie chez nous retourneraient forcément en Europe; vous rentreriez en possession de leurs personnes et de leurs économies. Joli rêve ! n'y pensons plus.

— Pourquoi donc?

— Parce que l'Égypte est séparée de l'Europe par un malentendu moins ancien, mais plus infranchissable que la grande muraille de Chine.

En vertu de certaines conventions diplomatiques que l'usage, l'abus et la loi du plus fort ont singulièrement faussées, tout Européen qui débarque en Égypte y est maître. Il y apporte les lois de son pays, non pour les respecter, tant s'en faut, mais pour s'autoriser à la violation des nôtres. Il ne reconnaît ni le gouvernement, ni l'administration, ni la magistrature de l'Égypte; il ne connaît que son consul. S'il a maille à partir avec un de ses concitoyens ou même avec un indigène, c'est son consul qui tranche l'affaire, à l'exclusion des juges locaux.

« Je n'ai rien contre les consuls; je dirai même, pour vous être agréable, que les représentants officiels de l'Europe sont tous de petits saints. M'accorderez-vous en revanche que des dieux ne seraient pas trop parfaits pour accomplir une tâche si délicate? Il faut être jurisconsulte, il faut entendre les langues qui se parlent dans le pays, il faut être assez riche ou assez désintéressé pour opposer un cœur d'airain aux tentatives de séduction, d'où qu'elles viennent; il faut enfin savoir se dédoubler dans mainte occasion pour être en même temps l'avocat d'un compatriote et son juge. Si la France, pour ne parler que du pays que vous connaissez le mieux, possède beaucoup d'hommes taillés sur ce modèle, elle ne nous en a pas envoyé plus de deux ou trois en trente ans.

« Cela dit, rappelez-vous qu'il y a près de vingt consulats étrangers dans cette pauvre Égypte, près de vingt États dans l'État, près de vingt rois au petit pied qui menacent à tout propos d'amener leur pavillon et de rompre tout rapport avec nous. Considérez que cent fois par jour une filouterie, une rixe, un scandale, un coup de couteau peut élever un conflit entre le droit souverain du khédive et le prétendu droit de nos hôtes; vous comprendrez pourquoi nous hésitons à faire entrer chez nous une force de trente mille Européens robustes, violents, peu disciplinables, comme sont la plupart des ouvriers. Quel que soit l'intérêt qui nous pousse à réclamer vos services, l'instinct de conservation parle encore plus haut. Tant que les capitulations ne seront pas déchirées, nous n'irons pas chercher trente mille seigneurs aux mains calleuses pour les impatroniser chez nous.

— Un moment, cher ami! Si vos lois étaient excellentes et vos magistrats sans reproche, nous n'aurions pas pris contre vous ce luxe de précautions dont votre patriotisme est offensé. Lorsqu'un Anglais s'établit en France, ou un Français en Angleterre, il accepte, et sans hésiter, le code et les tribunaux du pays. Ce n'est pas que les mœurs et les institutions de nos voisins vaillent toujours les nôtres. Le Français, par exemple, maudit l'esprit étroit et les lenteurs ruineuses de la justice britannique, l'Anglais supporte mal l'arrogance et le parti-pris de nos juges, qui traitent toût accusé en coupable; mais les deux civilisations sont égales, et dans les deux pays on est également assuré de rencontrer des magistrats instruits, indépendants et intègres.

— Eh ! prêtez-nous votre civilisation, vos lois, vos juges même ! Que l'Europe se cotise pour nous fournir un code égal ou supérieur au code Napoléon ! Qu'elle cherche dans le personnel de ses cours et de ses tribunaux une demi-douzaine de Minos et de Rhadamanthes pour les implanter chez nous ! L'Egypte les adopterait; elle leur ferait un sort assez magnifique pour que nulle tentation ne pût les atteindre, même dans le milieu corrompu et corrupteur que soixante siècles de despotisme ont fait ici.

— Bien dit; mais êtes-vous sûr que l'Europe possède six justes de trop? Nous en avons beaucoup; peut-être sont-ils tous employés, et les peuples qui savent vivre n'exportent que leur superflu.

— Si l'Europe en est là, si les magistrats infaillibles et incorruptibles y sont aussi demandés qu'offerts, si vous n'en avez pas un excédant au service des nations que vous appelez sauvages, de quel droit affirmez-vous donc votre supériorité sur nous ?

— Supérieurs ou non, la nature ne nous a pas chargés de vous fournir un personnel judiciaire.

— Vous a-t-elle donné mandat de répandre sur nous le rebut de votre société, le trop-plein de vos prisons et de vos bagnes ? S'il ne vous plaît pas d'innover, si vous voulez vous en tenir à la lettre des capitulations antiques, décidez que nul trafiquant ne peut aborder en Égypte que sous la responsabilité de vos chambres de commerce, et qu'après avoir fourni bonne et valable caution. Les touristes eux-mêmes donnaient des garanties autrefois avant de s'embarquer pour l'Orient. Le célèbre Tavernier raconte qu'il versa une somme d'argent entre les mains de l'intendant du roi, à Marseille, pour couvrir les dégâts, fort invraisemblables pourtant, qu'il pouvait commettre en pays turc. Plaise à Dieu que vos préfets et les capitaines de vos ports usent de la même rigueur avec les taverniers du diable qui viennent ici donner à boire, à jouer et à tuer !

— Vous équivoquez sur les mots, Ahmed. La mode en est passé en nos pays.

— Eh! qu'importe? on parle comme on peut. Dire vrai et penser juste, voilà l'essentiel.

Nous étions arrivés à la station de Béna. Quelques femmes voilées couraient le long du train en nous offrant des oranges, des œufs durs et des galettes molles, plus épaisses que les crêpes de Bretagne, mais de la même consistance et de la même couleur à peu près. Ahmed en prit une demi-douzaine, nous les distribua et nous dit : — Il faut que vous goûtiez le pain de luxe du fellah. Le mets nous parut exécrable ; Najac lui-même, qui mord au sarrasin chez ses fermiers de Quimper, fit la grimace. Chaque pain se compose de deux feuilles soudées par la circonférence, poudreuses à la surface extérieure, molles et spongieuses au dedans : un feuilleté mal fait et mal cuit. Cela plie et cela craque sous la dent, comme si la farine était mélangée de menu sable ; la saveur est âcre et le parfum légèrement musqué. « Chers amis, dit Ahmed, le triste régal que vous faites est interdit à la plupart de mes concitoyens ; ils ne mangent que la farine de maïs ou de sorgho mal écrasé entre deux pierres, et grillée ou bouillie sur un feu d'excréments secs. Ni le sorgho ni le maïs ne renferment un atome de gluten, ils ne fournissent au corps humain qu'une fécule, c'est-à-dire un combustible impropre à la réparation. Notre blé même, j'entends celui dont vous goûtez en ce moment, est plus pauvre en matière azotée que tous les autres blés du monde. Triste, n'est-il pas vrai? Eh bien! ce n'est pas encore tout : notre blé le plus sain en apparence renferme on ne sait quoi d'acide et de putride, et voilà ce qui vous explique la saveur et l'odeur du pain que vous mangez. On a dit et même imprimé que les grains contractaient un mauvais goût sur l'aire où ils sont piétinés, arrosés et souillés par les animaux domestiques ; mais j'ai fait plus de dix expériences sur des échantillons que j'égrenais moi-même entre mes mains, et tout me porte à croire que nos blés sont altérés dans le fond par une quantité de gluten corrompu. « Il tira de sa poche une feuille de papier bleuâtre, l'appliqua sur le morceau que je mangeais et me dit : « Vous voyez : nos blés sont acides ; ils rougissent la teinture de tournesol ! Comprenez-vous pourquoi ils subissent une dépréciation du tiers sur les marchés de l'Europe? Ce qui m'étonne, moi, c'est qu'ils soient encore cotés si haut.

— C'est donc le sol d'Égypte qui est coupable, et si l'on ajoutait une certaine proportion de phosphates?...

— L'essai vaut qu'on le tente, mais je me persuade *a priori* que Dieu fait bien ce qu'il fait, et que tout mal est né de l'homme. Si les Romains ne voyaient aucune différence entre nos blés et ceux des Deux-Siciles, qui sont parfaits, c'est que sans doute, il y a dix-huit cents ans, les uns valaient les autres. Depuis lors, l'ignorance et la pauvreté ont perdu notre agriculture et fait dégénérer toute chose. Les fellahs ont contraint le même champ à porter successivement cent récoltes identiques; ils ne savent pas encore aujourd'hui qu'on repose la terre en alternant les cultures. Ces malheureux, toujours pressés d'argent, ont vendu le meilleur de leurs moissons et semé le pire; en faut-il davantage pour expliquer la dégénérescence de leurs grains? Le remède n'est-il pas tout indiqué? Un assolement logique et surtout des semences nouvelles. J'ai essayé les blés du Nord et du Midi, rouges et blancs, durs et tendres, ceux de Russie, ceux de Pologne, ceux de Hongrie, ceux d'Angleterre, de France, de Naples, de la Californie, de l'Algérie et du Chili. L'expérience m'a prouvé que le grain de Médéah, qui fournit dix-huit pour cent de gluten, pourrait se cultiver presque indéfiniment chez nous, car il n'a presque point dégénéré depuis six ans que je l'étudie; mais pour toux ceux qui, comme moi, sont en commerce perpétuel avec l'Europe, il y a plus de profit à semer des grains de Pologne ou de Russie, qu'on renouvelle tous les ans. La première moisson donne toujours un produit égal ou même supérieur à la graine employée; c'est véritablement du blé russe que je vends sur le port de Marseille, et mon correspondant l'échange troc pour troc contre les arrivages d'Odessa.

— Vous faites du blé russe sans autre engrais que le limon du Nil?

— Ah! pardon. J'ai été jeune tout comme un autre, et j'ai cru, moi aussi, que l'Égypte était exemptée de la loi de restitution. Ce préjugé ne manquait pas de vraisemblance au temps où les charrues grattaient légèrement la surface du sol et quand le fellah se contentait de deux demi-récoltes à l'année; mais j'ai rapporté de chez vous la pratique des labours profonds et de la culture intensive, qui prodigue l'engrais à la terre pour en tirer un produit maximum. Je ne suis pas le seul de cet avis; les cultures industrielles, et particulièrement celle de la canne à sucre, ont appris aux plus ignorants que notre terre n'est pas inépuisable, et qu'il faut nourrir la nourrice sous peine de la tuer. Nul ne s'est avisé de lui rendre les déjections des hommes et des animaux : les unes sont impures, et la religion nous interdit de les manipuler à la mode d'Europe; les autres sont affectées de temps immémorial à l'usage de la cuisine, pour remplacer le bois qui nous manque. Savez-vous que l'Inde anglaise en est encore là, et que j'ai constaté la même pratique dans plusieurs départements français? Nos fellahs, dans leur innocence, ont imaginé de produire un véritable engrais de fils de famille, car il rapporte assurément soixante fois moins qu'il ne coûte : c'est la colombine. Voyez-vous là-bas, sur la droite, ces grands pigeonniers blancs semblables à des tours carrées? Ils sont construits de la façon la plus ingénieuse avec des pots de terre superposés, dont chacun est un nid tout fait. Le plus grand, celui qui domine le village, appartient à un fellah de ma connaissance; j'en ai dressé la statistique : vingt mille pigeons y sont logés à l'aise ; le revenu en colombine se monte, année moyenne, à quatre bourses par an, soit un peu plus de vingt-cinq louis. Ajoutez-y, si bon vous semble, la vente des pigeonneaux, qui pullulent du printemps à l'automne. Il en naît dans la belle saison jusqu'à cinq cents par jour ; mais cette viande est si commune et l'on s'en lasse si aisément qu'un boisseau de jeunes pigeons vaut à peine un kilogramme de bon bœuf. Voilà tout le produit d'une nombreuse et dévorante colonie qui saccage la plaine à coups de bec. Je disais l'an dernier au propriétaire :

« Sais-tu ce qu'ils te coûtent, tes vingt mille pigeons? — Non; qui pourrait le dire? — Combien supposes-tu qu'ils mangent tous ensemble? — Quelques ardebs de grains par jour; cinq ou six, ou même davantage. — Mettons cinq pour ne rien exagérer; mais, malheureux, cinq ardebs par jour font dix-huit cents au bout de l'année, c'est-à-dire plus de trois mille hectolitres de tous grains qui, à dix francs l'hectolitre, c'est le plus bas prix imaginable, représentent une somme de trente mille francs que tu perds. — Mais, dit-il, mes pigeons vivent aussi sur le voisin. — Et ceux du voisin, grand nigaud, vivent également sur toi. » Voilà, messieurs, la théorie du colombier dans sa simplicité primitive. Vous comprendrez pourquoi je n'entretiens pas de pigeons, ni mes amis non plus, dans la plaine de Mansourah. Le seul engrais que j'emploie est fourni par mes bœufs, mes chevaux, mes moutons et mes buffles. Nous ne manquons pourtant pas de combustible. Dieu merci. Outre la tige des cotonniers, qui me fournit de bons fagots par centaines de mille, j'ai planté sur douze hectares d'un sol aride et longtemps abandonné une petite fôret qui vient très-joliment.

— Une forêt dans le Delta!

— Un simple embryon de forêt, mais qui suffit à montrer ce que le travail et le soin pourraient faire. Apprenez que notre pays, depuis la cataracte d'Assouan jusqu'aux embouchures du Nil, se laisserait boiser en peu de temps, si les hommes s'en donnaient la peine, et surtout si nous n'étions pas en mesure d'en tirer un meilleur parti. Il serait plus nuisible qu'utile de récolter du bois dans les plaines qui produisent à volonté le pain, l'huile, le sucre et le coton; mais nos pires terrains et nos déserts eux-mêmes se couvrent d'une riche et puissante végétation forestière dès qu'on y jette quelques graines et qu'on y fait passer un filet d'eau. Quand nous serons un peu plus maîtres du Nil, ce qui ne tardera pas, je l'espère, les sables qui nous limitent à droite et à gauche offriront le spectacle d'une belle forêt continue; les terres de seconde qualité se transformeront en pâturages et nourriront assez de bétail pour fournir de la viande aux marchés européens; les sols fertiles seront réservés à la production des céréales et surtout aux cultures industrielles. Les bois prospèrent sans l'intervention de l'homme : pour cent hectares, un seul garde suffit. Les troupeaux ne réclament qu'une surveillance sommaire ; de toutes les denrées indispensables à la vie humaine, la viande est celle qui se fabrique le plus spontanément; en Australie, un seul individu conduit mille têtes de gros bétail. Il nous resterait donc au moins les neuf dixièmes de la population pour les travaux qui veulent une main-d'œuvre assidue, et le fellah, si Dieu permet qu'il ne soit plus détourné de sa besogne et qu'il trouve les premiers capitaux sous sa main, deviendra avant la fin du siècle le plus grand producteur du monde.

— Rien que cela? Comme vous y allez, mon cher Ahmed! Je vois bien sur qui vous comptez pour garantir à vos concitoyens le libre usage de leurs bras; mais vous avez parlé des capitaux. Où l'Égypte les prendra-t-elle, je vous prie? Vous avez eu personnellement la rare et l'invraisemblable fortune de puiser une première mise de cinquante mille francs dans la poche de Saïd-Pacha : est-il à croire que vos disciples rencontrent tous pareille aubaine? Les finances du gouvernement égyptien sont, je ne dirai pas malades, mais tout au moins embarrassées, et le trésor ne paraît guère en mesure d'offrir des subventions au travail privé.

— Un moment! Il est trop vrai que les capitaux manquent, comme les bras, et pour la même cause. Un vice unique, l'insécurité, pèse depuis des siècles sur nos personnes et sur nos biens. Le paysan n'est pas garanti contre les ordres arbitraires qui peuvent l'envoyer à cent lieues de son champ labouré ou de sa récolte pendante. Le gros propriétaire est constamment exposé à voir ses ouvriers émigrer tous par ordre, lorsqu'il en a le plus pressant besoin. La même incertitude déprécie les richesses nées et acquises. Nul ne peut dire que l'impôt ne lui enlèvera pas demain tout l'argent qu'il possède. Les besoins du pouvoir sont effroyables, surtout depuis que vos faiseurs, appuyés de vos consuls, tirent à boulets rouges sur un petit pays neutre et désarmé. La perception des impôts s'est toujours mal faite en Égypte. Quand le gouvernement veut avoir dix millions, il les demande aux moudirs, qui les donnent, sauf à les reprendre aux cheiks-el-beled, qui se remboursent sur le menu peuple. Tout naturellement les premiers veulent rentrer dans leurs capitaux avec usure, et la même méthode se poursuit jusqu'à la fin. La pièce de cinq francs qu'on arrache au fellah s'use en passant de main en main, et lorsqu'elle arrive à Son Altesse, si elle vaut plus de dix sous, c'est miracle. Par un phénomène identique, quoique inverse, quand le vice-roi donne cinq francs pour les besoins du peuple, les fellahs n'en ont pas souvent plus de dix sous. Ne riez pas ! Il en était de même en France sous le grand roi, et les fermiers généraux de tous pays n'en font pas d'autres. On lit dans Ammien Marcellin que les fellahs de l'antiquité mettaient un point d'honneur à refuser l'impôt jusqu'à ce que le bâton eût mis leur résistance à bout. La mode s'est continuée : comme autrefois, le premier mouvement de tout Égyptien qui reçoit une somme d'or ou d'argent est de creuser un trou dans la terre. L'Égypte s'est ainsi pavée de millions sans nombre, que le bâton lui-même est impuissant à découvrir, car souvent le chef de famille meurt sans révéler sa cachette à ses héritiers les plus chers. La guerre civile d'Amérique et la crise de l'industrie cotonnière nous ont donné, dit-on, un milliard et demi : je serais fort empêché de vous dire où cette richesse a passé. Ce qui saute aux yeux, c'est que la prospérité apparente du fellah ne s'en est guère accrue ; on a fort peu bâti, proportion gardée ; peu d'hommes ont amélioré ouvertement leur train de culture ; chacun dissimule son avoir comme on se cacherait d'un crime, tant on craint de donner l'éveil aux exacteurs de l'impôt! Notez que nous vivons sous un des princes les plus doux, les plus humains et les plus entendus qui aient jamais gouverné l'Égypte ; seulement Ismaïl-Pacha ne saurait être partout, ni surveiller l'administration des moindres agents. Pour la première fois depuis peut-être cinq mille ans, on a limité la durée des prestations exigibles : le fellah ne doit plus aux travaux d'intérêt public qu'un mois et demi dans l'année, et il peut se racheter de la corvée à prix fixe, argent comptant; mais c'est la garantie qui nous manque, et cette garantie, une magistrature européenne pourra seule nous la donner. Nous n'avons pas chez nous ce troisième pouvoir si bien décrit et si noblement représenté par Montesquieu, la magistrature. Aidez-nous, sauvez-nous! Le lendemain du jour où l'Europe nous aura prêté un pouvoir judiciaire, les trésors enfouis jailliront du sein de la terre pour alimenter l'agriculture et l'industrie. Si nous n'en avons pas assez, l'Europe nous prêtera son argent à un taux raisonnable et moral, parce que nous lui offrirons pour la première fois des hypothèques solides. Vos capitaux trouveront ici des placements à sept ou huit pour cent, sur valeurs de tout repos, et notre agriculture est assez bien dotée par Dieu pour servir un tel intérêt sans se mettre à la gêne. Comprenez-vous?

— Fort bien; mais il me semble, Ahmed, que votre patriotisme a brusquement changé de note. Vous n'aviez pas assez de malédictions pour l'Europe, et voilà que vous lui demandez de vous servir de mère! La vieille Égypte, âgée de dix mille ans et plus, aspire à se mettre en tutelle. Et c'est nous, les bandits, fléau d'Alexandrie, que vous appelez au secours!

— Si j'ai pu vous paraître inconséquent, c'est

que vous m'avez mal écouté ou mal compris. Je reproche à l'Europe de nous envoyer vingt forbans pour un homme de bien et de maintenir mon pays sous un régime d'exception qui favorise également le commerçant honnête et les drôles; mais je me suis toujours plu à reconnaître que, dans ce siècle de progrès scientifique, industriel et économique, nous n'étions pas de force à vivre par nous-mêmes. Vous nous êtes indispensables, et nous pouvons vous être utiles; l'Égypte vous a rendu de signalés services entre 1862 et 1866. Elle implore aujourd'hui le patronage collectif des puissances civilisées, et j'espère qu'elle sera bientôt leur rivale en civilisation, si peu qu'on l'aide. Tous ses maux viennent du despotisme intérieur; le despotisme extérieur et multiple des consuls ne les a jamais soulagés, au contraire. Le ciel nous donne un prince assez intelligent pour abdiquer spontanément ses plus hautes prérogatives entre les mains d'une magistrature étrangère. A tant de bon vouloir, oserez-vous répondre : non? L'Égypte restera-t-elle éternellement partagée entre un maître héréditaire et dix-sept passants en frac brodé? »

La discussion n'était pas close quand le train s'arrêta au bord du Nil, devant un port très-animé et une ville assez étendue. C'est Mansourah, que le sire de Joinville appelle la Massoure; c'est la prison du bon roi saint Louis; c'est surtout pour l'instant un immense entrepôt de coton : nous distinguons de loin un marché encombré de neige végétale en tas énormes; on voit circuler des djermes où les balles superposées s'élèvent à mi-hauteur du mât.

Les gens d'Ahmed et ses chevaux nous attendaient devant la gare. Quels chevaux! quatre étalons arabes de la pure race du Nedjed, harnachés à la vieille mode, c'est-à-dire vêtus de soie, de velours et d'or.

Oserai-je l'avouer? nous regrettions les fiacres du Caire; ces nobles bêtes ne nous inspiraient qu'une admiration tempérée par la défiance de nous-mêmes. Le meilleur cavalier de nous trois appréciait surtout les ânes; d'ailleurs on nous avait conté que les chevaux d'Égypte sont dressés à un genre de fantasia qui désarçonne les étrangers à coup sûr : ils partent au grand galop, fournissent à travers champs une course de cinq ou six cents mètres, et s'arrêtent tout net, les deux pieds de devant fichés en terre, pour contempler d'un œil ami le cavalier qui naturellement a passé par-dessus leur tête. Ahmed devina les motifs de notre hésitation et s'empressa de nous rassurer. « J'irai devant, dit-il, au pas de promenade, et vous n'aurez qu'à me suivre. D'ailleurs, comme les chemins et les digues laissent beaucoup à désirer, chaque bête est accompagnée de son saïs qui la dirige. Le vrai cheval arabe a la docilité d'un enfant ; il est doux parce qu'on le traite avec douceur, et il aime ceux qui l'aiment. Si vous venez me revoir l'an prochain, j'espère vous mener à la maison par une route carrossable. En attendant, résignez-vous au seul mode de locomotion qui soit permis ; nous n'en avons pas pour une heure. »

Tandis qu'il nous exhortait à la chevalerie, ses domestiques arrimaient notre bagage sur deux énormes chameaux qui grimaçaient comme des diables en criant des mots inconnus. Singulier peuple, ces chameaux ! On nous les cite pour leurs vertus, sobriété, patience et le reste, et jamais un mot de leurs vices. Ils sont grognons, têtus, braillards, querelleurs, vindicatifs jusqu'au crime. Cinq ou six jours avant notre arrivée, certain chameau d'Alexandrie surprit un enfant qui l'avait taquiné quelquefois, et, guettant l'heure où le pauvre petit diable était seul, il l'assassina dans la rue. Libre aux poètes de célébrer cet exécrable bossu, j'espère que la louange ne trouvera point d'écho dans le cœur des mères.

La route que nous suivions ressemble à toutes

celles que le voyageur rencontre en Égypte, sauf peut-être dans le voisinage immédiat d'Alexandrie et du Caire : c'est un sentier battu sur une crête de terre noire et coupé de distance en distance par de larges canaux, des fossés, ou de simples rigoles. Pas un seul pont, mais heureusement fort peu d'eau; le Nil est bas. L'Égypte cultivée n'est, à vrai dire, qu'un grand damier dont chaque case se divise elle-même en damier. Les plus grandes divisions s'élèvent au-dessus du sol en chaussée ; les plus petites, dont la superficie se réduit, selon les cultures, à dix, à quatre et même à deux mètres carrés, sont enfermées par des talus microscopiques hauts de cinq ou six centimètres et moins. Il n'y a point de végétation possible sans eau, et l'eau, à moins d'un phénomène rare, ne vient que du Nil. Tout le sol est donc manié de façon à recevoir et à garder l'irrigation; les fellahs, dont l'œil est plus infaillible que le niveau de nos arpenteurs, conduisent comme avec la main les ruisseaux troubles qu'ils savent détourner du fleuve. Si le Nil n'a pas d'affluents, il a, par compensation, quelques millions de dérivés, les uns pareils à des rivières, les autres aussi grêles que la plus humble source de nos pays. Grâce à l'industrie des indigènes et à la générosité du soleil, qui est de toutes les saisons, la verdure ne manque jamais dans les basses terres ; nous marchions au milieu d'une plaine humide et riante, quoique les arbres, pour la plupart, fussent dépouillés de leurs feuilles.

Cependant je me demandais avec une certaine inquiétude si nous ne faisions pas un voyage inutile, car toutes les récoltes étaient enlevées, les cotonniers ne montraient plus que le bois, les rizières n'étaient que des fondrières, et, quant à voir des blés verdoyants en janvier, c'est un spectacle que l'on peut se donner même en France. L'aspect de cette campagne en hiver, quelle que soit la sérénité du ciel, est, sinon maussade, au moins vulgaire. Les chercheurs de nouveau se dépitent de n'être pas plus étonnés ; on se demande si vraiment c'était la peine de courir si loin de chez soi pour se trouver presque chez soi, moins les commodités de la vie. Aucun objet curieux n'avait modifié ma première impression quand Ahmed me montra du doigt une sorte de village et me dit : « Nous sommes arrivés, voici Kouzbarrah. »

Il n'y a pas une villa, pas un chalet, dans le département de Seine-et-Marne, qui n'ait l'air plus grandiose et plus seigneurial que cette fameuse résidence de Kouzbarrah, en français Coriandre, car le palais du maître a pris le nom de la plante qu'il dépossédait. Figurez-vous un groupe de constructions rouges et blanches, les unes barbouillées d'un lait de chaux, les autres parées modestement du fard naturel de la brique. Le tout s'élève à la hauteur d'un grand rez-de-chaussée et se termine en terrasse. Ce fut en vain qu'un cortége majestueux, composé de cent fellahs et plus, accourut au-devant d'Ahmed pour baiser son habit sur toutes les coutures; nous nous sentions désabusés comme trois Parisiens qui accourent à un dîner de gala sur invitation satinée, et qui trouvent la fortune du pot.

L'aspect de l'habitation nous obligea bientôt à changer d'avis. On nous fit mettre pied à terre sous un portail voûté, qui était la seule ouverture du *kasr* ou château. Une large et très-large tour carrée, dont chaque côté pouvait bien avoir trente mètres et dont la hauteur ne s'élevait pas, j'en suis sûr, à plus de cinq ou six, composait cette résidence bizarre. Pas une baie percée, sauf la porte, sur la campagne environnante; les murs blancs, nus et continus, l'idéal du chez-soi le plus renfermé que puisse rêver un misanthrope; à l'intérieur, une cour sablée, une vasque de maçonnerie au milieu, et quelques jolis orangers tout couverts de mandarines autour de l'eau. Une sorte de vérandah supportée par des pilastres blancs et rouges précédait tout l'appartement, c'est-à-dire une quinzaine de pièces indépendantes qui prenaient leur entrée et leur lumière sur la cour. Les jasmins, les rosiers, la plumbago et vingt autres plantes fleuries grimpaient depuis la base des piliers jusqu'aux balustres de la terrasse. On nous servit les chibouks et le café de rigueur sous la vérandah; les nattes et les coussins n'y manquaient pas, vous pouvez le croire; nous étions confortablement assis à l'ombre, et nous avions la vue du soleil éblouissant dans les arbres. Le repas vint ensuite, un vrai festin absolument arabe, dont la pièce principale était l'agneau rôti en bloc ou *schévirmé*. Viande exquise, quoique toujours un peu trop cuite; mais un rôti de France ou d'Angleterre se laisserait-il déchiqueter sans autre arme que les cinq doigts? Najac fit en cette occurrence un chef-d'œuvre de pénétration dont je suis encore ébahi. Tandis que nous nous escrimions, l'un sur la cuisse, l'autre sur l'épaule, un troisième larron poussait des cris d'enthousiasme en mangeant deux rognons poivrés à miracle, qu'il avait cueillis du bout des doigts je ne sais par où. Ahmed, fidèle aux lois du rhamadan, ne soutenait son estomac qu'en serrant sa ceinture; mais il prenait grand soin de nous, et ce fameux xérès de Mansourah ne fut point épargné. Après le deuxième café et les chibouks qui s'ensuivirent, l'humanité nous conseilla d'éprouver sur lui le vieux proverbe : qui dort dîne. Il résistait par politesse, quoique tous les Arabes sans exception pratiquent la sieste en carême, et il voulait nous montrer sans plus de délai son jardin, son étable, sa bergerie et son haras. Je déclarai tout net que nous étions morts de fatigue, et que nous ne bougerions pas du logis avant l'arrivée des Anglais.

— Eh ! comment dormirais-je, mes amis ? s'écria-t-il.

Du Locle lui répondit : — Dormez toujours, mon cher Ahmed, ne fût-ce que pour rêver.

On nous mit en possession de nos chambres. La mienne, que je revois comme si j'y étais, ne manquait ni d'élégance ni de confort dans sa simplicité rustique. Les quatre murs, blanchis tout simplement, resplendissaient de propreté. Au-dessus de la porte étroite et basse, une immense fenêtre ouvrait sur le midi ; point de carreaux, mais un store machiné dans la perfection, perméable aux rayons du jour, impénétrable aux moustiques et doublé d'un volet *ad libitum* contre la fraîcheur des nuits. Sur le dallage de terre cuite, on avait étendu quelques tapis de diverses paroisses, vieux et neufs, mais admirables de couleur et de dessin, surtout les vieux. Le divan, d'une consistance un peu rude (mais on s'y fait), s'était transformé en lit, grâce à deux draps de soie blanche et à trois couvertures de cachemire. Pour la toilette, il y avait une aiguière d'argent dans un bassin du même métal, et deux douzaines de serviettes molles, spongieuses, caressantes, avec le nom d'Ahmed en or. L'honnête garçon s'excusait de nous recevoir si mal. « Tout ce qui est un peu propre à la maison, disait-il, je l'ai fait mettre chez ces dames.

— Parbleu! mon cher, vous m'inspirez un violent désir de voir la chambre de miss Grace. Quelles magnificences avez-vous donc imaginées pour elle, si vous nous trouvez mal lotis?

— Mes gens ont fait ce qu'ils ont pu, le temps manquait, et je n'étais pas là; mais venez. » Il m'introduisit dans un intérieur où la plus riche, la plus heureuse et la plus fêtée des petites-maitresses se fût pâmée dès le seuil. Le plafond et les murs avaient disparu; ce n'était plus une chambre, c'était une tente jaune et bleue, mais d'un jaune et d'un bleu que la fabrique de Lyon n'a pas encore su dérober à la Chine. La soie épaisse et lourde se drapait naturellement en gros plis; une portière brodée de mille figurines retomba sur nous; le jour entrait par une large fente qui démasquait une immense guipure d'ivoire finement sculpté. Je marchais comme dans un rêve, sans toucher terre : trois gros tapis de Smyrne superposés formaient une sorte de tremplin qui cédait et rebondissait tour à tour sous chacun de mes pas. Sur un lit en laque rouge de Pékin, un crêpe blanc peuplé d'oiseaux bleus, verts et roses s'étalait et pendait à droite et à gauche derrière un haut paravant de satin où la flore et la faune de l'extrême Orient étaient représentées en corail, en jade, en ambre et en lapis-lazuli. La toilette en vieux chine impérial couvrait une table d'émail cloisonné, et s'il fallait énumérer tous les admirables riens d'ivoire, de laque, d'ébène, de bronze et de marqueterie que l'hospitalité fougueuse d'Ahmed avait semés sur ces tapis, un commissaire-priseur donnerait sa démission.

Ahmed me demanda timidement si miss Grace ne trouverait pas ce réduit trop indigne d'elle. Je lui ris au nez pour toute réponse, et je l'envoyai se coucher. Il m'entraîna dans sa cellule, qui était d'une simplicité monastique, pour me donner un aperçu de son grand-livre, car les dépenses et les recettes de Kouzbarrah étaient tenues soigneusement en partie double.

— Non, lui dis-je; point d'affaire tant que nous ne serons pas au complet.

— C'est justement parce que nous nous trouvons encore seuls que je peux vous montrer des chiffres. Est-ce qu'on parle argent devant les dames ? Et miss Grace, bon Dieu ! que penserait-elle de moi, si j'étalais mes richesses devant elle comme pour l'éblouir ou pour l'acheter ?

— On ne sait pas. La jeune personne est fille d'un grand peuple éminemment pratique.

— Non ! Une créature si fraîche, si pure, si blanche !...

— Ne la défendez pas ; personne ne l'accuse ! Mais les fleurs qui sont fraîches, qui sont pures, qui sont blanches et roses comme elle, ne craignent pas une poignée de bonne terre autour de leurs racines. Cependant voyons ce grand-livre, si vous voulez que je sois seul à le connaître, et comptez sur mon indiscrétion, le cas échéant.

Je ne lus pas son registre, et pour cause : il était écrit en arabe ; mais le peu qu'il m'en traduisit m'intéressa au plus haut point. Que dire d'une exploitation rurale où la récolte de mille feddans, en français quatre cent vingt hectares, s'est vendue un million sur place en 1864? Chaque feddan avait donné cinq kantars de coton Jumel à deux cents francs le kantar de quarante-quatre kilos et demi : produit exceptionnel à coup sûr, car le feddan ne donne que trois kantars et demi en moyenne, et la marchandise n'a trouvé qu'une fois les prix de 1864. Ahmed m'assura que jamais ses cotonniers n'avaient été malades. La seule précaution qu'il prenne consiste à fumer richement le terrain, à modérer l'irrigation, même en été, à laisser un mètre et demi de distance entre les plants, à leur couper la tête pour provoquer le développement des branchages, et surtout à renouveler les semis tous les deux ans. Il n'use qu'avec discrétion des cultures qui engagent la terre pour un délai plus long. « Nous sommes les fournisseurs de l'étranger, dit-il; nous devons nous tenir prêts à satisfaire ses besoins, quels qu'ils soient; je donne donc à mon exploitation la plus grande élasticité possible. Ma petite forêt, ma vigne aménagée et conduite suivant les principes du docteur Guyot, mes oliviers, mes mûriers, mon verger même, occupent des terrains sans valeur, achetés à bon compte, annexés plutôt qu'incorporés à ma ferme. Quant à l'abadieh proprement dite, j'entends qu'elle soit toujours disponible, et qu'elle produise à volonté du coton, du lin, du sésame, du blé, des fèves ou du tabac, selon que tel ou tel article sera demandé en Europe. Croiriez-vous que depuis plusieurs siècles l'Egypte achète son tabac en Syrie ou en Turquie d'Europe, lorsqu'elle veut l'avoir à peu près bon? Nos fellahs ne cultivent, ne récoltent et ne fument qu'une sorte de foin sans force et sans parfum. Pourquoi? Parce qu'ils jettent des semences dégénérées dans des sols absolument dépourvus de potasse, parce qu'ils laissent la plante monter en graine et la feuille sécher sur pied. Je sème des graines de la Havane dans une terre à cotonniers où la potasse ne manque pas, Dieu merci! j'étête avec soin chaque tige, je fais sécher les feuilles à l'ombre sous des hangars bien aérés, et j'obtiens une qualité égale ou supérieure aux produits si vantés du Djébel. Que les fellahs m'empruntent ma méthode, et ils réussiront tous comme moi. »

Il m'entretint longuement des mille essais qu'il avait tentés avec des fortunes diverses et souvent à son honneur et à son profit. Ses échantillons d'opium s'étaient bien vendus à Marseille. Son indigo, préparé à froid dans l'eau filtrée, donnait une fécule supérieure aux indigos de la Syrie. Depuis la maladie des vers à soie, qui condamne les éleveurs d'Europe à payer au poids de l'or les œufs de Chine et du Japon, il s'était mis à fabriquer, lui aussi, cette précieuse graine, et, grâce à la salubrité proverbiale du pays, pas une éducation n'avait manqué, pas un acheteur ne s'était plaint; les demandes affluaient de France et d'Italie, on ne pouvait plus y suffire. Il ne se lassait point de parler, ni moi de l'entendre ; mais un ronflement formidable, de père inconnu, me rappela que je m'étais chargé d'endormir notre hôte. Je lui brûlai la politesse au premier paragraphe du chapitre bétail, et je fermai la porte sur lui.

XIII

Il était dix heures du soir lorsque miss Grace et les Longman, fidèles à leur parole comme de vrais Anglais, apparurent à l'horizon de Kouzbarrah. Ahmed avait couru au-devant d'eux ; nous gardions la maison en rédigeant notre journal de voyage. Un domestique nous apprit par ses gestes que le cortége était en vue. Du sélamlik à l'escalier, et de l'escalier aux terrasses nous ne fîmes que deux bonds.

Et vraiment c'eût été grand dommage de manquer un pareil coup d'œil. La cavalcade, à mille pas de nous, glissait sur la plaine obscure comme un long serpent de feu. Huit hommes à pied, vêtus de cotonnade blanche, précédaient, flanquaient et suivaient les cavaliers en agitant ces fourneaux portatifs où le bois flambe et pétille au bout des piques. Quelques autres brandissaient des torches ou portaient ces lanternes monumentales que l'éclairage au gaz a sans doute chassées d'Europe. Ahmed, miss Grace et les époux Longman sur des étalons arabes, miss Longman sur un bel âne de l'Hedjaz, une douzaine de serviteurs sur des baudets, des chevaux ou des dromadaires, autant de piétons chargés des petits colis ou porteurs de copeaux résineux pour alimenter la flamme des *machallahs*, cheminaient au petit pas sur une seule ligne dans l'étroit sentier qui s'arrête à la limite de Kouzbarrah. Tout à coup, lorsqu'ils furent à l'endroit où le chemin, plus large et mieux entretenu, devient route, les chevaux se rangèrent sur un seul front et partirent au grand galop, droit sur nous, au milieu de la confusion la plus plaisante du monde. L'âne de miss Longman, entraîné par l'orgueil de sa race, voulait suivre la course; miss Longman tirait sur les rênes, les fellahs volaient à son secours en dépit des ruades, et les machallahs secoués laissaient tomber une pluie de feu sur la vieille demoiselle. Les animaux de l'arrière-garde prenaient peur et s'éparpillaient en tout sens; un chameau se lançait à fond de train, le cou tendu, un autre s'aplatissait sur le sternum et refusait d'aller plus loin; quelques porte-fanaux, courant à toutes jambes pour dépasser les chevaux, tombaient dans un fossé les uns sur les autres et faisaient une omelette de leurs lanternes.

Cependant la cour intérieure s'illuminait par les soins de quelques génies invisibles, et quand Ahmed et miss Grace, faisant *dead head*, bondirent les premiers dans ce cercle de lumière, ce fut comme une apothéose ; la jeune Anglaise put croire qu'elle était la princesse et lui le prince dans une féerie du *christmas*. L'invasion se poursuivit durant près d'un quart d'heure, à grand renfort de cris, de culbutes et d'éclats de rire ; les fellahs sont de grands enfants que tout amuse. Grace rayonnait ; elle faisait caracoler son alezan autour de la cour comme dans un manége, et nous, du haut de notre observatoire, nous prenions un tel plaisir au spectacle de ce mouvement, de cette cohue, de ces couleurs heurtées et pourtant harmonieuses, que nous ne nous décidions pas à descendre. Enfin, quand miss Longman fut à bas de son âne et le bagage distribué dans les appartements, quand les Anglaises eurent réparé le désordre de leur toilette et couru d'une chambre à l'autre, c'est-à-dire d'extase en extase, un gong sonore comme un bourdon de cathédrale annonça le souper, et l'on se rassembla dans le sélamlik autour d'une vraie table européenne.

Rien n'y manquait, ni les chaises, ni la nappe, ni l'argenterie, ni les vins prohibés par la loi de Mahomet. Le *claret* de Château-Laffite et le vin de Champagne de Mme Cliquot avaient fait le voyage des Indes à bord d'un paquebot français; peut-être étaient-ils revenus en compagnie de cet admirable service du Japon qui comptait au moins deux cents pièces. Les ragoûts seuls étaient franchement indigènes, mais personne ne s'en plaignit, et miss Grace en particulier fit preuve d'un appétit bien flatteur pour la cuisine arabe. Aux confitures, tout le monde était gai, et le seul qui n'eût bu que de l'eau était ivre. Jamais miss Grace n'avait montré au pauvre Ahmed cet aimable abandon, ce laisser-aller cordial qu'on aime et qu'on admire chez les jeunes Anglaises lorsque rien ne les effarouche et qu'elles osent être elles-mêmes. Elle babillait à tort et à travers sans peser ses paroles, sans craindre les réponses, avec cet adorable petit aplomb d'une fille bien née qui s'ébat en famille. Elle parlait de la route, du Nil, des fellahs, de sa chambre à peine entrevue, mais qu'elle appelait déjà : mon musée ! de ce bel alezan brûlé qui l'avait emportée comme un cheval de ballade et qu'elle comptait bien revoir le lendemain dès le réveil.

— Il est à vous, mademoiselle, dit Ahmed.

— Je l'accepte... pour quarante-huit heures.

— Pourquoi pas pour toujours?

— Hélas! mon bon monsieur Ahmed, parce que je n'ai pas d'écurie où le loger.

— Acceptez l'écurie aussi.

— Et la maison aussi, n'est-ce pas? et la terre aussi? et le propriétaire aussi, la chaîne au cou comme un esclave?

— Oh! oui, mademoiselle, cent fois oui!

— Ah! votre politesse est par trop espagnole, et je ne vous prendrai pas au mot; mais bien sincèrement, monsieur Ahmed, je mouille mes lèvres à votre bonne et heureuse santé.

— Et moi je vous jure, mademoiselle, que cette pauvre maison, durât-elle cent ans, conservera jusqu'à son dernier jour le parfum de votre présence.

L'imprudent! cette simple phrase provoqua huit ou dix toasts variés où chacun de nous prit à tâche de singer le style oriental. Ce fut une giboulée de jasmins, de rossignols et de roses, et l'on riait tant et si bien qu'il se prenait à rire lui-même, par contagion, sans savoir pourquoi : sa bouche était une fleur à trente-deux dents qui s'épanouissait au soleil de notre gaieté,... toujours en style arabe.

Un piano de plus dans ce mobilier mirifique, et je parie que nous aurions dansé jusqu'au matin.

Le piano manquait, les amoureux eux-mêmes ne s'avisent jamais de tout. L'inadvertance d'Ahmed, que je ne maudis pas, croyez-le bien, nous sauva tous d'une nuit blanche. On se sépara vers une heure avec force *shake hands*, et Ahmed, j'en fis la remarque, ne retira pas sa main brusquement selon la vieille mode d'Égypte.

Au petit jour, nous étions tous sur pied, et l'inspection générale commençait. Les écuries et les étables nous parurent un peu rustiques. Les chevaux et les bœufs, et les moutons aussi, sont plutôt abrités que logés : quatre murailles de brique crue, une toiture de paille, des mangeoires de bois et du sable pour toute litière ; mais de l'air à discrétion, une propreté relative et de bons traitements : les plus fiers aristocrates de la race chevaline n'exigent rien de plus en Égypte. Ahmed nous montra quinze chevaux et juments irréprochables, le reste était au vert. Il serait difficile, je crois, de rencontrer plus beaux modèles du type arabe. Ce qui nous étonna, ce n'était pas de voir ces nobles bêtes en Égypte, c'était d'en voir si peu et d'apprendre qu'elles y étaient rares. Ahmed nous conta leur histoire, sans toutefois nous ennuyer de leur généalogie. Il s'était procuré, non sans peine, deux juments de Nedjed, l'une fort belle, mais un peu vieille, l'autre jeune et passablement faite : en neuf ans, la jeune *Lahsa* et la vieille *Baroud* avaient créé un joli fonds d'écurie. Les étalons de choix s'achètent couramment dans l'Hedjaz, la Syrie, et même à l'occasion chez les Mograbins de Barbarie. Il en avait fait venir neuf ou dix, et recruté trois autres poulinières, l'une à Tunis, l'autre en Algérie, la troisième par voie d'échange dans le haras d'Ali-Pacha. « Mon seul mérite, disait-il, est d'avoir exclu sans pitié tous ceux de mes élèves qui laissaient à dire. Je n'ai pas grande confiance dans l'avenir des croisements sous un climat aussi particulier que le nôtre; mais j'estime que la sélection intelligente y peut tout. C'est par sélection que j'ai refait en peu de temps notre joli petit bœuf archaïque, tel ou peu s'en faut qu'on l'admire sur les monuments. Il y a dix ans, le bétail était aussi commun en Égypte qu'il y est rare aujourd'hui. Je voyageais beaucoup, et chaque fois que je rencontrais une bête un peu conforme au type qui m'était resté dans l'esprit, je l'achetais sans marchander : voilà comment j'ai fait les élèves que vous allez voir. »

Il en avait plus de cinquante dans une seule étable, taureaux, vaches, veaux et génisses, et tout cela modelé comme par la main d'un statuaire. La vieille race égyptienne n'est remarquable ni par sa taille, ni par sa force, ni son embonpoint; elle est bien proportionnée en revanche et parfaitement équilibrée, propre à fournir dans une juste mesure le lait, la viande ou le travail; elle a les extrémités fines, la colonne vertébrale presque droite, la tête élégamment dessinée, la physionomie intelligente et douce. Les élèves d'Ahmed contrastaient singulièrement avec un troupeau qu'il avait acheté de toutes mains et qu'il engraissait pour le revendre. Tous ces détenus en subsistance expliquaient par des difformités sans nombre comment les races se défont lorsqu'elles sont livrées à elles-mêmes. Une troisième étable, présidée par un taureau de Syrie, nous montra des voisins robustes, importés expressément en vue de la culture intensive et des labours profonds. Quelques ânes blancs de l'Hedjaz logeaient à part et semblaient en pleine voie de prospérité; les beaux sujets de cette famille se vendent jusqu'à cent louis par tête, et j'estime qu'ils valent bien leur prix. Rien à dire de la bergerie : elle ne datait que d'une année et n'offrait à nos observations que l'ébauche d'un joli troupeau; mais où miss Grace et ses amis poussèrent un vrai cri d'admiration, c'est quand notre hôte nous amena devant une immense volière où les flamants, les grues, les hérons, les pélicans, les bernaches, les oies et cinquante variétés de canards s'ébattaient en bonne harmonie dans un marécage artificiel. — Je ne sais pas, dit-il, si cet établissement, créé depuis trois mois, deviendra une affaire de luxe ou de produit. Nos ancêtres avaient apprivoisé tous les palmipèdes que voici, et même les échassiers; rien n'est plus sûr. Ils les nourrissaient par milliers, dans quel intérêt? je l'ignore. Pour les œufs? pour les plumes? pour la cuisine? Nous finirons peut-être par élucider tout cela. Rien ne coûte d'essayer, la première mise de fonds est insignifiante. Tout près d'ici, sur le lac Menzaleh, tous ces oiseaux pullulent; on les pêche au filet pendant la nuit; quelques chasseurs pénètrent même au milieu d'eux en se masquant d'une citrouille, et les nouent par les pieds comme on ficelle un bouquet dans nos jardins.

Tandis qu'il nous donnait ces explications, deux jeunes fellahs fort éveillés apportaient le déjeuner des oiseaux dans des couffes. « Monsieur Ahmed, demanda miss Grace, comment un homme aussi juste et aussi bon que vous l'êtes fait-il travailler les enfants? J'en ai compté plus de cinquante autour de la maison ce matin. N'est-ce pas un abus que vous réprouveriez vous-même dans nos manufactures?

— Certainement, mademoiselle, un abus détestable. Emprisonner des petits malheureux dans un milieu malsain, où le mauvais air, la mauvaise nourriture, le mauvais exemple, le travail excessif et l'ignorance crasse anéantissent le corps et l'âme, c'est un crime de lèse-humanité; mais regardez un peu nos apprentis : n'ont-ils pas bonne mine? Ces grosses joues disent assez qu'ils ne manquent ni d'air ni de pain, et rien qu'à l'éclat de leurs yeux une personne aussi spirituelle que vous aurait dû deviner qu'ils savent lire. J'en ai soixante-dix à Kouzbarrah et trente sur ma terre de Keneh, dans la Haute-Égypte. Leurs parents, riches ou pauvres, me les confient sur ma réputation; je les prends au pair, c'est-à-dire je les loge, je les nourris, je les habille, et je fais leur éducation sans leur demander autre chose que le travail de leurs petits bras. Ils ne sont pas gâtés ici; leur dortoir est plus propre, mais pas plus somptueux que la maison paternelle : je ne veux point qu'ils croient déchoir en me quittant, ni qu'ils méprisent leur taudis natal. Avec le temps, si Dieu me prête vie, je formerai un millier de bons cultivateurs qui en formeront d'autres à leur tour. Peut-être le gouvernement, frappé des résultats, suivra-t-il mon exemple. Il se peut même que Son Altesse fonde en Europe une mission agricole qui rendra de grands services à peu de frais. Les grands garçons qu'on envoie à Paris pour étudier le droit et la médecine n'ont plus l'ouverture d'esprit ni la souplesse du premier âge. Ils ont pris tous, ou peu s'en faut, de mauvais plis ; ils restent trop entre eux, et ne se mêlent point assez à la vie européenne. Les sept ou huit cents francs que chacun d'eux nous coûte par mois suffiraient à payer la pension annuelle d'un fellah de dix à quinze ans chez quelque honnête agriculteur, et nous ferions douze élèves pour un sans dépenser davantage. Mes bambins ne sont pas maladroits ; voyez plutôt la laiterie, qu'ils gouvernent tout seuls quand je ne suis point là. Ne dirait-on pas une ferme hollandaise ? L'ignorance et l'incurie de mes concitoyens nous condamnaient à acheter le beurre en Autriche et en Italie ; nous nous suffirons à nous-mêmes sous peu. »

De la laiterie, on passa dans une basse-cour où les poules de Cochinchine étaient aussi hautes et aussi lourdes que les dindes. Les pigeons de volière s'y multipliaient sans danger pour les récoltes voisines, et plusieurs couples de faisans dorés coquetaient dans un compartiment à part. Miss Grace s'intéressait à tout ; elle ne perdait pas un détail de cette vie heureuse, large et simple. « C'est la terre promise, disait-elle ; je suis sûre, monsieur Ahmed, que vous êtes plus souvent ici qu'à votre palais du vieux Caire.

— J'y viens beaucoup, j'y reste peu.

— Pourquoi donc?

— Parce que j'y suis seul.

— Mais votre mère et votre sœur?

— Il n'y a pas de harem pour elles.

— On en construit un.

La jeune Madame Longman ajouta : Il faudra bien en arriver là quand vous vous marierez.

— Il est malheureusement très-probable que je mourrai garçon.

Comme on se récriait obligeamment, il poursuivit : « Je ne veux pas d'une fille arabe, et une fille d'Europe ne voudrait jamais de moi, parce que vous nous connaissez mal. Vous nous jugez sur le témoignage de quelques prédicateurs fanatiques ou de quelques voyageurs étourdis. Le musulman croit, avec les chrétiens, en un Dieu tout-puissant, créateur de toutes choses; il croit à l'immortalité de l'âme, à la résurrection du corps, aux récompenses et aux châtiments de la vie future. Il croit, avec les calvinistes, à la justification par la foi, non par les œuvres, et à la prédestination. Il croit aux livres révélés, qui sont le Koran, le Pentateuque, les psaumes de David et les Évangiles. Tous nos docteurs révèrent Jésus-Christ comme le plus grand des prophètes qui ont précédé Mahomet, comme le Messie des nations et l'esprit de Dieu. Comment les vôtres parlent-ils de Mahomet? Vous nous taxez d'intolérance; mais il n'y a pas de secte chrétienne qui n'exerce son culte au grand jour dans tous les pays musulmans. »

Une discussion s'engagea entre nos quatre Anglais et le champion de l'islam. Ils argumentèrent vaillamment sur les points de fait et sur les points de doctrine, l'un citant Mahomet, les autres répliquant par des versets de l'Écriture, mais tous parfaitement d'accord sur les questions de métaphysique courante et de morale ordinaire qui sont le fond du monothéisme. Ce débat, vif sans aigreur, anima notre longue promenade à travers champs, car on nous conduisait à pied vers un lieu appelé Qalb, en français Cœur. Ce cœur n'est autre chose qu'une machine de vingt-quatre chevaux établie au bord d'un canal assez large. Elle irrigue les terres à un prix qui nous parut très raisonnable; le mètre cube d'eau ne coûte qu'un millième de franc, soit un dixième de centime. Chaque fois que l'inondation lui fait des loisirs, elle s'occupe à égrener le coton, à moudre le blé, à broyer des graines oléagineuses. Ahmed l'a fait construire aux Forges et chantiers de la Méditerranée, sur un plan dont il est l'auteur. Malheureusement, chaque fois qu'il s'agit de la réparer, il faut faire venir un ouvrier d'Alexandrie ou même de Marseille.

Le canal est bordé de peupliers fort bien venus qui ont tout l'air de se croire en Hollande ou du moins en Italie. Non loin de là, nous vîmes un grand verger plein de belles espérances. Les amandiers, les pêchers, quelques pruniers, étaient en fleur, et les abricotiers en bouton. Ahmed nous expliqua comment il avait réagi contre la fatalité séculaire qui fait dégénérer tous les fruits en Égypte. « Il est bien probable, dit-il, que l'abricot, la pêche, la cerise et tant d'autres friandises végétales ont dû leur principal mérite à vos climats et à vos jardiniers. L'Orient vous avait prêté des sauvageons à peu près comestibles, vous en avez fait des merveilles. Lorsque l'arbre amélioré chez vous retourne à son pays d'origine, il se rappelle ce qu'il était jadis, et nous crions qu'il dégénère lorsqu'à vrai dire il est redevenu lui-même. Voilà pourquoi tous nos fruits, sauf l'orange et la datte, sont petits et de médiocre saveur. Nos légumes pâtissent du même mal; nous récoltons des tomates grosses comme des noix, et nos plus belles carottes ressemblent à des salsifis. Que peut-on faire contre une loi que la nature maintient obstinément? Lutter plus obstinément qu'elle, c'est ma méthode : je ne me lasse point de renouveler mes graines et mes greffes, et si les produits que j'obtiens sont restés jusqu'ici inférieurs aux vôtres, ils laissent bien loin derrière eux tout le jardinage fellah. J'essaye aussi de réhabiliter par une importation assidue nos malheureuses fleurs, moins brillantes en général et moins parfumées que les vôtres. Si les jasmins et les mimosas du pays défient toute comparaison, les roses du Fayoum, qu'on vante encore par habitude, sont au-dessous du médiocre. J'en cultive de plus belles et de plus odorantes; je soigne une plantation de tubéreuses, j'étudie l'extraction des parfums par l'éther; je ne désespère pas d'introduire chez nous la gracieuse industrie qui enrichit le département du Var.

— Est-il possible, dit miss Grace, qu'un seul homme embrasse tant de choses à la fois?

— Si je ne consultais que mes intérêts, mademoiselle, je me cantonnerais dans un seul genre de culture; mais la fortune du pays m'est plus chère que la mienne, et j'essaye tout ce qui peut créer une ressource à mes pauvres concitoyens. Voyez-vous ce petit pré dont la superficie est à peine d'un acre? Il me donnera, j'espère, avant six mois la solution d'un problème capital. J'ai semé là, pêle-mêle, toutes les graminées qui foisonnent dans la plaine de Buenos-Ayres. L'expérience me dira si dans le nombre il en est une qui puisse rester verte en tout temps sous le soleil d'Egypte moyennant un arrosage hebdomadaire. Jusqu'à présent, nous n'avons jamais su entretenir des herbages, c'est-à-dire des prairies naturelles toujours vertes où le bétail se nourrisse et se multiplie sans intervention de l'homme. Si quelqu'un des brins d'herbe que vous voyez poindre à fleur de terre veut bien répondre à mon désir, les terrains médiocres de l'Égypte deviendront avant dix ans une vaste manufacture de viande.

— Mais, lui dis-je, s'il vous faut consacrer à l'irrigation vingt-quatre heures par semaine, il n'y a plus d'herbage possible; le piétinement du bétail défoncera tous vos prés.

— Pourquoi donc? Je ferai des lots séparés par des palissades, et nous ne livrerons à la pâture que les terrains parfaitement asséchés. Voulez-vous voir l'étoffe dont mes clôtures seront faites? On aperçoit d'ici la célèbre forêt que je vous ai vantée : allons-y. »

En un petit quart d'heure de marche, on atteignit cette merveille invraisemblable, dont les fellahs reportaient tout l'honneur aux afrites ou démons, quoiqu'ils eussent planté ou vu planter les arbres. Ahmed avait tiré parti d'un banc de sable élevé au-dessus des bonnes terres. Par une simple irrigation, sans colmatage appréciable, les racines des arbres avaient été rafraîchies pendant deux ou trois étés successifs; puis un beau jour, trouvant sans doute une couche à la fois plus humide et plus riche, la plantation s'était élancée gaillardement vers le ciel. Un modeste taillis sans apparence était devenu gaulis, perchis même, et promettait de tourner incessamment à la futaie. Il ne faut que du soleil et de l'humidité pour créer en peu de temps les beaux arbres, quelle que soit l'ingratitude du sol. J'avais déjà noté ce phénomène dans les landes de la Gironde; cependant la vigueur de cette végétation me parut bien autrement surprenante. La plupart des tiges mesurait de sept à huit mètres en hauteur et le collet de la racine était plus gros que la jambe d'un homme. Ahmed avait choisi naturellement les essences qui prospèrent le mieux dans son pays, le sycomore, le caroubier, le tamarix, l'acacia-seyal, qui se rencontre à l'état isolé dans les déserts les plus arides, l'acacia-lebek et plusieurs autres variétés d'accacie; la seule plante exotique était le robinier, qui ne paraissait pas regretter sa patrie ni la nôtre.

Quand nous eûmes tout vu et bien vu, le propriétaire nous dit : « Croyez-vous maintenant que nos sables puissent se convertir en forêts? Reconnaissez-vous que les arbres n'ont pas besoin d'être baignés aussi abondamment que la canne, le coton et les autres plantes industrielles? Notre sol le plus sablonneux, si on le fouille à un mètre de profondeur, révèle une certaine humidité qui suffit aux cultures forestières, et la rosée abondante des nuits vient toujours désaltérer le feuillage. Je n'ai pas encore essayé en grand les arbres d'Australie, cependant je possède quelques jeunes eucalyptus qui promettent, nous les verrons après votre déjeuner. »

Il était temps de regagner le logis : les Anglaises bâillaient, non d'ennui, mais de faim.

Après un excellent repas, nous fumions au grand air sous la galerie, miss Grace s'acclimatait à l'odeur du tabac turc, et notre amphitryon regardait miss Grace. Je fus obligé de troubler cette contemplation. « Si je faisais un voyage de pur agrément, lui dis-je, je m'oublierais chez vous aussi longtemps qu'il vous plairait de m'y garder; mais le devoir me force à quitter les meilleurs gîtes et les plus aimables compagnies. Je suis émerveillé de votre abadieh, et je comprends que la Basse-Égypte deviendra le plus riche pays du monde, si vous faites école. Maintenant il faudra que vous m'aidiez à vous fuir, car j'ai besoin de visiter Mansourah, Damiette et la branche orientale du Nil jusqu'à la mer. » Mes deux compagnons firent chorus; le but de leur voyage n'était pas d'étudier l'agriculture, mais de voir tous les aspects de l'Égypte.

Cette mise en demeure embarrassait cruellement Ahmed. Il sentait que nos raisons étaient bonnes, et si nous avions été ses seuls hôtes, nul doute qu'il ne nous eût pilotés avec empressement jusqu'au boghaz du fleuve; mais il tenait miss Grace et les Longman, les insulaires se trouvaient bien chez lui. Mlle Thornton avait dit dans la matinée sans trop mesurer ses paroles : « Quel bon temps nous allons passer, et combien de courses à faire sur vos jolis chevaux dans votre admirable pays! » Ce propos de la belle étourdie le liait : le moyen, s'il vous plaît, d'abandonner ou de congédier la femme qu'on adore pour promener trois messieurs barbus?

Il nous enveloppa d'un regard suppliant. « Si Mansourah, répondit-il, pouvait suffire à votre curiosité, je vous y mènerais tous les jours, ou je vous y ferais conduire. Vous voulez descendre le Nil, c'est une bien autre affaire. Un voyage ne s'improvise pas en ce pays, vous le savez, puisque le vice-roi lui-même a besoin d'un délai de quatre jours pour vous préparer un vapeur. Je possède quelques barques, elles sont toutes à votre service, mais terriblement loin d'ici. La plus propre et la plus confortable m'attend à Minieh, bien au-dessus

17

du Caire. Je comptais la rejoindre avec vous par le chemin de fer de la Haute-Égypte, et elle devait nous conduire à mes cultures de Keneh. A Mansourah, nous ne trouverons que de mauvais bateaux, bons tout au plus à transporter les marchandises; il faut d'ailleurs un drogman, et je n'en ai pas sous la main. Et vos lits? et vos provisions? et votre cuisinier? car vous n'êtes pas gens à rôtir les poulets vous-mêmes. Votre projet, que je ne blâme pas, se heurte à des difficultés insurmontables, et la plus grande preuve d'amitié que vous puissiez m'offrir sera d'y renoncer pour le moment. »

Comme il disait ces mots, un petit homme simplement vêtu, mais propre et d'apparence très-correcte, entra dans la cour, salua tout le monde à l'arabe, et vint s'accroupir auprès d'Ahmed. Ils échangèrent quelques paroles, puis s'adressant à moi sans préambule, le nouveau venu dit en assez bon français : « Monsieur, Son Altesse a pensé que vous seriez curieux de voir Mansourah, Damiette et tout le cours de cette branche du Nil.

— Ma foi, monsieur, lui répondis-je, je n'ai pas cru jusqu'à présent à la sorcellerie; mais voilà mon scepticisme rudement ébranlé. »

Il sourit d'un air modeste et répliqua : « Le Khédive, mon maître, est un grand prince qui vous veut beaucoup de bien.

— Je le sais, et j'en suis vivement touché; mais comment a-t-il pu prévoir?...

— Son Altesse prévoit tout.

— Une demi-minute avant votre arrivée, j'exprimais mon désir d'aller à Damiette, et Ahmed se lamentait de ne pouvoir m'y envoyer.

— Nous partirons quand il vous plaira.

— Vous avez donc une dahabieh?

— Deux : une pour vous et messieurs vos amis, l'autre pour la cuisine.

— Il y a même un cuisinier?

— Le cuisinier y est, le maître d'hôtel aussi, et le valet de chambre. Les gens de Son Altesse n'ont rien oublié : vos lits sont faits sur le premier bateau, et les provisions rangées en bon ordre sur l'autre.

— Mais où trouverons-nous un drogman?

— J'aurai l'honneur de remplir cet office auprès de vous.

— Monsieur, vous me voyez stupéfait, confondu. Le génie de l'hospitalité, banni de toute la terre, a sans doute trouvé un refuge en Égypte. Mon bon Ahmed, il ne vous reste plus qu'à nous faire transporter, nous et nos biens, jusqu'à ces barques miraculeuses.

— Ahmed peut s'épargner ces tracas, monsieur : les chevaux et les ânes sont à la porte.

— De mieux en mieux! Ainsi nous serons en ville dans une heure?

— Environ.

— Nous visiterons les curiosités?

— Le préfet vous attend pour cette promenade; il compte ensuite vous retenir à dîner.

— Mais vous savez que le temps nous presse; il s'agit d'être à Damiette demain matin.

— Nous y arriverons avec le jour.

— Si nous avons bon vent.

— Le vent est bon.

— On l'aura commandé pour nous!... S'il est bon pour descendre, il sera mauvais pour remonter.

— Nous remonterons à la rame.

— Y songez-vous? Treize lieues!

— Les fellahs nous haleront; j'ai un ordre qui met la population à notre service. »

Tout se passa mot pour mot comme il nous l'avait dit. Une felouque nous attendait sur la rive gauche du fleuve, elle nous conduisit à nos dahabiehs, devant la préfecture, et à peine étions-nous à bord que le moudir, un fort bel homme, apparut. On échangea les compliments les plus asiatiques par l'entremise de Mustapha-Effendi, notre imperturbable drogman. « Messieurs, vous êtes les bienvenus.

— Monsieur, nous sommes les bien reçus.

— Je voudrais que Dieu me fournît les moyen de rendre votre voyage agréable.

— La rencontre d'un homme tel que vous suffirait à le rendre charmant.

— Votre passage à Mansourah marquera dans ma vie.

— Nous laisserons chez vous une partie de notre cœur. »

Ce commerce de politesse se fait gravement sur la roufle de notre bateau, tandis que les nombreux serviteurs du préfet, debout sur le rivage, attendent le résultat de la conférence. Nous avons exprimé le désir de visiter la prison de saint Louis et de courir les bazars à pied; on nous a répondu que nos désirs étaient des lois, et nous voilà sur la place avec le préfet, son vékil, ses employés et ses cavas, tout un cortége. Gare devant! Si quelque maladroit nous barrait le chemin, la baguette des cavas l'aurait bientôt remis à sa place. Tout se range; les cavaliers mettent pied à terre, les marchands assis devant leurs boutiques se lèvent comme par ressort. Entre nous, j'aurais mieux aimé me promener tout seul et voir la ville dans son naturel que de marcher en procession au milieu d'un peuple effaré. Qu'y faire? Les mœurs commandent, ici la représentation est perpétuelle et l'étiquette se fourre partout. Le difficile est de tenir son sérieux lorsqu'on se sent grotesque. Je n'osais pas regarder Najac.

La célèbre prison de saint Louis n'est ni authentique ni même vraisemblable ; c'est une sorte de cellier aux trois quarts démoli dans une cour malpropre, au rez-de-chaussée d'une maison vulgaire et relativement moderne. On aurait pu choisir beaucoup mieux, la ville ne manque pas de constructions anciennes et pittoresques; elle est d'une couleur plus riante que le Caire. Il pleut assez souvent dans la Basse-Égypte pour que les bâtiments de pisé y durent peu ; Mansourah, Damiette et Rosette sont construites en briques cuites d'un beau rouge.

Le commerce paraît fort animé : nous sommes au centre de la production cotonnière; mais peu ou point d'industrie. Le Delta est plein de fabriques en ruines qui rappellent une erreur de Mohammed-Ali. Ce grand homme avait cru que l'abondance des matières premières et le bas prix du travail humain prédestinaient son empire à la manufacture ; il comptait sans les machines et sans ce grand ouvrier des temps modernes, le charbon. Il n'y a pas de main-d'œuvre à bon marché qui puisse lutter utilement contre la houille à dix francs la tonne.

Pendant la guerre civile d'Amérique, le prix élevé des cotons et l'aveuglement des spéculateurs, qui croyaient la hausse éternelle, ont préparé d'autres ruines. On a construit un trop grand nombre d'usines à égrener, dont la plupart ne feraient plus leurs frais aujourd'hui que la baisse est venue. Rien de plus triste à voir que ces grandes masures abandonnées presque aussitôt que construites, et caduques comme nos abbayes du moyen âge, quoiqu'elles datent de 1864. Somme toute, Mansourah n'offre qu'un intérêt médiocre, et Son Excellence (car les préfets d'Égypte se laissent donner de l'excellence) ne put nous y garder jusqu'à la nuit. C'était un homme aimable et véritablement hospitalier. Lorsqu'il sut que nous n'acceptions pas son dîner, il ordonna une battue dans les bazars, et fit porter à notre bord deux moutons, quatre dindes, un demi-cent de poulets, cent pigeons, et tant d'œufs que personne assurément n'en a jamais su le compte. Sa libéralité profita surtout à notre équipage, car nous étions munis bien au-delà du nécessaire, et trois gargantuas n'auraient point consommé toute cette victuaille en huit jours.

La même autorité, par un autre excès de zèle, doubla nos équipages, et nous fit escorter toute la nuit. Deux hommes de la préfecture nous suivaient à cheval sur la rive droite du Nil, toujours à portée de la voix, prêts à transmettre nos commissions ou même à nous prêter main-forte.

Tant de bon vouloir fut inutile. Le vent du sud exécuta fidèlement le programme de Mustapha-Effendi, et dès huit heures du matin nous abordions au port de Damiette.

Un instant avant l'arrivée, on croirait être sinon au bout du monde, du moins au bout du Nil. La ville apparaît comme un barrage perpendiculaire au courant : plus de fleuve, une multitude de maisons rouges et quelques minarets entre deux jolis bois de palmiers. Le phénix du règne végétal, *phœnix dactylifera*, n'est ni aussi grand ni aussi beau dans la Basse-Égypte que dans la Haute; toutefois il y produit un effet plein de charme, et je ne pense jamais à Damiette sans me représenter une belle fille aux joues rouges, couronnée de longues palmes vertes. Le port est dans un coude, et lorsqu'on croit avoir vu toute la ville, on découvre une immense enfilade de maisons bariolées qui reflètent leurs balcons et leurs terrasses dans l'eau.

A peine notre reïs avait-il amarré la grande barque en tournant la proue au courant, que le vékil du gouverneur était à bord : le télégraphe n'oubliait jamais d'annoncer notre arrivée, je ne saurais dire en quels termes; mais les autorités nous recevaient comme de vieux amis. Choffey-Effendi, le premier qui nous donna la bienvenue,

a fait ses classes à la mission égyptienne, comme
Ahmed, mais quelques années avant lui. Il sait
donc le français, et même il s'est perfectionné
dans les sciences en aidant les ingénieurs hydro-
graphes de l'isthme vers Port-Saïd. Son supérieur,
Ali-Bey, le suivit à quelques minutes d'intervalle ;
celui-là ne possède aucune langue européenne ;
c'est un Persan des plus lettrés, poète, historien,
naturaliste, et deux fois homme d'esprit, puisqu'il
nous a paru tel à travers une traduction impro-
visée.

Il consentit, chose admirable, à nous laisser
courir la ville sans lui dans un incognito relatif
sous la conduite de son vékil. Choffey-Effendi
nous montra, contrairement à l'habitude des gui-
des patentés, tout ce que nous étions venus voir.
Damiette est célèbre par le riz qu'elle exporte,
par la boutargue et les salaisons qui s'y préparent
et par le fanatisme des habitants. La récolte du
riz était faite depuis longtemps ; mais la décorti-
cation se pratiquait activement dans des moulins
particuliers qui battent le grain sans l'écraser :
joli travail et délicat, quoiqu'il exige une force
considérable. Quand la balle de riz est partie, les
grains sont presque rouges; on les teint en blanc
par le chlore en les brassant avec du sel marin.

Les salines sont tout près, comme aussi les

grandes pêcheries du lac Menzaleh. Ce lac est une petite mer intérieure qui couvre plus de deux cent mille hectares; les poissons de la Méditerranée viennent frayer dans ces eaux peu profondes en tout temps et presque tièdes en été. Un homme habile y pêcherait, bon an, mal an, dix ou quinze millions de kilogrammes au grand profit de l'Égypte et même de l'Europe. Le fermier, par malheur, est un certain Ynam, qui pêche mal et cuisine si malproprement sa marchandise qu'il faut être fellah pour consentir à la manger. On nous fit voir un des établissements où le poisson se sale et s'emballe; c'est la boutique la plus infecte et la plus répugnante du monde; les lacs d'Egypte, quoiqu'ils rapportent, dit-on, quelques millions de redevance au vice-roi, sont encore à l'état de non-valeur relative. Le génie européen pourra seul en tirer parti lorsque l'Egypte sera rentrée dans la loi commune, et que les étrangers ne la traiteront plus en esclave.

La superstition n'est pas morte, autant que j'en ai pu juger. Les fellahs de Damiette sont musulmans comme les bas Bretons sont chrétiens. Dans la mosquée d'Amr, hors de la ville, j'ai vu un malheureux qui s'efforçait de laminer son corps dans un entre-colonnement si étroit que j'y passais difficilement mes deux poings. Un autre, plus stupide encore, usait le bout de sa langue sur une colonne de marbre : cet exercice est souverain pour les yeux, à ce qu'on dit. La langue saignait à faire peine, l'homme s'arrêtait par moments pour exprimer sur ce marbre exécrable le jus d'un citron. Il faut croire pourtant que le fanatisme n'est pas aussi donnant à Damiette qu'à Lorette ; la mosquée d'Amr tombe en ruine.

L'inévitable procession d'ânes et de chevaux de parade nous attendait devant la porte pour nous conduire à la villa du gouverneur. Ali-Bey nous fit servir les rafraîchissements d'usage sans y toucher lui-même, et il nous promena dans un verger splendide, gravement, officiellement, sa main dans la mienne.

Vers une heure, son vékil nous mit dans un bateau, et nous conduisit au Boghaz, c'est-à-dire à l'embouchure du Nil. Du haut de la terrasse du lazaret, où l'aimable gouverneur nous avait devancés par terre, on voyait la Méditerranée devant soi ; à droite, le lac Menzaleh ; au midi, vers la ville, le fleuve, les bois de palmiers et le désert étalé en plaques jaunes çà et là.

Le soleil se coucha comme nous rentrions au port. Ali-Bey et Choffey-Effendi partagèrent notre dîner ; je vous fais grâce des compliments qui pleuvaient dans les assiettes et des présents diplomatiques que je dus refuser presque violemment. Il y avait dans le nombre un magnifique flamant rose qui ne savait où mettre ses longues jambes et qui trébuchait à chaque pas sur le pont de la dahabieh : pauvre bête ! A neuf heures, on échangeait les adieux, Ali-Bey nous donnait douze hommes de renfort et un cavas pour stimuler leur zèle. Bonsoir à Damiette ! En route pour Mansourah !

— La nuit suivante et la journée du lendemain furent d'autant plus orageuses que le vent était tombé à plat. L'équipage du vice-roi fut bientôt las de ramer, quoiqu'il égayât son travail par les chants les plus poétiques. Il fallut recourir au bon vouloir des riverains, c'est-à-dire exercer une sorte de presse sur de braves gens occupés à gagner leur pain ou endormis auprès de leurs femmes. Ils n'accouraient pas tous avec empressement; je crois même qu'un cheik-el-beled convaincu de favoriser la désertion de ses hommes fut bâtonné pendant notre sommeil. Finalement le 11 janvier, vers quatre heures, nous revîmes la gare de Mansourah, où un train spécial chauffait pour nous conduire au Caire. Un serviteur d'Ahmed, qui avait l'ordre de m'attendre indéfiniment à la porte, me remit le billet suivant :

« Mon ami, je suis le plus heureux et le plus infortuné des hommes, peut-être aussi le plus ridicule! Jugez-en. Ils viennent à Keneh avec moi ; vous nous y trouverez tous ensemble. On accepte ma dahabieh. Je m'entendrai avec le reïs qu'ils avaient engagé. Voilà qui va bien, n'est-ce pas ? mais hier soir, me trouvant seul avec M. Longman, qui est le *trustee* de miss Grace, j'ai osé lui toucher un mot du sentiment qui me possède, et après avoir exposé l'état de mes affaires, je lui ai demandé s'il était homme à plaider ma cause auprès de sa pupille. Oui, le timide Ahmed, l'amoureux transi, a poussé l'audace jusque-là... Voici textuellement ce qu'il m'a répondu : « Je n'ai point de préjugés contre votre couleur ni contre votre foi ; mais je respecte trop l'opinion pour conseiller à Grace un acte contraire à tous les usages. Vous n'obtiendrez sa main que d'elle-même. Je ne veux pas pourtant qu'on m'accuse d'avoir traversé un projet si avantageux pour elle. L'opinion anglaise se prononcerait contre moi, si j'empêchais une fille sans dot d'acquérir plusieurs millions par un mariage excentrique, mais honnête. Faites-vous aimer d'elle, si vous pouvez ; j'affirme que présentement elle n'a pour vous que de l'estime. » Que faut-il croire, mon cher ami? Je ne vous demande pas ce qu'il faut faire, car je ferai tout ce qu'elle voudra, et j'irais au fond de la mer, s'il lui plaisait de m'y conduire. « Ahmed. »

Nous étions au Caire à onze heures ; Arakel nous apprit que notre bateau à vapeur s'appelait *le Chibine,* et que nous partions le lendemain.

XIV

Le Nil est comme un monde à part. A deux encâblures du quai de Boulaq, on est à mille lieues de Damiette, de Mansourah, du Caire et de tous les pays connus; on se sent transporté dans un milieu nouveau, on vit d'une autre vie. Le voyageur, assis dans une stalle confortable, voit défiler à droite et à gauche un long panorama de choses inédites, quoique aussi vieilles que l'humanité et mille fois dépeintes par des observateurs dont la liste commence à Hérodote et ne s'arrête pas à Gérard de Nerval ou Maxime Du Camp. Vous croyez que les peintres complètent le travail de l'écrivain; non, chacun d'eux n'a pu saisir qu'une parcelle de ces beautés multiples et changeantes qui se renouvellent à toute heure de jour et de nuit. Une nature exceptionnelle, un passé grandiose, pétrifié dans des monuments indestructibles, une civilisation étrange, un avenir prodigieux, s'il plaît à l'homme, voilà plus d'éléments qu'il n'en faut pour occuper et satisfaire la plus avide curiosité.

Nous nous embarquons le 12 janvier, à deux heures, avec Arakel et son fidèle Éliacin, qui a fait le café et allumé les chibouks tandis que nous traversions la passerelle. Avant de monter à bord, nous sommes entrés chez Ahmed, au vieux Caire ; ses gens ont confirmé la nouvelle de son départ ; il a pris le chemin de fer pour Minieh avec les Anglais, et peut-être navigue-t-il déjà sur le haut Nil.

Le Chibine est un joli petit aviso, renommé pour sa vitesse. Le vice-roi en possède beaucoup du même modèle ; on en compte en ce moment dix ou douze qui promènent les hôtes de Son Altesse entre le Caire et Philæ, et il en est de même tous les hivers. Les aménagements sont commodes et riches ; chacun de nous a sa chambre et son lit, car il n'y a plus à compter sur les auberges ; une salle à manger de dix ou douze personnes occupe l'arrière ; sur le pont, on a fait un salon véritable, meublé de canapés et de fauteuils de soie, et couvert d'une tente grise ou du ciel bleu, *ad libitum*. Rien ne nous manquera ; la cale est bondée de provisions, nous avons une maison montée dans le style européen, la table et le service sont pris à forfait par le meilleur hôtel d'Alexandrie moyennant la bagatelle de dix livres sterling par jour. C'est ainsi qu'Ismaïl-Pacha traite ses plus modestes hôtes ; il ne veut point que les tracas de la vie matérielle puissent corrompre nos plaisirs ou interrompre nos travaux.

Tout l'équipage est égyptien, depuis le capitaine jusqu'au mousse. Le mécanicien est fellah comme les autres; il nous a prouvé que sa race peut faire bon ménage avec les engins de l'industrie occidentale; un Anglais n'eût pas mieux travaillé. Comme les eaux sont basses en janvier, nous avons deux pilotes, dont l'un manie le gouvernail; tandis que l'autre, debout à l'avant, la perche en main, sonde incessamment le fleuve. Le courant est rapide, le fond mouvant, le chenal se déplace chaque jour, les bancs de sable ou de limon surgissent tantôt ici, tantôt là, sous les eaux jaunes, opaques, impénétrables au regard; il faut une vigilance de tous les instants pour éviter cet éternel danger d'échouage qui menace sinon la vie, du moins le temps et la liberté des voyageurs. La rencontre d'un banc arrête le navire jusqu'à ce qu'un autre vapeur vienne le dégager, ou que les villages voisins, requis d'urgence, le renflouent à force de bras. Un pilote expérimenté fait son profit de mille indices qui nous échappent; l'eau moirée d'une certaine façon, les oiseaux aquatiques plantés en ligne, la berge qui descend en pente douce, autant d'avertissements salutaires. Il recherche la rive la plus escarpée, le côté où le Nil dans toute sa force mord les terrains, les cultures, souvent même les maisons et les mosquées. Pour plus ample informé, il interroge vingt fois par jour les paysans épars dans la campagne, et chacun s'empresse de lui crier : Pousse à droite! ou : Le chenal est à gauche! Quand le soleil et les hommes sont couchés, il n'y a qu'un parti à prendre, c'est d'amarrer le bateau n'importe où et d'attendre au lendemain. Ces principes fort sages étaient la loi du *Chibine ;* nous leur avons dû le voyage le moins accidenté et le plus agréable du monde.

Un seul point m'intriguait au départ. Lorsque le navire eut démarré, traînant son canot à la remorque, et qu'il se mit à remonter gaillardement le cours du Nil, j'aperçus un trou dans le bordage d'arrière, à la droite du gouvernail. Peu de chose, ce trou : c'est à peine si j'aurais pu y passer la tête, un enfant de dix-huit mois jouant sur le pont ne serait point tombé par là; mais *le Chibine* sortait de l'arsenal, on n'avait certes rien épargné dans les détails de l'armement, notre petit voyage allait coûter trente mille francs pour le moins à la cassette du vice-roi. Un bout de planche à clouer sur ce malheureux trou ne représentait guère que dix minutes de travail et cinquante centimes de dépense : pourquoi la brèche restait-elle ouverte?

Pourquoi? C'est une grosse question, bien moins futile qu'on ne pourrait le supposer à première vue. La prospérité de l'Égypte, sa grandeur, son avenir, sont intéressés à la solution de ce petit problème, qui en renferme beaucoup d'autres. Pourquoi tant de beaux édifices tombent-ils en ruine au bout de quelques années? pourquoi les canaux destinés à l'irrigation se comblent-ils en maint endroit? pourquoi dit-on que le barrage du Nil sera détruit avant d'être achevé? pourquoi les plantations de Mohammed-Ali sont-elles mortes presque partout? pourquoi les institutions elles-mêmes périssent-elles dans ce pays le lendemain de leur naissance, et l'œuvre du progrès est-elle à recommencer tous les jours?

Le prince Napoléon, dans un discours célèbre, sinon populaire en Égypte, a dit : « Les Turcs perdent leurs culottes par la paresse de recoudre un bouton. » La faute est-elle bien imputable à ces dominateurs? D'abord les Turcs ne sont pas maîtres en Égypte : un prince ottoman règne sur les fellahs comme une princesse de Hanovre sur les Anglais, comme un prince de Savoie sur l'Italie, comme une fille des Bourbons régnait naguère sur l'Espagne ; mais le pays s'appartient à lui-même, et les fonctions publiques sont presque toutes aux mains des fellahs. Faut-il accuser l'islamisme, ou le tempérament de la race indigène, ou le climat? Non, car la même race, sous le même climat et depuis la révolution qui y fonda l'islam sur les ruines du christianisme, a prouvé qu'elle était apte non-seulement à produire, mais à entretenir, à conserver, à réparer ses œuvres, et à faire acte de création continue. Les habitudes de laisser-aller, dont l'effet n'est que trop visible dans les wagons des chemins de fer comme dans la mosquée d'Hassan, me paraissent relativement modernes. Elles ont commencé sans doute à l'oligarchie militaire et anarchique des mameluks; elles se sont continuées sous les premiers vice-rois. Un Mohammed-Ali, tourné vers l'avenir, éperdument épris des nouveautés européennes, pressé d'agir, de produire, de montrer sa toute-puissance et son ferme vouloir, plus soucieux de marquer le pays à son empreinte que d'éterniser par un ravaudage assidu les vestiges du passé, devait reléguer au second plan tous les travaux conservatoires. Le mode de succession usité chez les Osmanlis, la transmission du trône en ligne collatérale, cette loi féconde en intrigues, en complots, en crimes, qui condamnait le souverain à se tenir en garde contre son héritier présomptif et le futur vice-roi à vivre en disgrâce jusqu'au jour de son avénement, cet ordre désordonné qui vient enfin d'être aboli, interdisait la tradition, le respect du passé, l'esprit de suite dans le pouvoir. Si un fils est porté naturellement à soutenir les œuvres et les institutions qui font honneur à son père, un collatéral était bien aise de voir tomber en ruine les monuments de son ancien persécuteur. Le firman impérial qui transmet la monarchie en ligne directe par ordre de primogéniture aux descendants d'Ismaïl-Pacha contient le germe d'une révolution salutaire. Il introduit l'élément conservateur en Égypte; mais en cela, comme en mainte autre chose, l'éducation du peuple est à faire, il faudra du temps et des exemples. C'est l'ouvrier européen qui peut seul, jusqu'à nouvel ordre, entretenir et réparer les édifices, les canaux, les routes ferrées, les navires et les machines, qui abondent dans le pays. Voilà bien des paroles pour une planche trouée, mais ce trou que nous avons remarqué en montant à bord représente une lacune dans les institutions et les mœurs égyptiennes; les fellahs ont perdu des millions en nombre incalculable faute d'un bout de planche cloué en temps utile ici ou là.

Le bateau marche, et nous longeons une flottille surchargée de grains de tout genre, blés, orges, fèves, millet, lentilles rouges; Boulaq est le port de la Haute-Égypte, tout ce qui vient du Midi s'arrête là. Presque toutes les embarcations ont un trop-plein de marchandises; les indigènes élèvent d'un demi-pied le bordage de leurs navires en y maçonnant de la boue et de la paille hachée. Ce pisé baigne dans l'eau pour peu que le bateau penche à droite ou à gauche; mais il ne s'y dissout que lentement, on a le temps de le réparer. Les paysans et les marchands arrêtés devant le port sommeillent sur leurs denrées; quelques-uns se font raser la tête par des barbiers ambulants avant de mettre pied à terre. Les arrivées et les départs animent le tableau; partout des voiles blanches ou grises pendent à cette longue vergue qui n'en finit pas. On voit des familles entières installées sur des radeaux chargés de poteries diverses; hommes et cruches arrivent de Siout, de Keneh et même d'Assouan; ces boutiques flottantes font des voyages de deux cents lieues en suivant le fil de l'eau. Les pêcheurs à la ligne rapportent leur butin; le poisson du Nil est médiocre, il sent la vase; on le prend à l'hameçon sans amorce, en traînant des lignes de fond qui grattent le lit du fleuve et arrachent tout ce qui s'y rencontre. Les goëlands, autres pêcheurs, se croisent dans l'air avec des milliers de mouettes et des éperviers par centaines. Le vieux Caire et l'île de Rhoda nous laissent entrevoir leurs jardins et les grilles mystérieuses de quelques grands harems, tandis que sur la rive opposée les pyramides se profilent derrière un rideau de palmiers.

Nous allons devant nous jusqu'au coucher du soleil. La variété des objets n'est déjà plus aussi grande. Le fleuve rapide et bourbeux, encaissé dans ses hautes berges, coule entre deux plaines cultivées. L'horizon est fermé à droite par la chaîne libyque, à gauche par la chaîne arabique : deux rangs de montagnes jaunâtres, et la terre noire entre les deux. Les villages se succèdent et se ressemblent comme des ruches basses et poudreuses; on voit partout des échancrures pratiquées au bord du fleuve et des fellahs nus jusqu'à la ceinture puisant l'eau dans une énorme coupe de cuir pour l'envoyer dans la campagne. Cette poche, suspendue comme un balancier d'horloge, descend vide, remonte pleine, et verse son contenu dans une rigole. Ce mécanisme, connu sous le nom de *chadouf*, est très-ingénieux dans sa simplicité, et il donne une quantité de travail utile qu'il faut avoir vue pour y croire. Cependant il est triste de penser que cent mille hommes peut-être sont occupés durant une moitié de l'année à cet effort mécanique où l'intelligence n'a point de part. La terre a besoin d'eau, mais on pourrait l'arroser à meilleur compte. La *sakié* ou *noria* est un progrès sur le chadouf, la machine à vapeur un progrès sur la sakié. Il vaut mieux user du charbon que des muscles de bœuf et les muscles du bœuf ont moins de prix que ceux de l'homme. Malheureusement le charbon coûte cher, et l'outillage manque aux fellahs. Les pauvres gens qui travaillaient sur les deux rives semblaient abrutis par la fatigue ; ils n'étaient pas même curieux ; la plupart ne levaient pas la tête pour voir passer notre bateau. En revanche, nous étions émerveillés de leur beauté plastique : autant d'hommes, autant de statues. Les sculpteurs européens se plaignent de ne plus trouver de modèles ; que ne vont-ils en chercher sur le Nil? Antinoüs y garde les chèvres, l'Apollon du Belvédère, l'Achille et le Gladiateur y manœuvrent le chadouf à raison de quarante centimes par jour.

Aussitôt le soleil couché, notre capitaine aborda. C'est l'usage, on s'arrête où l'on se trouve. Nous étions sous un bois de palmiers, à deux pas d'un petit village. Deux matelots sautèrent sur la rive, on leur jeta des pieux, un maillet, des cordes, et le bateau fut solidement amarré de l'arrière et de l'avant. Notre arrivée avait tant soit peu dérangé quelques barques de fellahs, car la meilleure place appartient de plein droit aux navires de Son Altesse. Nos voisins se remirent bientôt, et commencèrent à souper. Il paraît que cet acte si naturel après une journée de jeûne pouvait scandaliser Nos Seigneuries; le capitaine ordonna que l'on déguerpît aussitôt, et les pauvres gens d'obéir. Nous prîmes leur défense, on leur commanda de rester; ils revinrent sans témoigner plus de contentement qu'ils n'avaient marqué de dépit. Le capitaine alors voulut tirer les rideaux de la tente pour nous épargner un spectacle qu'il croyait indigne de nous. Je maintins qu'un souper de galettes et de carottes crues n'avait rien d'offensant pour l'homme qui n'est pas forcé d'y prendre part. Quelle idée ces bonnes gens doivent-ils avoir de nous, si on les vexe souvent ainsi pour faire honneur à l'étranger qui passe? Que pensent-ils les uns des autres, pour qu'un fellah, devenu petit officier, prenne des libertés si étranges avec ses frères?

Lorsque nous nous arrêtions pour compléter notre approvisionnement de charbon, les autorités de la ville ou du village mettaient toute la marmaille en réquisition. Garçons et filles accouraient au dépôt par centaines; les uns prenaient des couffes, les autres ramassaient des bâtons pour stimuler le zèle de leurs camarades, et, l'ouvrage terminé, battants et battus s'en allaient, bras dessus, bras dessous, sans rancune.

A Minieh, le hasard nous jeta au milieu d'une

scène tragi-comique. Les paysans défilaient en foule dans la raffinerie du vice-roi avec leurs ânes ou leurs chameaux chargés de cannes; chacun déposait son fardeau et gagnait la porte de sortie. Deux grands gaillards, une corde à la main, fouillaient hommes et bêtes, et malheur au fellah qui cachait dans les plis de sa tunique ou sous le bât de son chameau dix centimètres de canne à sucre! Il était étrillé d'importance. J'en vis battre une demi-douzaine; ils se secouaient comme des chiens mouillés la chose faite, et s'éloignaient en riant.

Si, dans nos promenades à pied, nous passions tout près d'un fellah en gesticulant un peu fort, il faisait un signe d'effroi. Ces pauvres gens supposent que nous n'avons des cannes et des cravaches que pour les battre. Chaque fois que j'ai surpris ce mouvement, j'ai eu honte pour eux et pour moi. Ahmed, si courageux et si digne, n'est pourtant pas une exception unique : j'ai rencontré un certain nombre d'Égyptiens qui le valaient; mais on les compte. Combien faudra-t-il d'années pour élever le niveau moral de cette malheureuse nation?

Depuis le port de Boulaq jusqu'au rivage de Kench, où nos amis nous attendaient, la navigation fut de huit jours, sans aucun incident mémorable. Nous cheminons sans nous presser, contrairement à l'usage ; lorsque les eaux sont basses, on se hâte de monter le fleuve, ajournant au retour la visite des monuments et des curiosités en tout genre. La vie du Nil est d'une monotonie adorable. Un banc de sable peuplé d'oies et de canards sauvages, de hérons et de pélicans, parfois un crocodile réveillé en sursaut par le tapage de la machine (je dois dire pourtant que nous n'en avons pas réveillé un seul); un grand bois de palmiers, un village plus important que les autres, la cheminée d'une pompe à feu, qu'on prend de loin pour un obélisque, une agglomération de pigeonniers semblables à des forteresses : voilà les objets les plus rares et les plus merveilleux qui s'offrent aux voyageurs. Ahmed n'a point exagéré la folie de ses concitoyens lorsqu'il nous montrait l'Egypte dévorée par les pigeons. J'évalue à plus de trente millions le total de ces destructeurs ailés qui se trouvèrent sur notre route. Or, je me souviens qu'à Paris Albert Geoffroy Saint-Hilaire, qui dirige le jardin d'acclimatation, compte à raison d'un centime par jour la nourriture de ces êtres sensibles et gloutons. Ils mangent donc ici quelque chose comme trois cent mille francs par jour, soit cent neuf millions et demi dans l'année. La population stable est d'environ quatre millions d'âmes; chaque Egyptien paye donc à la dynastie des pigeons plus de vingt-sept francs d'impôt annuel. Déduisez un million d'engrais et quatre millions et demi de viande, un beau chiffre, l'entretien de ces mameluks emplumés coûterait encore aux fellahs vingt-six francs par tête d'homme.

Les paysages se suivent et se ressemblent. Nous remarquons seulement que les palmiers grandissent, et que la peau des paysans noircit d'étape en étape; mais le type ne varie point : plus clair ou plus foncé, c'est toujours le même fellah. Les montagnes s'approchent ou s'éloignent comme par caprice; tantôt elles se perdent à l'horizon, tantôt elles arrivent jusqu'au Nil et surplombent en falaises. On reconnaît alors que les hommes du vieux temps les ont creusées en mille et mille sépultures, soit pour eux-mêmes, soit à l'usage des animaux sacrés. Un jour que nous sondions du regard une large cavité taillée comme à la scie dans un énorme bloc de calcaire, un corps humain se détacha de la montagne et vint plonger à pic dans le sillage du bateau. En quatre brasses, il atteignit la felouque qui nous suivait, se hissa jusqu'au gouvernail et nous tendit la main en demandant le bakchich. Cet homme, admirablement fait, n'était vêtu que de sa main gauche.

Arakel nous dit : « C'est un moine copte, chrétien à sa façon. Il habite un couvent perché là-haut; ses frères, quand ils ne mendient pas à la nage, font des chaussures. C'est un plus honnête métier que la fabrication des eunuques, pratiquée durant plusieurs siècles par les moines chrétiens de Siout. »

Nous donnons le bakchich au révérend nageur, nos matelots lui font l'aumône; il empoche la monnaie dans sa bouche, saute à l'eau, et va recommencer la quête à bord d'un bateau de fellahs. Je me demande si la dahabieh d'Ahmed a reçu la même visite; nos Anglaises ont dû pousser de beaux cris. Et notre ami? Quel accueil aura-t-il fait à ce mécréant sans culotte? Et quand c'est un harem qui voyage sur le Nil, que se passe-t-il, juste ciel! entre le moine et les eunuques? Les membres de la société de Saint-Vincent-de-Paul, qui placent leurs charités avec un discernement bien connu, seront peut-être scandalisés d'apprendre que le fellah musulman fait l'aumône aux chrétiens. Les disciples de Mahomet sont aussi généreux pour le moins et plus tolérants à coup sûr que les fidèles de Jésus-Christ. Ici, toutes les portes sont ouvertes; entre qui veut dans la cour du riche ou du pauvre. La religion et les mœurs commandent qu'on nourrisse et qu'on abreuve l'étranger, quels que soient son pays et sa foi : toujours l'hospitalité antique !

Le bakchich est distinct de l'aumône, quoiqu'ils se confondent souvent. Un homme à l'aise, un fonctionnaire, un officier recevra le bakchich sans rougir, et le demandera même. Les enfants d'un petit propriétaire s'échappent de la maison sous les yeux des parents pour demander le bakchich à l'étranger qui passe. Est-ce à dire qu'ils aient besoin de quoi que ce soit? Non. Ou qu'on leur doive quelque chose? Pas davantage. Le pourboire en Europe est comme un supplément de salaire; le pauvre qui a travaillé pour un riche, après avoir touché son dû, réclame quelques sous de bonne volonté, pour boire à la santé de monsieur. Ni le pourboire des Français, ni le *trinkgeld* des Allemands ne seraient justifiables dans un pays où l'on ne boit que de l'eau, et où la loi défend de la vendre. Qu'est-ce donc que le bakchich ? Un hommage intéressé rendu par celui qui demande. « Tu es un grand seigneur, tu es riche, et je ne doute pas que tu ne sois généreux : prouve-le ! » Un fellah qui s'était cassé la jambe au Caire s'en alla trouver le chirurgien qui l'avait guéri, et lui demanda le bakchich. Savez-vous rien de moins logique? Pourtant, si je ne me trompe, le trait dans sa naïveté est touchant. La générosité est de stricte obligation pour tous les hommes qui sont ou qui paraissent riches ; il suit de là que la valeur des biens et des services varie incessamment selon les personnes. Le bain turc, par exemple, se donne gratis au mendiant ; le paysan et l'ouvrier le payent une ou deux piastres, le bourgeois cinq francs, le *gentleman* un louis, les beys ou les pachas cinq ou six fois plus cher ; c'est le rang du consommateur qui détermine le prix des choses consommées. On s'étonne chez nous que les voyages en Orient aient ruiné Chateaubriand, Lamartine et quelques autres voyageurs illustres ; rien n'est plus simple, puisqu'un œuf à la coque peut atteindre à des prix fabuleux dans l'assiette d'un grand seigneur. Dès qu'un homme, par orgueil ou par générosité naturelle, s'est mis sur le pied de donner à tous ceux qui lui demandent, et de payer les choses au prorata de son rang, il creuse un gouffre que tout l'or du monde ne suffirait pas à combler.

Arakel nous arrêta une demi-journée à Siout pour nous montrer la ville et pour nous régaler d'un bain dans l'étuve la plus renommée de l'Égypte. Le bain fut excellent ; on nous asphyxia dans la vapeur brûlante ; on nous pela de la tête aux pieds, on nous pétrit, on nous disloqua, on nous échauda, et, après une heure d'épreuves que je crois empruntées aux mystères d'Isis, on nous laissa pour morts sur des matelas de coton entre les narghilés de rigueur et l'inévitable café. Cette fatigue nous reposa si bien que nous courûmes la ville et les environs jusqu'au soir sans souffrir ni de la chaleur ni de la poussière. Siout est une capitale, un centre de commerce et même un foyer d'industrie. On y emmagasine dans une multitude d'okels les marchandises du Soudan ; plusieurs corporations d'artisans y travaillent l'ivoire, la corne du rhinocéros, les plumes d'autruche et la poudre d'or, qu'ils transforment en bijoux étranges. Nous allions du quartier des teinturiers au bazar des babouches, à la ruelle des orfévres, aux étalages de poteries. Un riche marchand très-digne, très-vénérable, un peu fripon, nous fit les honneurs de son okel avec toute la bonne grâce imaginable. Il ne tenait qu'à nous de rapporter dans nos pénates cinq ou six défenses fêlées, quelques bouquets de plumes mangées aux vers, et toutes les marchandises de rebut qui gisaient dans le fond de ses nombreuses boutiques ; mais pendant que nous défendions notre bourse contre la malice du beau vieillard, les mendiants entraient chez lui l'un après l'autre, et nul ne s'en allait sans emporter une galette de belle farine blanche. Il vida toute une corbeille de pain, nous servit du café de Moka, referma ses magasins, barra la porte de l'okel, prit congé de nous sans rancune, et enfourcha un magnifique âne blanc qui l'attendait dans la rue. Autant le bazar est vivant, autant la ville est silencieuse et endormie. On pourrait y faire une lieue sans rencontrer plus de dix personnes. Le seul bruit qu'on entende parfois, c'est le grondement continu d'une meule tournée par un bœuf; chacun moud son blé à domicile. Ici les hommes blancs deviennent de plus en plus rares. A peine si nous avons rencontré une quinzaine de vieux Turcs, gendarmes ou cavas, mal accoutrés et de piètre mine ; par compensation, force Arabes nomades, aux dents pointues, au front fuyant, aux pommettes saillantes, moins hauts de taille que le commun des fellahs, mais plus vifs, plus fiers, et crânement drapés dans leurs burnous blancs.

Siout est probablement la seule ville égyptienne qui offre aux yeux un profil pittoresque. Assise sur une éminence, au pied de la chaîne libyque, elle se découpe en décor, et satisfait ou dépasse même les plus brillantes imaginations du touriste. Nous apportons dans la mémoire un Orient tout fait; les peintres et les poètes nous blasent à l'avance, et il est difficile que la réalité nous donne tout ce que nous en attendons. Siout ne laisse rien à désirer ; lorsque vers six heures du soir, quelques minutes avant le coucher du soleil, nous reprîmes le chemin du bateau, une admiration sincère nous arrêta tous sur nos ânes, à cent pas de la ville, au milieu d'un champ sec tout crevassé par la dernière inondation. Najac et Du Locle s'écrièrent en même temps : « Ah ! voici l'Orient comme on le voit en rêve ! Et il n'est peut-être qu'ici ! » C'était trop dire, car l'entrée de la Corne-d'Or est autrement belle et cent fois plus grande que le modeste profil de Siout ; mais l'impression mérite d'être notée.

Le soleil disparut ; les lumières et les ombres se fondirent ; le froid nous prit par les épaules, et nous repartîmes au petit trot vers l'allée d'arbres à gomme qui réunit la ville à son port. Najac nous dit en arrivant : « Messieurs, je sais un mot d'arabe.

— Part à deux !

— Part à trois !

— Écoutez-moi bien ; c'est *donkey*, qui veut dire un âne.

— Malheureux ! si tu n'y prends garde, les âniers t'apprendront l'anglais. »

N'est-il pas singulier que le petit peuple d'Égypte ait retenu un peu d'anglais, lorsque l'occupation de Bonaparte n'a pas laissé un mot français dans sa mémoire ? Nos armées ont vécu en Egypte ; les touristes anglais ne font qu'y passer. Il est vrai qu'ils y passent souvent et en grand nombre, tandis que les voyageurs de notre nation y sont rares. Sur vingt-cinq dahabiehs de plaisance que nous avons croisées ou dépassées sur le Nil, dix peut-être portaient le pavillon britannique, et les quinze autres le drapeau américain ; pas un pauvre chiffon tricolore !

Ahmed avait poussé la galanterie jusqu'à prendre les couleurs de l'Angleterre. On nous conta cette nouvelle à Siout en nous disant qu'il était arrivé deux jours avant nous, et que, voyageant nuit et jour par un vent assez favorable, il serait en mesure de nous attendre à Keneh. Nous pûmes donc hâter la marche du bateau, que j'avais ralentie à dessein ; entre Siout et Keneh, *le Chibine* ne fit qu'une halte inutile, mais consacrée par l'usage et par un reste de superstition. Il faut, bon gré, mal gré, sous peine de scandaliser les équipages, dire un petit bonjour au cheik Sélim. Et qu'est-ce le cheik Sélim ?

— C'est un saint.

— Est-ce un docteur de la foi et de la loi, comme le cheik Aroussy ?

— Mieux que ça.

— A-t-il donc fait des œuvres particulièrement

mémorables, défriché quelques déserts, fondé un hospice?

— Mieux que ça.

— Diantre! aurait-il fait des miracles, publié des prophéties?

— Mieux que ça. Cheik Sélim est un homme qui vit tout nu sur la berge du Nil depuis une quarantaine d'années.

— Qu'y fait-il?

— Rien.

— Que dit-il?

— Il grogne comme un porc.

— Fait-il au moins ses ablutions et ses prières?

— Jamais de la vie, puisqu'il est saint.

— Mais en quoi, pour quoi, par quoi est-il saint?

— On n'a jamais pu savoir : mais le fait est hors de doute.

Il paraît que nous aurions désobligé nos matelots et le capitaine lui-même, si nous n'avions pas stopé en l'honneur de cet animal. On remplit une serviette de petits pains, d'oranges et d'autres fruits. Tous les hommes du bord mirent de la monnaie dans leurs poches, et l'on courut à la bauge du saint.

De ma vie je n'ai vu plus orde bête que ce Labre mahométan. Assis dans la poussière, les genoux au menton, les bras pendants, branlant la tête au-dessus d'un ventre énorme, vous diriez un poussah monstrueux fabriqué à plaisir pour l'effroi et le dégoût du genre humain. Ses membres sont atrophiés par l'inaction; sa tête crépue, lippue, stupide et bestiale roule des yeux de poisson cuit. Sur sa peau craquelée par l'ardeur du soleil, les dévots répandent de temps à autre un peu d'huile, car il a des dévots! On vient le voir en pèlerinage; hommes, femmes, enfants, s'accroupissent en cercle autour de lui, et admirent dévotement sa nudité immonde. Mon cœur se souleva lorsque je vis notre capitaine, un brave homme, baiser la main de ce gorille, et je dis presque des injures à Najac, qui osait sourire en présence d'un si hideux objet.

— Mon cher ami, répondit-il, je ris parce que le cheik Sélim est un plagiaire; il a trouvé toute sa mise en scène dans la vie des saints.

— Musulmans?

— Mieux que ça.

XV

Il était trois heures du soir quand *le Chibine* s'arrêta devant Keneh. Un télégramme expédié de Farchout avait prévenu nos amis; ils nous attendaient tous au bord du Nil, Ahmed, M. Longman et les Anglaises. Dès que nous fûmes amarrés et que la planche qui sert de pont toucha la terre, Ahmed accourut, puis miss Grace et l'estimable trio des Longman. Le fellah seul nous embrassa, l'Angleterre nous serra les mains. Éliacin, toujours prêt, apporta les chibouks d'Arakel et le café mousseux, car on ne sert pas le café sans son *kaïmak* ou son écume.

Tout ce monde semblait véritablement heureux; il était facile de voir qu'on ne s'était pas querellé en notre absence; mais, quoique ma curiosité ou, pour mieux dire, mon intérêt fût éveillé au plus haut point, je ne pouvais leur dire de but en blanc : « Êtes-vous fiancés, mes amis ? » Je m'en tins dès l'abord aux questions banales. « Avez-vous eu la visite du moine copte?

— Dieu merci, non; nous voyagions de nuit.

— Êtes-vous allés voir le cheik Sélim?

— Vous connaissez mon mépris pour cette engeance. »

Grace était fière de nous guider à son tour. « Messieurs, vous allez voir une Égypte nouvelle; les palmiers ont des branches, et l'on y cueille du pain d'épice; les dames de Keneh se promènent sans voile dans les rues; nous avons mangé du raisin frais ce matin dans le désert du bon Ahmed.

Elle l'appelait Ahmed tout court ; quel miracle !

Le palmier branchu, c'est le doum, un bel arbre qui donne un bois estimé. Quant à ses fruits, les ânes s'en régalent, dit-on, mais nous les avons trouvés détestables. Les dames de Keneh, qui se promènent à visage découvert, sont tout simplement des almées ; cette intéressante tribu, bannie du Caire par Abbas, a trouvé des refuges dans la Haute-Égypte, à Keneh, à Esneh et sous la cataracte, dans cette ville de Syène où Juvénal expiait, il y a dix-huit cents ans, l'excès de sa vertu. Les damoiselles que nous eûmes l'occasion de rencontrer par les rues ne dataient certes point de la grande proscription d'Abbas ; quelques-unes étaient âgées de neuf ou dix ans tout au plus ; mais la race s'est perpétuée. On peut trouver étrange qu'une industrie si spéciale et toute de luxe prospère dans un pays perdu, loin de la capitale, à deux pas du désert le plus aride ; c'est que Keneh, comme Siout, est une ville de commerce et une station des caravanes. Siout est l'entrepôt du Darfour, Keneh reçoit les marchandises de Kosseïr. Les produits de l'Hedjaz traversent la mer Rouge, abordent à Kosseïr, et viennent à travers le désert chercher le Nil à Keneh pour gagner le Caire, Alexandrie et l'Europe. Cette route sera sans doute abandonnée après le percement de l'isthme de Suez; mais Keneh trouvera peut-être alors d'autres ressources dans l'exploitation des soufrières, des mines et des carrières qui l'environnent. La mer Rouge est bordée de trésors inestimables qu'un mauvais génie, la soif, protége obstinément contre le désir des hommes. Le moyen d'exploiter une mine, fût-ce une mine d'or ou d'émeraudes, dans des régions où le ciel ne jette pas une goutte d'eau tous les ans?

Ahmed, qui nous donnait ces explications, nous invita bientôt à prendre le chemin de la ville. Les montures attendaient à l'ombre, sous un petit bois de gommiers; mais je ne revis point ces beaux chevaux arabes que nous avions tant admirés, non sans inquiétude, à Kouzbarrah. La cavalcade n'était composée que d'ânes blancs, admirablement beaux, il est vrai, et caparaçonnés d'or, de velours et de soie. Il nous conta lui-même que tous ses étalons et ses juments guerroyaient contre Théodoros dans les rangs de l'armée anglaise. Deux officiers de remonte avaient poussé jusque chez lui, et pris sans marchander toute son écurie. Il ne restait que la jeunesse du haras.
— Mais vous savez, dit-il, en quels termes un poète arabe célébrait autrefois la fertilité de l'Égypte :

« Aux bords du Nil, j'ai passé le matin, et j'ai vu l'étalon qui s'approchait de la cavale. J'ai repassé le soir, et déjà le poulain bondissait à côté de sa mère. »

La route n'est ni belle ni variée; ce n'est qu'un sentier inégal et heurté qui circule à travers des champs dépouillés de leurs récoltes. A peine si l'on rencontre un feddan de lentilles ou de fèves en fleur parmi des immensités que hérisse le chaume puissant du sorgho. Après trois quarts d'heure de marche, on nous fit traverser à gué un large canal qui croupissait devant les premières maisons de la ville, et bientôt nous voilà défilant dans les ruelles étroites du bazar. Ce n'était pas notre chemin; mais on s'arrange toujours de manière à mettre le bazar en désordre lorsqu'on arrive n'importe où. Y est-il rien de plus plaisant, je vous le demande, que de chevaucher au grand trot dans des couloirs encombrés où le piéton lui-même ne sait que faire de ses coudes? L'étonnement des uns, la peur des autres, l'empressement de ceux-ci, la mauvaise humeur de ceux-là, les cris des enfants, les glapissements des femmes et parfois, Dieu aidant, une longue dégringolade de marchandises, voilà les éléments d'une petite fantasia familière dont les riches et les puissants se privent peu.

La maison de notre hôte nous parut simple et modeste; il l'avait achetée d'un vieux djellab qui prenait sa retraite, le commerce des esclaves n'allant plus. Nous étions donc logés dans un ancien marché de chair humaine, mais nettoyé, désinfecté, et soigneusement blanchi sur toutes les parois. Peu de richesses, point de raretés : les tentures et les rideaux en cotonnade anglaise, les divans recouverts d'étoffe à burnous; on avait apporté le linge et les lits de la dahabieh pour les dames. Quant à nous, nous n'avions besoin de rien; notre gîte flottait le long d'une berge du Nil, et nous ne l'aurions pas échangé contre un palais de marbre.

— Le soleil est encore trop chaud, dit Ahmed, pour que je vous conduise à mes défrichements avant une heure; vous auriez le visage brûlé par la réverbération du désert. Reposez-vous, prenez quelques rafraîchissements, et pardonnez-moi de vous accueillir dans une maison de peu de ressources.

Il s'éloigna un moment pour s'occuper de nous, et presque aussitôt miss Grace me prit à part : « J'ai mille choses à vous conter, dit-elle, allons causer là-bas dans cette espèce de petit salon qui continue le selamlik. »

Ses amis et les miens respectèrent notre solitude; nous entendions le bruit confus de leur conversation, nous les voyions par une large baie ouverte à coups de hache dans un mur de pisé. Najac se rafraîchissait d'un chibouk en écoutant les récits de M. Longman; Du Locle contait fleurette à la vieille demoiselle en vidant des alcarazas d'eau fraîche; je n'ai jamais connu plus formidable buveur d'eau.

Grace me fit asseoir à côté d'elle : ses joues roses étaient rouges, et ses grands yeux brillaient d'un éclat inusité. Son joli nez grec battait des ailes; la respiration haletante soulevait imperceptiblement son corsage de mousseline blanche, et les petits pieds impatients frétillaient sur la lisière des jupons.

Il y eut un moment de silence; j'attendais qu'elle prît la parole, car enfin ce n'était pas à moi de la questionner. Cependant j'eus pitié de son trouble, et je pensai qu'il serait charitable de l'aider un peu.

— Eh bien! mademoiselle, il s'est donc prononcé, ce timide?

— Oui, plutôt dix fois qu'une, mais jamais devant moi.

— Rien n'est lâche comme l'amour vrai, jusqu'au jour où il devient héroïque.

— M. Longman a reçu ses confidences, il s'est même ouvert à mes deux amies; je sais tout.

— Regrettez-vous qu'il n'ait pas poussé la hardiesse plus loin?

— Non! certes, non! Tout cela me trouble affreusement. Je ne vous dirai pas que l'appréhension me gâte le voyage ; mais cet amour de Damoclès suspendu sur ma tête à toute heure m'empêche de jouir des merveilles qui nous entourent : les objets m'apparaissent sous les couleurs les plus étranges. Est-ce à dire que je me trouve à plaindre? Pas trop; il est doux et honorable de se savoir aimée d'un homme juste, bon et supérieur à beaucoup d'autres.

— Je vois avec plaisir que vous lui rendez enfin justice.

— Les défauts d'éducation sont peu de chose, lorsqu'on se met à penser sérieusement. C'est bientôt fait, je crois, de polir une surface rude, et même en Angleterre, si j'épousais un *gentleman farmer* ou un manufacturier enrichi (rien ne prouve que Dieu me réserve un de ces oiseaux rares), il y aurait sans doute passablement d'ouvrage pour dégrossir mon cher seigneur. Je ne puis pas espérer qu'un lord jette les yeux sur moi; mes goûts et mes habitudes souffriraient dans un état strictement conforme à ma fortune présente. Quant à rester vieille fille, à coiffer sainte Catherine, comme on dit chez vous, je n'y répugne pas formellement, je serais même de force à servir d'institutrice aux jeunes Longman qui vont naître; pourtant, s'il y a quelque moyen d'arranger autrement ma vie, je ne me hais pas moi-même au point de chasser le bonheur comme un hôte importun.

— Donc vous agréez mon ami, et il ne me reste plus qu'à féliciter deux personnes qui me sont également chères.

— Arrêtez! Il est vrai que j'estime infiniment Ahmed. Je dirai même que je l'admire, et, si ce n'est pas assez, j'ajoute que les meilleures sympathies de mon cœur sont avec lui; mais il faudrait que je fusse bien aveuglée ou entraînée par une passion véritablement étourdie pour franchir tous les obstacles qui se dressent entre nous deux.

— D'abord la religion, n'est-ce pas?

— Non; nous avons beaucoup parlé de l'islamisme, et je crois que les mahométans sont méconnus en Europe. Dieu n'est d'aucune secte; il doit voir que les neuf dixièmes du genre humain se trompent sur quelques points des vérités éternelles, et il ne punira pas éternellement l'erreur de ces pauvres esprits qu'il a voulu créer faillibles. Il réunira dans son sein tous ceux qui l'ont connu bien ou mal et servi selon leur conscience. Ahmed est plus chrétien, en somme, que les libres penseurs de France et d'Angleterre, qui épousent tous les jours des croyantes, et font bon ménage avec elles. Si j'étais catholique, si l'on m'avait appris dès l'enfance que hors de l'Eglise romaine il n'y a point de salut, je refuserais énergiquement de m'unir pour la vie à un homme que l'éternité doit séparer de moi ; mais la foi que je professe est assez large et assez libérale pour embrasser mille contradictions. Le vrai christianisme ne damne personne ; il n'impose à ses fidèles qu'un petit nombre de dogmes que j'ai tous retrouvés dans le Koran.

— Mais alors tout est pour le mieux, et nous n'avons plus qu'à régler les détails de la cérémonie.

— Attendez ! ne voyez-vous pas que mon esprit est plein d'objections qui débordent ? Jamais une fille d'Europe un peu bien née et passablement élevée n'entrera dans le harem d'un musulman, si elle n'a perdu la tête... Le harem ! cette infâme prison que j'ai vue, où j'ai pénétré, d'où je me suis enfuie avec plus de dégoût encore que d'effroi...

— Il y a fagot et fagot, disait Molière. N'avez-vous pas visité la maison où notre ami tient sa mère et sa sœur enfermées ?

— Oui, mais...

— Vous n'y avez rencontré ni esclaves, ni bouffonnes, ni ces monstres à figure presque humaine qui gardent les harems de l'Orient.

— Il n'en est pas moins vrai que les malheureuses sont enfermées à clé.

— Il le faut, l'usage l'ordonne; mais la maîtresse du logis, c'est-à-dire la mère d'Ahmed, a une double clé dans sa poche. S'il en était autrement, notre ami pourrait-il voyager où bon lui semble, la semaine dernière à Kouzbarrah, maintenant à Keneh? Un logis où nul ne pénètre, sauf monsieur et madame et leur femme de chambre, est-ce autre chose, dites-moi, que le second étage d'une maison anglaise? Le selamlik, c'est le parloir, et le harem la chambre à coucher. Remarquez seulement que les femmes mariées sortent moins dans les rues de Londres que dans les rues et dans les bazars du Caire. Les Égyptiennes sont toujours dehors; on ne rencontre qu'elles en voiture, à baudet, à pied, suivant leur condition de fortune. Voilà des prisonnières bien à plaindre en vérité!

— Elle sortent, c'est vrai, mais elles emportent les rideaux de leur prison avec elles, car le voile n'est pas autre chose à mon avis.

— Comment! miss Grâce, c'est vous qui vous insurgez contre le voile! Mais je ne vous ai vue que voilée depuis que nous avons débarqué au port d'Alexandrie. Le soleil, la poussière, le vent, commandent cette précaution plus despotiquement que la jalousie des hommes. Je comprends qu'un usage accepté librement dans l'intérêt de vos fraîches couleurs vous paraisse odieux aussitôt qu'on vous l'impose ; mais il faut sacrifier quelque chose aux habitudes, aux préjugés du peuple, à la brutalité du pauvre monde qui nous entoure. Les Orientaux de tous les temps, bien des siècles avant Mahomet, ont abrité leurs femmes sous le voile, parce que les instincts grossiers de la foule ne les respectaient qu'à ce prix. Le prophète a rédigé ses lois en conséquence; mais à mesure que les nations s'humanisent, le voile devient moins nécessaire, et les princes, d'accord avec les mœurs, le réduisent à sa plus simple expression. Déjà les femmes de Constantinople se couvrent le visage d'une gaze qui l'embellit sans le cacher ; la famille du vice-roi commence à transporter cette coutume au Caire ; on rencontre à l'avenue de Choubrah de grandes dames masquées pour le principe et plus visibles à travers leur voile blanc que vous ne l'étiez tout à l'heure sous votre grenadine verte. Ce n'est plus qu'une formalité; mais il faut jusqu'à nouvel ordre que les femmes de bien s'y soumettent, ne fût-ce que pour se distinguer des malheureuses qui courent dans les rues de Keneh. Celles-là, mademoiselle, ont jeté leur voile par-dessus les moulins.

Elle rougit et reprit vivement : « Ce serait aux barbares à prendre les usages des peuples civilisés.

— Ma foi! je ne sais pas si les peuples font bien de s'appeler mutuellement barbares. C'est un brevet d'infériorité que chacun donne à son voisin, peut-être à la légère et sans profit pour le bien général. Le mieux serait, je crois, de s'entre-estimer tant qu'on pourrait et de porter partout une ample provision de tolérance. Les Romains qui s'en vont à Londres se privent de jouer du piano le dimanche ; les Anglais qui vont voir les fêtes de Pâques à Rome font maigre le vendredi saint. Sacrifices réciproques, la bonne harmonie des peuples est à ce prix.

— Et faudrait-il aussi, pour la bonne harmonie, qu'une Anglaise mariée à un musulman subît l'affront de la polygamie et fît ménage avec trois créatures noires, jaunes ou cuivrées qui lui diraient : ma sœur?

— Mademoiselle, Ahmed sera l'homme d'une seule femme, et, si vous en pouvez douter une minute, vous ne connaissez pas mon ami.

— Il n'aime que moi maintenant, je le crois, j'en suis même sûre ; mais plus tard qui me répond de lui? Avez-vous oublié les horreurs qu'il nous contait lui-même en wagon, et cette promiscuité du harem où les enfants naissent par douzaines autour d'un seul père? Qui nous prouve que notre ami ne cèdera pas au courant des mœurs orientales?

— Votre influence, mademoiselle, et l'autorité sans limite qu'une femme de votre sorte prend toujours sur celui qu'elle aime.

— Quelle est celle qui ne s'est pas leurrée du même espoir au moins une fois dans sa vie? Le cœur humain est à peu près le même partout, et j'entends dire que partout les déceptions sont la monnaie dont on paye la confiance. En Europe du moins, il y a des lois protectrices du faible; mais ici, d'un seul mot, le mari peut congédier sa femme, et, sans même lui dire un mot, il peut la reléguer au second rang dans la maison où elle était reine. Que répondrez-vous à cela?

— Rien, sinon qu'il en est à peu près de même partout, avec ou sans l'approbation des lois. L'Angleterre est un pays de bonnes mœurs, et pourtant! Sachez qu'un mari peut toujours abandonner, trahir, ruiner, humilier sa femme, lui donner des rivales au logis ou dehors, en public, en secret, et la faire mourir à petit feu sans que les magistrats y trouvent rien à dire. Le mariage est dans la vie comme un duel dans une bataille. Si les époux ne savent pas être d'accord, ils peuvent s'égorger sans que le voisin songe à s'interposer entre eux. Ne comptez donc que sur vous-même ; mais pas de fausse modestie ! Croyez en vous, ayez foi en votre jeunesse, en votre beauté, et surtout dans cet ascendant moral qui survivra à tout le reste. Et tenez ! regardez-moi ce pauvre diable qui cherche à lire son arrêt dans vos yeux ! Vit-on jamais dévot plus absorbé ? Un chien devant son maître est-il plus humble et plus soumis ?

— Je le préfèrerais moins humble. Il y a dans sa soumission quelque chose qui sent l'accoutumance. On aime à faire ployer un être résistant, élastique et fier ; mais ces fellahs sont comme des roseaux qui se couchent au moindre souffle. Pourquoi donc n'est-il rien dans son pays ?

— Tout simplement parce qu'il ne veut rien être. M. Longman est-il fonctionnaire dans son comté ?

— Non certes.

— L'en estimez-vous moins ? Serait-il plus considéré, plus indépendant et plus fort s'il avait recherché et obtenu un emploi public ?

— Quelle différence ! Chez nous, un gentleman en vaut un autre ; les droits sont égaux, définis, reconnus, protégés. Ici, l'homme n'est rien, tant qu'il n'est pas au service du prince ; c'est la fonction qui donne les rangs et même les titres de noblesse ; un cavas en guenilles prend le haut du pavé sur le fellah intelligent, laborieux et riche. Dans une société ainsi organisée, quel rang occuperait la femme d'un simple riche comme Ahmed?

— Eh ! parbleu, mademoiselle, le rang qu'elle voudra; vous n'avez qu'à choisir. Ahmed n'a pas d'ambition, et, pour ma part, je l'en loue; mais il se poussera dès demain, si tel est votre bon plaisir. Voulez-vous qu'il soit bey, pacha même?

— Vous vous moquez de moi ; mais je suis sûre que vous lisez au fond de ma pensée. Donneriez-vous votre fille à un homme qui peut être bâtonné demain sur l'ordre d'un moudir?

— Non, mais Ahmed n'est pas de ceux qu'on bâtonne, et, tout modeste qu'il vous semble, il jouit d'un certain crédit en haut lieu. Le vice-roi se connaît trop en hommes pour ignorer l'existence d'un agriculteur qui fait école. S'il trouvait bon de demander un emploi dans l'instruction, dans les travaux publics, dans les finances de l'État, ou dans la daïra de Son Altesse, il aurait bientôt fait son chemin comme Ali Bey Moubarek et tant d'autres fellahs de mérite.

— Vous croyez?

— Je l'affirme.

— Eh bien! ce n'est pas encore tout. J'ai gardé pour la fin le plus absurde, si vous voulez, mais le plus féminin, le plus intime, le plus douloureux de mes scrupules. »

Je me mis à rougir à mon tour comme un vieil enfant ; je ne pouvais pourtant pas deviner ce qu'il lui restait à m'apprendre.

— Les filles de mon pays, dit-elle, ne sont pa élevées dans les couvents; elles apprennent la vie de bonne heure; dès notre plus tendre jeunesse, nous nous accoutumons à l'idée du mariage, de ses devoirs et de ses consolations aussi. Je sais depuis longtemps que le rôle de la femme et sa destinée selon Dieu, sont de nourrir, de soigner et d'instruire de petits anges blancs et roses, aux longs cheveux bouclés ; mais je n'ignore pas, hélas! que les enfants en tout pays tiennent tantôt du père, tantôt de la mère, le plus souvent des deux à la fois. Et depuis que je me sens aimée et recherchée par ce jeune homme, j'ai des cauchemars impossibles. Pourquoi mentir ? Vous ne me croiriez pas si je disais que tout cela me laisse indifférente. Mon cœur bat quelquefois plus fort que je ne voudrais, et les idées que je sais bannir en plein jour me poursuivent à travers la nuit, et viennent me surprendre dans mon sommeil. Je me vois dans une *nursery* fermée de grilles et plus sombre, plus effrayante que les cachots de la tour de Londres. Autour de moi grouillent une multitude de petits êtres noirs, crépus et grimaçants, pareils à des singes, qui m'appellent tous à la fois dans une langue inconnue. Comprenez-vous l'horreur qui me saisit à ce spectacle et qui me glace les os? Être mère et ne pouvoir aimer, admirer, choyer ses enfants! En avoir presque peur! Sentir, bon gré mal gré, qu'ils sont d'une autre race que nous-mêmes! Toutes mes autres objections, que vous avez tant bien que mal réfutées, sont peu de chose auprès de celle-là. Il y a plus, je me demande quelquefois si l'union d'une Européenne avec un homme de couleur n'est pas contraire au vœu même de la providence. Dieu a donné la force à l'homme afin qu'il élevât la femme jusqu'à lui; ce n'est point à la femme blanche de descendre au niveau des races inférieures; mon instinct me le dit alors même que le cœur proteste.

— C'est le cœur qu'il faut écouter, miss Grace, pour peu qu'il soit d'accord avec votre raison. Rien n'est aveugle comme l'instinct; c'est par là, soit dit sans offense, que nous nous rapprochons des bêtes. La couleur d'Ahmed vous étonne, il n'est ni blond ni blanc comme un fermier du Yorkshire; mais la couleur n'est pas un signe certain de l'infériorité des races. Les fellahs de la Basse-Égypte sont basanés, leurs frères du Saïd sont presque noirs, nous verrons bientôt des Nubiens, qui sont plus noirs, s'il se peut, que les nègres. Est-ce à dire qu'en remontant le Nil nous assistions à la décadence de la race humaine? Au contraire, plus nous allons, plus nous trouvons l'homme robuste, fier et intelligent. Si nous poussions plus loin, jusqu'en Abyssinie, vous admireriez une race en tout supérieure à la population du Delta. La peau de l'homme noircit ou pâlit selon les latitudes qu'il habite; il est démontré que les Grecs, les Germains et les Anglais eux-mêmes descendent d'une race hindoue qui est restée noire dans son pays. Les Égyptiens ont la même origine, dit-on, et je suis tenté de le croire; rien ne prouve qu'Ahmed n'est pas issu de nos ancêtres. Vous m'accorderez pour le moins que le type de son visage n'indique pas un homme dégénéré, et que son intelligence est à la hauteur de la nôtre.

— Il se peut, je ne sais. Il a beaucoup d'idées et parfois même de l'éloquence, il est honnête homme, il fait le bien, il m'aime, je ne suis pas ingrate, et je ne voudrais pas être injuste; mais je ne me sens pas décidée, et, à moins d'un coup de foudre qui tarde trop, j'ai grand'peur de ne me décider jamais.

Que pouvais-je répondre à de si bonnes raisons? La résistance de miss Grace partait d'un naturel singulièrement droit. Connaissez-vous beaucoup d'orphelines sans dot qui défendent le terrain pied à pied contre un bel homme de trente ans, appuyé de quelques millions? Nous rejoignîmes la compagnie, mais ce ne fut pas pour longtemps. Ahmed grillait de m'entraîner à son tour et de savoir en quels termes miss Grace m'avait parlé de lui. Je lui dis tout, sauf pourtant la chose humiliante, puisque tous les conseils du monde ne pouvaient changer la couleur de sa peau. Il protesta de son amour et de son bon vouloir, qui pour moi ne faisaient pas doute : sa femme ne serait jamais enfermée; elle ne porterait qu'un voile aérien, comme les grandes dames de Stamboul; il jurait une constance et une fidélité à toute épreuve. Foin du divorce! et fi de la polygamie! Et si Grace rêvait les honneurs, il était assez amoureux pour combler ses ambitions les plus hautes.

— Mon ami, lui dis-je, c'est parler d'or; mais le plus difficile n'est pas fait.

— Quoi de plus?

— Dame! il vous reste à plaire.

Ses yeux s'arrondirent en boules; il ne comprenait pas, le malheureux! Je poursuivis.

— Votre stupéfaction me touche, mais enfin

j'ai le devoir de vous initier à nos mœurs. Vous avez passé vingt-cinq ans sur trente dans un monde où la plus belle des femmes blanches, Circassienne ou Géorgienne, s'achète dix mille francs, prix moyen. Pour cent louis de plus, le marchand vous garantit les talents de société. Vous prenez la jeune personne à l'essai... pardon! je veux dire à l'étude; on l'examine pour vous, on l'observe nuit et jour; on s'assure dans votre intérêt qu'elle ne ronfle pas, qu'elle ne parle point en dormant, qu'elle est nette de tout cas rédhibitoire. Vous devez supposer logiquement...

— Je ne suppose rien de tel; si peu que j'aie vécu chez vous, j'ai pu comprendre que votre amour, au moins en théorie, ressemble à celui qu'on dépeint dans les poèmes arabes du moyen âge. Je ne songe pas plus à faire emplette de miss Grace qu'à marchander la colonne Vendôme au poids du cuivre. L'amour, la gloire et en un mot toutes les choses morales ont une valeur qui ne saurait s'exprimer par des chiffres; aussi me suis-je soigneusement gardé de faire sonner ma fortune aux oreilles de la jeune Anglaise. Je lui ai montré mes travaux et tout ce peu de bien que je m'efforce de faire, dans l'espoir qu'à la fin son estime répondrait à la mienne. J'ai tâché de lui faire comprendre que je l'aime et que je l'admire, que mon obéissance et mon dévoûment lui appartiennent, car ces choses, toutes morales aussi, sont les seuls prix que l'homme puisse offrir à la femme en échange de son cœur. Que feriez-vous de plus à ma place? Je ne puis pourtant pas me changer en oiseau bleu !

— Qui sait d'ailleurs si elle ne dirait pas : J'aime mieux les perruches vertes? Personne ne vous demande l'impossible; mais, quoi que vous tentiez, personne au monde ne peut en ce moment vous garantir le succès. Miss Grace n'est occupée que de vous, elle vous discute avec acharnement, ce n'est pas un mince avantage, et j'en conclus que votre tactique n'était pas maladroite dans sa simplicité. Continuez comme devant, attachez-vous à ces braves Anglais qui vous doivent tout l'agrément et le profit de leur voyage, et soyez charmant jusqu'au bout; l'amour naîtra peut-être un jour ou l'autre. On ne dira pas cette fois qu'il est éclos par génération spontanée, mais le prix du bonheur s'accroît en raison de l'attente. Sur ce, mon cher, faites seller les ânes et montrez-nous votre désert; il est cinq heures.

Le domaine que les gens de Keneh appellent *Sahri*, c'est-à-dire magique, est à deux kilomètres de la ville. Aucun sentier n'y conduit, à quoi bon? Le sable est aux cavaliers ce que la mer est aux navigateurs, une route aussi large que longue. A peine sortis du faubourg, quand nous vîmes cet infini de poussière qui s'ouvrait devant nous, je ne sais quel instinct de liberté illimitée s'éveilla dans le fond des cœurs. Les yeux brillaient, les poitrines se dilataient avec joie, un désir unanime nous poussait à galoper en tout sens, au hasard, et à fouler triomphalement ce sol vierge qui n'est à personne. L'air et l'espace sont des éléments plus capiteux qu'on ne croit; les Bédouins s'en grisent. Une légende fort accréditée en Égypte prétend qu'Abbas-Pacha avait épousé une Arabe des tribus nomades, et que cette princesse demeura fidèle au désert jusque sur le trône. Elle ne se plaisait qu'au milieu du sable, hors des villes, et dormait sous la tente aux portes de son palais.

Le but de notre course fut bientôt atteint. C'était une véritable oasis enfermée dans un mur de pisé. Sur un terrain de huit à dix hectares, tous les arbres fruitiers de l'Asie, toutes les plantes d'agrément, toutes les cultures industrielles, étaient représentés par des échantillons magnifiques. Les tamarix venus de bouture mesuraient presque un mètre de circonférence; les dattiers commençaient à porter haut la tête, les mûriers et les oliviers étaient en plein rapport. Un carré de cannes à sucre nous étonna par sa prodigieuse vigueur ; chaque tige était un gourdin qui aurait assommé un bœuf. Ce qui nous surprit par-dessus tout, c'est le caprice de cette végétation luxuriante qui semblait ignorer les saisons et braver toutes les lois de la nature. Quelques palmiers portaient encore les fruits mûrs de l'année dernière, et d'autres fleurissaient déjà pour l'an prochain. Parmi les ceps de vigne jaunis ou dépouillés, une tige paradoxale était chargée de pampres verts et de raisins noirs. Quelques orangers ouvraient leurs boutons odorants sans attendre qu'on eût cueilli leurs oranges. La laine blanche du cotonnier faisait éclater les capsules au milieu des belles fleurs jaunes qui ressemblent à des mauves pâles. Ahmed nous expliqua tous ces miracles en trois mots : il n'y a ni printemps ni automne sous une latitude où le thermomètre marque trente degrés à l'ombre le 20 janvier ; il n'y a que l'humidité et la sécheresse qui alternent au gré du Nil.

— Et sachez, ajouta fièrement miss Grace, qu'il s'est rendu maître du Nil ! L'eau coule en toute saison dans ses champs, dans ses pâturages, au pied des arbres que vous voyez si vigoureux.

— Parbleu ! fis-je à mon tour, je voudrais bien savoir comment. La question de l'eau à bon marché me préoccupe depuis mon premier pas en Égypte, puisque la terre n'y produit rien sans eau. L'arrosage à bras d'homme est inhumain, les norias sont coûteuses, le charbon doit valoir quatre-vingts francs la tonne à Keneh ; quant au vent, force gratuite, on n'en pourrait tirer qu'un faible secours, car il souffle avec une discrétion regrettable.

Ahmed allait répondre ; elle l'interrompit. « Et le courant du Nil, monsieur, le comptez-vous pour rien ? Cette force, gratuite aussi, qui représente plusieurs millions de chevaux entre Assouan et Le Caire, fallait-il la laisser éternellement oisive ? Le barrage établi ou plutôt ébauché au sommet du Delta résistera peut-être un jour à la pression du fleuve et le refoulera dans les terres, mais quand ? D'ailleurs la crue artificielle qui doit en résulter ne se fera jamais sentir jusqu'ici. Quant au projet de canal imaginé par Linant-Bey, je vous accorde qu'il est admirable. A partir du Djebel Cilcily, qui est bien au-dessus de Keneh, il y aurait un second Nil, parallèle à l'ancien, et d'un niveau supérieur : on pourrait donc irriguer la rive libyque d'un bout à l'autre ; mais songez-vous à la dépense ? Les frais de premier établissement se chiffrent par centaines de millions, si l'on recourt au travail européen, et par milliers d'existences, si les fellahs sont condamnés à tout faire. »

Je ne pus contenir mon admiration. — Tudieu !

mademoiselle, comme vous raisonnez sur les choses égyptiennes! Vous avez beaucoup appris en peu de temps, ce me semble, et je ne sais qui je dois surtout complimenter, du maître ou de l'élève.

L'un et l'autre échangèrent un regard embarrassé, et demeurèrent interdits. « Il est vrai, répondit Ahmed, que mademoiselle s'intéresse vivement... Et d'ailleurs son intelligence,... la justesse de son esprit... Quant au procédé que j'emploie pour élever les eaux jusqu'ici sans bourse délier...

— Taisez-vous! Nous aimons cent fois mieux écouter mademoiselle. Allons, miss Grace, on vous en prie, achevez la conférence que vous avez si bien commencée.

— Je ne sais plus. Vous avez des façons d'encourager les gens qui m'ôtent le courage. M. Ahmed s'est souvenu de la machine de Marly et d'un autre appareil, je crois, qui a fonctionné dans Paris même, au pont de la Samaritaine. Les Français, vos compatriotes, ont su contraindre la Seine à monter ses propres eaux jusqu'au cinquième étage des maisons et même au plateau de Versailles. C'est en partant de ce principe que notre ami a fait construire une pompe foulante dont le moteur est le Nil en personne. Deux larges roues, poussées par le courant, s'engrènent avec un fort piston qui chasse l'eau dans un cylindre jusqu'à l'entrée d'un aqueduc de six kilomètres dont le déversoir est ici.

— C'est très-correctement parlé, mademoiselle ; je n'oublierai de ma vie une description qui a fleuri sous d'aussi charmantes lèvres. Ainsi donc ces prodiges de végétation sont l'œuvre du Nil ?

— D'autant plus, ajouta-t-elle, que l'eau charrie toujours son limon, et que le sable s'est amendé par le colmatage.

— De mieux en mieux ! miss Grace s'intéresse au colmatage à présent !

— Je sais même des choses que vous ignorez, cher monsieur. S'il vous plaît de vous laisser conduire, je vais vous montrer un moulin dont vous serez stupéfait. »

Je n'eus garde de m'en défendre. Elle nous guida lestement, la tête haute, toute fière de son petit rôle. Ahmed la suivait en extase et la couvait des yeux. Dans un coin de l'enclos, elle ouvrit la porte d'un manége où deux chameaux attelés de front tournaient une meule de granit dans une matière épaisse et blanchâtre.

Notre premier mouvement fut de rire aux éclats devant ce moulin primitif ; mais elle, sans se déconcerter, reprit bientôt son avantage. « Le mécanisme n'est pas nouveau, dit-elle en souriant : que pensez-vous de la matière ? »

Najac prit une poignée de cette boue pulvérulente. — Ce n'est ni de la farine ni du plâtre, fit-il ; on dirait presque des os broyés.

— Justement ! Ce fellah, notre ami, entend répéter depuis dix ans que le phosphate de chaux manque au sol de l'Égypte. Or, il a remarqué dans ses voyages que le désert est semé d'ossements. Les caravanes n'emportent pas les corps des animaux qui meurent ; elles les dépouillent tout au plus ; les hyènes, les chacals et les vautours font le reste, et cela depuis tant de siècles que les chemins sont jalonnés de squelettes. Ahmed a pris la peine d'exploiter cette mine à ciel ouvert, que tout le monde dédaignait ; il a balayé la vallée qui va de Keneh à Kosseïr, et voici du phosphate de chaux qui ne lui coûte rien, sauf le transport.

— Mademoiselle oublie, ajouta-t-il, que la fabrication du noir animal pour les raffineries de Son Altesse m'indemnise largement de tous mes déboursés.

— J'allais le dire.

— Pardon ! et maintenant, si nous sortons en rase campagne, miss Grace vous montrera les blés que ce phosphate a fait mûrir en plein sable.

Il n'exagérait rien ; les blés étaient presque

mûrs à Keneh. Le froment barbu jaunissait; une douzaine de petits fellahs, sous l'œil d'un contre-maître de seize ans, achevaient de moissonner un champ d'orge. Sur toute l'étendue des quatre cent vingt hectares, le sable jaune avait disparu sous une couche fertile où les récoltes les plus diverses croissaient à qui mieux mieux : fèves, lupins, maïs, lentilles, luzerne et millet; mais la principale culture semblait être celle du ricin, qui sous ces latitudes n'est plus herbacé comme chez nous, et qui devient un petit arbre. Miss Grace nous apprit que son professeur le semait dans les terres les plus sèches et les plus pauvres, et que pourtant un hectare de ricin donnait un revenu égal ou supérieur à la plus belle récolte de blé. « Toute la difficulté, nous dit-elle, est dans la cueillette, qui dure presque toute l'année, et qui exige une multitude de mains adroites et intelligentes; mais, Dieu merci, nous avons les petits élèves d'Ahmed. »

L'excursion se prolongea tant que le jour voulut bien le permettre; quand nos ânes fringants nous ramenèrent en ville, il y avait une bonne heure que le canon du rhamadan avait tonné.

On nous servit le dîner en musique; l'usage de Keneh le commande ainsi, paraît-il. Tout un côté du selamlik où l'on mangeait était en proie aux *gawazies,* ces bohémiens des deux sexes qui dansent, chantent, raclent la citrouille à cinq cordes, et font tout ce qui concerne le plaisir du prochain. L'orchestre se démenait en famille ; les frères ou les amants de ces dames accompagnaient leurs chants; leurs mères les épongeaient, ou les enluminaient tour à tour, et quelques bohèmes en bas âge se culbutaient pour teter les verres d'alcool qui circulaient à la ronde. Peu de chose à dire du repas, sinon que Du Locle compta quarante-quatre mets bien distincts entre le potage et le dessert, et que l'appétit de Najac fut intimidé tout le temps par la musique. Il se leva brisé et le système nerveux en désarroi, comme si le joueur de calebasse avait frotté l'archet pendant deux heures sur sa colonne vertébrale. Les danses commencèrent aux chibouks et au café, suivant l'usage. C'était la première fois que nous assistions au travail des almées; nous avons souhaité unanimement que ce fût la dernière. Quelle désillusion ! Quatre créatures pesantes, épaisses, plutôt laides que belles, s'avancent, les crotales au bout des doigts, les jambes écartées, le ventre proéminent, la tête tendue en avant comme le bec d'une oie fâchée. Une explosion de *rbabs* et de *taraboukas* les éveille, elles se mettent à frétiller des hanches, de l'abdomen, du torse entier, sans que leurs pieds quittent la terre. Tantôt elles marchent en ligne, se tenant toutes par la main, tantôt elles se détachent et viennent minauder,... mais comme l'on minaude dans les haras, devant chaque homme de l'assistance, empruntant votre cigarette, buvant dans votre verre, et surtout demandant le bakchich.

Si du moins elles étaient belles ou simplement passables ! Mais autant il y a de poésie dans la pauvre petite fellah mal vêtue, les pieds nus, la cruche sur la tête, le visage voilé d'un chiffon noir, le corps drapé sommairement dans une longue chemise bleue, autant ces créatures sont répugnantes dans leurs robes de soie brochée, sous la cascade d'or qui tombe en scintillant du sommet de leurs têtes jusqu'à leur taille massive, le long d'un corps tremblotant et mou. Les pieds nus de la paysanne sont d'une finesse adorable ; les pattes des almées, dans leurs bas à peu près blancs, sans souliers, nous parurent horribles. Peut-être les moyens de ces belles étaient-ils paralysés par la présence des Anglaises et les instructions d'Ahmed : il est certain qu'elles ne dansèrent ni l'*abeille* ni le *tapis;* mais je nie qu'elles puissent amuser cinq minutes un homme quelque peu délicat, et tous les bijoux précieux dont elles surchargent leur vilain corps ne peuvent être que l'obole accumulée des réis et des chameliers.

Miss Grace et ses amies les regardaient avec étonnement d'abord, ensuite avec ennui, mais sans dégoût marqué; nous qui comprenions mieux le sens de leur mimique, nous fûmes bientôt à la gêne. M. Longman suait à grosses gouttes; je me penchai à son oreille, et je lui dis : « Comment diable Ahmed nous offre-t-il un pareil spectacle?
— C'est ma faute, répondit-il. J'avais lu dans mon guide que les danseuses de Keneh sont divines. J'ai demandé où l'on pouvait les voir, et il m'a dit : « Chez moi; c'est le dessert obligé d'un repas de cérémonie.

— Il ne s'amuse pas plus que nous. Si nous l'engagions maintenant à les mettre à la porte?

— Le peut-il? Voilà beaucoup d'amis qui lui arrivent de tous côtés pour jouir de la fête. Il paraît qu'on ne fait pas d'invitations; mais que depuis les intimes jusqu'aux simples connaissances chacun entre dans la maison dès qu'on la voit éclairée.

— Alors vous ferez bien de ramener ces dames à leur appartement. »

Il suivit mon conseil, et nous-mêmes, avant minuit, nous reprîmes le chemin du bateau. Ahmed laissa la fête pour nous faire un bout de conduite, et, dès le seuil de sa porte, il s'excusa du triste spectacle qu'il nous avait donné. « On ne sait jamais, me dit-il, si les étrangers s'y plairont ou s'ils auront horreur de la chose. L'hiver dernier, je recevais un duc et un jeune académicien du plus grave talent. L'académicien a beaucoup ri.

— Et le duc?

— Lui? comme il avait bu deux bouteilles de vin de Champagne, il a voulu montrer à nos almées la véritable danse de Paris. Ses pieds allaient jusqu'au plafond, et tous les notables de Keneh disaient en se frappant les cuisses : « Ça! un duc! »

— Vous risquez peu de chose en faisant voir vos gawazies à des hommes; mais je vous conseille de les cacher quand vous aurez des dames. La danse de vos pays a un caractère si particulier...

— Dites que c'est la grossièreté même! Je ne l'ai jamais senti comme aujourd'hui. Et cependant, faut-il vous l'avouer? je suis content. J'admirais de quel front elle a soutenu ce spectacle. Elle n'a rien compris, mon cher; pas un tressaillement! pas un clignement d'yeux! pas un de ces nuages imperceptibles qui trahissent les inquiétudes de la pudeur! C'est une âme de haut vol qui plane sur les turpitudes de la terre sans tacher le bout de ses ailes, et qui... »

Un faux pas de son âne interrompit la métaphore, et je lui dis : « Ce présage vous avertit qu'il est temps de rentrer chez vous; l'heure des dissertations sentimentales est passée, et votre cœur a besoin de repos.

— Je vais vous dire adieu, si je vous ennuie; mais j'aurai beau rentrer, je n'en dormirai pas davantage. La maison est pleine de gens que je ne peux pas mettre à la porte, et la fête se prolongera, bon gré, mal gré, jusqu'au matin.

— Promenons-nous alors, et venez nous montrer la célèbre pompe hydraulique que miss Grace nous a fait connaître approximativement par sa description.

— Le moment n'est peut-être pas des mieux choisis, et ce n'est point au clair de lune que l'on peut étudier les machines. Quand je vous aurai fait voir un grand fantôme enchaîné qui se démène sur le Nil, en serez-vous plus avancé?

— Peut-être; je ne veux pas me coucher sans savoir si vous avez résolu le problème de l'eau pour tous. »

Le seul aspect de l'énorme appareil que j'entrevis dans les vapeurs du Nil me prouva que mes doutes n'étaient que trop fondés.

— Oh! voilà un joujou qui ne vous a pas coûté moins de cent mille francs, tout rendu?

— Plus cher, presque le double.

— Une machine à vapeur de même force reviendrait à meilleur marché, n'encombrerait pas le fleuve, ne gênerait pas la navigation et serait à l'abri des procès, des mesures administratives, des bakchichs forcés que je vois flotter dans l'air. Vous me direz que ces inconvénients sont compensés par l'économie du charbon; mais vous n'avez trouvé qu'une solution exceptionnelle, et vous n'avez rendu service qu'à vous-même. Pourquoi n'appliquez-vous pas votre esprit à la construction d'un appareil simple, économique, modeste, de la force d'un cheval, et qui coûte à peu près le prix du cheval? Il me semble que deux roues de bois, un engrenage de fonte, un cylindre, un piston, feraient presque l'affaire. Je rêve une machine rustique qui soit à la vôtre ce qu'un coucou de la forêt Noire est aux horloges astronomiques. Trouvez cela, mon cher, et vous rendez à l'agriculture les cent mille paires de bras qui s'exténuent à balancer le chadouf, sans compter un nombre égal de chevaux, de chameaux et de bœufs qui tournent la roue des sakiés.

— Oui, vous avez raison, je suis un égoïste. Je vais ruminer cette idée, et nous en causerons demain.

Il comptait sans ses hôtes. Le lendemain dès

l'aube, nous partions sans lui dire adieu. M. Mariette nous avait écrit qu'il nous attendait à Louqsor pour nous montrer ce qui reste de Thèbes ; d'autre part, on annonçait la prochaine arrivée des fils du vice-roi. Si nous ne devancions pas les jeunes princes dans la ville aux cent pylônes, notre illustre et bienveillant cicerone était pris par les devoirs de sa charge, et il nous échappait. On tint conseil à bord du *Chibine*, et il fut résolu qu'on brûlerait la politesse aux amis de Keneh. Je fis porter un mot d'excuse chez Ahmed, bien convaincu d'ailleurs que nos Anglais ne pensaient pas encore à redescendre le Nil, et qu'on les reverrait devant Thèbes.

Mariette-Bey nous reçut à bras ouverts; c'est un des hommes les plus complets qui soient au monde : savant comme un bénédictin, courageux comme un zouave, patient comme un graveur en taille douce, naïf et bon comme un enfant, quoiqu'il s'emporte à tout propos, malheureux comme on ne l'est guère, et gai comme on ne l'est plus, brûlé à petit feu par le climat du tropique, et tué plus cruellement encore dans les personnes qui lui sont chères, salarié petitement, presque pauvre dans un rang qui oblige, mal vu des fonctionnaires et du peuple, qui ne comprennent pas ce qu'il fait et considèrent la science comme une superfluité d'Europe, cramponné malgré tout à cette terre mystérieuse qu'il sonde depuis bientôt vingt ans pour lui arracher tous ses secrets, honnête et délicat jusqu'à s'en rendre ridicule, conservateur têtu de l'admirable musée qu'il a fait et qu'on ne visite guère, éditeur de publications ruineuses que la postérité payera peut-être au poids de l'or, mais qui sollicitent en vain les encouragements des ministères, il honore la France, l'Égypte, l'humanité, et, quand il sera mort de désespoir, on lui élèvera peut-être une statue.

Il était conservateur des antiques au musée du Louvre et connu du monde savant par quelques travaux estimés, lorsque le duc de Luynes eut l'idée de l'envoyer ici pour des fouilles. Il se donna la tâche de découvrir les tombeaux des Apis, plus introuvables assurément dans le désert que la planète Neptune dans le ciel. Durant quatorze mois, il vécut en plein sable, près de Memphis, sous un baraquement provisoire qui mériterait d'attirer tous les savants en pèlerinage. Les dépenses et les lenteurs de l'entreprise découragèrent le duc de Luynes, la France eut foi dans M. Mariette ; on lui fournit quelques ressources, et un beau jour, guidé par des signes que lui seul était capable d'interpréter, il déblaya l'entrée de cette admirable caverne où l'on couchait les bœufs sacrés dans des tombeaux monolithes, polis comme des miroirs et aussi vastes que les salles à manger de Paris.

Cette découverte fut suivie de cent autres, et le gouvernement égyptien, comprenant à la fin qu'il devait exploiter lui-même les trésors scientifiques du sous-sol, emprunta M. Mariette à la France. C'est aux dépens des vice-rois, c'est à leur éternel honneur qu'il a trouvé la table d'Abydos et cette liste des rois qui confirme contre toute attente la chronologie calomniée de Manéthon.

Je comprends qu'un homme de science se passionne pour les antiquités égyptiennes ; au point de vue de l'art proprement dit, il y a peu de chose à en dire. Les contemporains de Sésostris, qui fut le Louis XIV égyptien, ont été des constructeurs étonnants plutôt que de grands architectes, des praticiens habiles et expéditifs plutôt que des sculpteurs hors ligne. Tous les arts du pays, depuis les temps de Moïse jusqu'à l'époque des Ptolémées, l'architecture, la sculpture, la peinture, se caractérisent à nos yeux par la solidité et la raideur, par l'esprit de tradition poussé à l'extrême, par je ne sais quoi de convenu ou d'imposé qui laisse peu de part à l'originalité du génie. Il faut remonter aux tombeaux des premières dynasties pour retrouver le talent naïf, ingénieux, réaliste, que les règlements hiératiques ont eu bientôt paralysé. Quelques morceaux d'une bonne exécution se rencontrent çà et là; mais on foulerait toute l'Égypte ancienne dans un seul moule sans en faire sortir une œuvre comparable au temple de Thésée ou à la Vénus de Milo. L'énorme n'est pas le grand, le savoir et la facilité n'ont qu'une parenté lointaine avec le génie. Si le voyageur n'était averti par ses lectures, il trouverait comme une déception dans l'étude de ces merveilles où l'art s'arrête obstinément à mi-route, et dont pas une n'atteste la supériorité d'un maître.

On pourrait objecter que l'Égypte a préparé l'art grec, et que Thèbes fut autrefois l'institutrice d'Athènes, comme le Pérugin a été le maître de Raphaël. Il y aurait assurément de l'injustice à demander pourquoi l'auteur du *Mariage de la Vierge* n'a pas fait la madone de Foligno. C'est la loi du progrès dans une de ses applications les plus connues; mais la loi du progrès, autant qu'on en peut juger d'après les documents qui nous restent, ne s'est jamais vérifiée en Égypte. Les œuvres les plus antiques y sont les plus belles de toutes; il semble qu'une colonie ait importé sur les bords du Nil une civilisation toute faite et parfaite, et que l'histoire du pays, à dater du deuxième jour, ne soit qu'une longue décadence. Dans les tombeaux de Beni-Hassan, qui datent de la viie dynastie, et qui sont plus vieux qu'Abraham, on peut voir encore aujourd'hui des tableaux pleins de mouvement, de vie, de gaîté même. Tous les monuments du premier âge expriment en traits vifs et charmants la douceur d'une vie champêtre, abondante, libre, heureuse, et l'art qui l'a traduite est facile comme elle. On dirait que les vivants se sont plu à réunir dans la demeure des morts l'image de tous les plaisirs qu'ils avaient goûtés sur la terre. Aucune allusion à la grandeur des rois, au despotisme des prêtres, à ces épreuves de l'autre vie dont le détail formaliste et minutieux remplit les monuments de l'Égypte dégénérée. L'architecture des premiers âges offre des spécimens du pur style dorique, tel ou peu s'en faut qu'il existe au Parthénon d'Athènes, et partant bien supérieur à cette énormité savante et prétentieuse qui fut le style de Sésostris. Il est vrai que cette grave question se juge sur un dossier fort incomplet. Beaucoup d'édifices ont disparu, force nous est de raisonner sur le peu qui subsiste. On s'imagine en France que tous les temples et les tombeaux d'Égypte étaient taillés dans le granit; il s'en faut de presque tout; le granit est une pierre rare, on ne le trouve qu'à la hauteur d'Assouan, presque sous le tropique du Cancer. Les anciens venaient le chercher jusque-là pour en faire des obélisques et des statues; mais lorsqu'il s'agissait de construire tout un temple, ils employaient le grès ou le calcaire, qui se trouvait sous leur main. Les temples de calcaire ont passé dans les fours à chaux, pièce à pièce; le grès seul est resté debout parce qu'il ne pouvait servir à rien. Il risque fort de disparaître à son tour, ou du moins les derniers vestiges de cette précieuse antiquité sont plus exposés aujourd'hui que sous les mameluks. Le Nil commence à miner Louqsor : quelques jours avant notre arrivée, une partie du temple s'était écroulée à grand bruit sans cause apparente; mais le pire ennemi des choses antiques, c'est le touriste, ce désœuvré souvent inepte qui fait sauter un éclat de mur pour rapporter un souvenir, et qui martèle les hiéroglyphes ou les peintures, histoire d'y laisser son nom. Quand le voyage était coûteux et difficile, lorsque les ruines de Thèbes ne voyaient qu'une demi-douzaine d'étrangers tous les ans, les dégâts étaient véniels; aujourd'hui Anglais et Américains s'abattent sur le Nil par centaines, comme des oiseaux de passage; la manie des collections va croissant; on trafique des antiquités à bureau ouvert; les agents des consulats se livrent publiquement à ce commerce, et le gouvernement n'est pas de force à chasser les vendeurs du temple, qui finiront par vendre le temple même. Il est urgent d'arrêter cet abus et de préserver les ruines, au moins jusqu'à ce que M. Mariette ait copié toutes les inscriptions qui restent inédites. Ces murailles de la Haute-Égypte sont un livre que la science épelle avec ardeur. Elle espère y retrouver un grand chapitre de l'histoire du genre humain et la réfutation de certaines légendes trop longtemps accréditées. On n'osera peut-être plus dire que l'humanité est vieille de six mille ans, en présence de documents authentiques qui en ont sept ou huit mille.

Pendant deux jours entiers, M. Mariette nous promena de temple en temple, à Karnak, à Louqsor, au palais de Rhamsès, à Deïr-el-Bahari, à Gournah ; il aurait pu nous retenir un an sans lasser notre attention. L'histoire, l'archéologie, l'anecdote, coulaient de source ; il déchiffrait les hiéroglyphes au passage, saisissait comme au vol un trait des mœurs antiques, discutait un texte d'Hérodote, une affirmation de Bossuet, un article de Renan, tout cela de mémoire et sans ombre de pédanterie. Il sait l'Égypte en amoureux ; il ranime par la passion toutes ces chose caduques ; la vie s'éveille sur son passage ; les figures colossales plaquées sur les murailles le regardent du coin de l'œil. Tous les pharaons ne sont pas également ses amis; il apprécie Séti I*er*; mais quant à Rhamsès II, si vanté sous le nom de Sésostris, il lui fait une opposition du diable.

Ah! les bonnes journées! Trois bambins, fort intelligents ma foi, nous suivaient dans nos courses et buvaient les paroles de leur père; ils mordent aux hiéroglyphes, les petits; ce n'est pas eux qui prendraient une dynastie pour une autre. Quand nous revenions aux bateaux, tantôt à l'un, tantôt à l'autre, les jambes rompues, l'esprit bourré de mille faits confus et mal tassés, on s'attablait sous la tente, et l'on devisait à loisir sur des sujets un peu plus modernes. Si jamais le vieux Nil se met en tête d'écrire ses mémoires, c'est M. Mariette qui tiendra la plume; il a tant vu! Un soir, à la clarté des étoiles, il nous esquissa les portraits de tous les princes qu'il a guidés à travers la Haute-Égypte. Jamais, je crois, plus curieuse galerie ne défila sous les yeux de spectateurs plus charmés. L'*humour* de M. Mariette et sa bonhomie, qui s'aiguise parfois d'une pointe un peu vive, ont laissé dans mon souvenir des images si nettes que je dessinerais les personnages à mon tour, si je l'osais. Le prince Napoléon, le comte de Chambord, le prince de Galles, le comte de Paris et le duc de Chartres, le duc de Brabant, aujourd'hui roi des Belges, ont posé tour à tour sans le savoir devant un peintre surprenant, et qui se connaît en hommes. Le seul prince dont il garde un mauvais souvenir j'hésite à le nommer, et pourtant!...

C'était quelques mois après la trouvaille du Sérapéum ; M. Mariette, rappelé brusquement à Paris, ne pouvait emporter toutes les richesses qu'il venait de conquérir pour la France. Il fit un trou dans le désert et y enterra secrètement quatorze caisses d'antiquités, dont l'une, la plus intéressante, contenait les restes du bœuf qui fut blessé et non tué par Cambyse; l'os de la cuisse prouvait que l'animal sacré fut guéri. Un auguste étranger, jeune et poète, vient visiter les tombeaux de Memphis; les Arabes employés aux fouilles, mal conseillés par l'espérance d'un fort bakchich, dénoncent la cachette, et comme il est bien établi qu'il n'y a ni tien ni mien pour l'étranger en Égypte, les courtisans de l'archiduc lui persuadent de faire main basse sur le trésor. On enlève les quatorze caisses, on les dirige sur Alexandrie, elles traversent l'Adriatique et vont meubler un château superbe, où sans doute elles sont encore aujourd'hui. Quant au coupable, il a fini si tragiquement dans un autre hémisphère que, tout bien pesé, je renonce à publier son nom.

XVI

Le 23 janvier, à deux heures, comme nous rentrions d'une petite excursion, la flottille des jeunes princes apparut : trois bateaux à vapeur, une belle dahabié et une écurie flottante vinrent s'arrêter à la file sous la berge de Louqsor ; le premier bateau remorquait la barque des princes, le second portait leur gouverneur, M. le commandant Haillot et sa famille ; les chevaux venaient ensuite, et le moudir de Keneh fermait la marche.

Quand les navires furent amarrés, nous fîmes notre visite aux Altesses. Sur un même divan, dans le salon de la dahabié, trois jeunes gens du même âge ou peu s'en faut étaient rangés par ordre de primogéniture. Ils avaient environ seize ans, et portaient l'uniforme de l'école militaire ; Méhémet-Pacha, l'héritier présomptif, arborait seul les galons de sergent. En nous voyant entrer, ils se levèrent pour nous tendre la main, et l'aîné nous dit avec beaucoup de bonne grâce que les hôtes du père étaient des amis pour les fils. Hussein-Pacha, qui achève son éducation à Paris, et Hassan-Pacha, maintenant à Londres, nous accueillirent aussi cordialement que leur frère ; ces trois jeunes gens ne faisaient qu'un, la meilleure harmonie régnait entre eux. Nous avons eu le temps de les étudier, car ils nous retinrent à dîner dès le premier jour, et ils nous associèrent à toutes leurs excursions durant une quinzaine. Ils sont très-intelligents, avec des aptitudes diverses, et raisonnablement instruits, parlant trois langues, le français, le turc et l'arabe, frottés de littérature et de science, versés dans l'histoire d'Égypte et même initiés par M. Mariette à l'archéologie nationale, bons musulmans sans l'ombre de fanatisme, vaillants avec douceur, passionnés pour les exercices du corps et cavaliers pleins de feu. Notre première impression fut qu'ils sauraient tenir leur rang parmi les jeunes princes d'Europe, et l'expérience qui s'est faite plus tard ne nous a pas démentis.

A partir de leur arrivée, notre voyage prit un air de gala; ce fut comme une fête perpétuelle. La moindre excursion devenait un prétexte à fantasia; on ne sortait pas pour deux heures sans que les cavaliers accourussent des villages voisins; on ne visitait pas un temple sans improviser un carrousel, soit à l'aller, soit au retour. Toutes les dahabiés qui circulaient sur le Haut-Nil apprirent que Thèbes était en joie, elles y furent bientôt réunies, et le spectacle du port devint charmant.

On se pavoisait tous les jours, on illuminait tous les soirs, on faisait parler la poudre. Le grand jour du beiram, qui clôt le rhamadan et commence la nouvelle année (25 janvier 1868), fut célébré par un redoublement de liesse. Les équipages rompirent le jeûne avec un certain éclat; on leur distribua de l'argent, ils égorgèrent des moutons, le *schévirmé* rôtissait partout, une fumée grasse et succulente embaumait la rive du Nil. Les jeunes princes, en grande tenue, dans leur dahabié, reçurent les hommages et les compliments de leur maison, des fonctionnaires et de leurs hôtes; on déjeuna sommairement chez eux, puis tous le monde prit passage à leur suite sur le bateau du moudir, qui descendit le Nil et nous déposa tous sur la rive gauche, à une lieue de Thèbes, devant Bab-el-Molouk.

Les chevaux et les ânes, tout harnachés, attendaient au bord du fleuve. Le premier mouvement des princes fut, comme à l'ordinaire, de partir à travers champs; suive qui peut! Ces jeunes gens sont vifs comme la poudre; le galop à fond de train est leur allure naturelle chaque fois que les devoirs du rang ne les condamnent point à rester graves. Après eux, chacun se mit en selle, et la joyeuse cavalcade s'*égailla* dans une large plaine, comme un pigeonnier s'éparpille dans le ciel bleu.

Les riverains accouraient en foule et s'enfuyaient aussitôt : contradiction bizarre, mais logique; la curiosité les attire et la peur des coups de courbach les renvoie. Ils aiment leur souverain, et sa famille aussi; ils seraient enchantés de témoigner leur affection au jeune homme qui doit un jour régner sur eux, mais l'escorte les chasse comme une racaille importune. Cette ingratitude des grands nous surprit à première vue et nous scandalisa même un peu. Nous savions qu'elle était dans les mœurs orientales : à Constantinople aussi, les cavas font place nette sur le chemin du sultan; mais nous nous demandions pourquoi le zèle de quelques subalternes s'interpose entre la personne des princes et l'empressement des sujets. Tout nous fut expliqué par le hasard, ce grand révélateur, un jour que nous nous étions aventurés sans escorte dans le village de Louqsor. Une nuée de bambins s'abattit sur nous; en moins de dix minutes, nous fûmes entourés, assaillis, étourdis par cent moineaux sans plumes qui piaillaient au bakchich, et qui seraient venus pour un rien le prendre dans nos poches. Ce jeune peuple devient familier jusqu'à l'impertinence dès qu'on cesse de le tenir en respect; il passe sans transition de l'humilité la plus navrante à l'importunité la moins tolérable, et celui qui le tient à distance fait bien.

Rien n'est réjouissant à l'œil comme une fantasia de chevaux et d'ânes éparpillés sans ordre dans cette belle vallée du Nil. La diversité des types, des mouvements, des costumes, produit une harmonie originale dont nos foules les plus bariolées ne donneraient qu'une idée inexacte. Les couleurs se détachent ou se marient autrement que chez nous sous cette lumière intense; il semble que le blanc y soit plus blanc et le bleu d'une qualité toute particulière. La cotonnade des fellahs est teinte dans une solution d'indigo, comme la blouse de nos paysans et de nos ouvriers; elle paraît incomparablement plus fraîche, plus brillante et plus riche, et même à l'état de haillon, quand l'étoffe est usée et la couleur amortie, ce tissu misérable prend une suavité de teinte qui vous émerveille à cent pas. Nous aimions à nous éloigner, à grimper sur un tertre ou sur un pan de ruine pour jouir du tableau mouvant et le graver au vol dans notre mémoire. Les groupes héroïques, bibliques, naïfs, grotesques, se formaient, se dissipaient, se confondaient, et toujours au plus fort de la mêlée on voyait apparaître sur un grand cheval à poil bourru un long domestique français tout habillé de noir et brandissant en manière de djérid un magnifique parapluie; c'était le valet de chambre de Méhémet-Pacha.

Les jeux équestres finirent sur la limite du désert, au pied de la chaîne libyque. Une gorge profonde, étroite, aride, désolée, s'ouvrait devant nous. C'est le chemin des tombeaux, la route antique que les rois suivaient pour se rendre à leur dernière demeure. On s'arrêta, on se rangea; les princes prirent la tête de l'escadron, et durant plus d'une heure le cortége défila comme une procession silencieuse et recueillie dans ce ravin, qui ne peut être qu'un lit de torrent desséché. D'où venait un torrent dans cette région qui, de mémoire d'historien, n'a pas reçu deux gouttes de pluie? Le climat de l'Égypte n'a donc pas toujours été ce qu'il est? Si les cailloux roulés qui se dérobent sous le pied des chevaux pouvaient prendre la parole, ils nous raconteraient des événements plus antiques, plus étranges et plus curieux que les mystères d'Isis.

A chaque pas, on se heurte contre un nouveau problème. La route que nous suivons est la seule, ou du moins la seule connue, qui mène aux sépultures des rois; or, il est à peine admissible que les anciens aient voituré de grands sarcophages de granit dans une voie où deux cavaliers ne peuvent pas toujours passer de front. M. Mariette incline à croire que les tombeaux communiquaient avec la ville par un tunnel creusé sous la montagne; il cherche ce passage depuis plusieurs années, le trouvera-t-il ?

Le soleil tombe d'aplomb sur nos têtes, la réverbération du sol nous éblouit, la chaleur est accablante, on sue à grosses gouttes. Quelques fellahs nous suivent avec des gargoulettes, et l'on se rafraîchit tout en marchant. Pas un brin d'herbe à voir, pas un oiseau, pas un insecte; les hirondelles du désert, qui sont couleur de sable, évitent la vallée de la mort; le seul être vivant que l'on y rencontre parfois, c'est la vipère à cornes. De quoi s'y nourrit-elle ? Personne n'en sait rien. Jamais route ne nous a paru si longue, et pourtant cette désolation ne manque ni de grandeur ni de beauté. La tristesse nous envahissait; chacun allait devant soi sans ouvrir la bouche.

Enfin la tête de colonne fait halte, et l'on met pied à terre dans une sorte de carrefour où rien n'indique le voisinage des tombeaux. Ces pauvres pharaons ont fait des prodiges de ruse pour cacher leurs dépouilles et assurer la paix de leur dernier sommeil. On les a pourtant déterrés, et la gloire ou le démérite de cette profanation n'appartient pas à nos contemporains; tous les tombeaux qui se découvrent ont été violés et refermés depuis des siècles.

Un serviteur allume des bougies qu'il nous distribue à la ronde, comme si toute la compagnie allait se mettre au lit. Il s'agit de visiter la maison funèbre de Séti Ier, père de Rhamsès II. C'est mieux qu'une maison, c'est un vrai palais souterrain : vestibule, escaliers, galeries, salons, petits appartements, rien n'y manque que les écuries. On se perdrait, même avec une lanterne, dans ce dédale somptueux où les peintres et les sculpteurs ont décoré jusqu'au moindre recoin. Une incroyable somme de travail humain est enfouie dans chacune de ces sépultures qui ne devaient jamais voir la lumière. Le despotisme des pharaons éclate ici dans son énormité; on n'admire pas sans effroi ce gaspillage de main-d'œuvre imposé à un peuple qui habitait des maisons de boue. L'Égypte ancienne a mis toutes ses épargnes dans des ouvrages religieux ou funèbres, la nation n'a rien gardé. Il est heureux pour nous que ces retraites mystérieuses aient protégé mille matériaux indispensables à l'histoire, et pourtant le sens commun s'irrite à l'idée que tant d'hommes ont immolé la vie terrestre, qui est la vraie, au rêve d'un autre monde et au fantôme d'une immortalité chimérique.

Nous descendons dans quatre ou cinq tombeaux: les plans sont variés; mais l'esprit est partout le même et l'exécution aussi. Il semble que la tradition sacerdotale ait condamné tous les artistes à se recopier les uns les autres. Partout aussi la trace de dégradations récentes accuse la stupidité des touristes; partout enfin l'air manque à nos bougies après quelques minutes de séjour, et une demi-congestion du cerveau nous oblige à fuir les commentaires les plus intéressants de M. Mariette.

Vers une heure, Mourad-Pacha, qui remplit les fonctions de michmandar auprès des jeunes princes, annonce à Leurs Altesses que le déjeuner les attend. C'est dans le vestibule de Rhamsès V que le couvert se trouve mis, non pas sur un tapis de Turquie, mais sur deux longs tapis de Perse étendus parallèlement le long des murs. On y court, on s'accroupit en hâte, et l'on dévore à qui mieux mieux. Les serviteurs, avertis au dernier moment, ont oublié une foule de choses ; les assiettes sont rares, et les fourchettes moins offertes que demandées; quant aux verres, on s'estime heureux d'en avoir un pour trois. Cependant ce repas dans l'atrium d'un sépulcre fut un des plus joyeux dont il me souvienne. Pas l'ombre d'étiquette, on le comprend, une familiarité générale, les domestiques à peu près inutiles dans cet étroit espace, chacun servi par soi-même ou par ses voisins, à charge de revanche; une confusion plaisante et cordiale, et chez les plus grands personnages de la troupe un degré de bonhomie et de simplicité qu'on n'imagine pas en Europe.

La desserte fut livrée au petit monde de la suite qui n'en fit qu'une bouchée. De ma vie je n'ai vu un monceau de viandes balayé si lestement. Mourad-Pacha fit ensuite une distribution de bakchich motivée par la solennité du beiram, et les princes montèrent à cheval pour suivre le cours du torrent sinistre. Quant à nous, M. Mariette nous avait décidés à gravir la montagne par un sentier inconnu des chèvres elles-mêmes. Les grands panoramas sont rares en pays plat; lorsqu'on a la fortune d'en rencontrer un, il faut en jouir coûte que coûte. Du haut de la chaîne Libyque, nous eûmes le spectacle le plus complet qu'un voyageur puisse rêver : le Nil jaune au milieu de sa vallée verdoyante; sous nos pieds, le temple de Gournah, le Rhamséion, Médinet-Abou, les colosses et tout un semis de ruines diverses; devant nous, Karnac et Louqsor; à l'horizon, la chaîne arabique; en un mot, tout ce qui reste de Thèbes et le cadre impérissable de ce tableau dégradé, mais toujours grandiose.

Au pied de la montagne, nous rejognîmes la cavalcade, on galopa jusqu'au Nil, on remonta le fleuve, et, arrivés devant Louqsor, nous trouvâmes la flottille qui chauffait. Les princes avaient résolu de partir, et ils emmenaient tout le monde. Leur vapeur avec leur dahabié ouvrait la marche; nous les suivions, M. Mariette nous serrait de près; le navire du commandant Haillot, ralenti par son écurie flottante, venait ensuite, et le moudir formait l'arrière-garde. Ce fut un joli départ, brillant et bruyant à la fois; la flottille était pavoisée, toutes les embarcations de plaisance qui foisonnaient devant Louqsor avaient fait la même toilette; les partants déchargeaient leurs armes en signe d'adieu, les restants répondaient dans la même langue; c'est ainsi que nous prîmes congé de la ville aux cent portiques.

Un seul point gâtait mon plaisir : Ahmed n'était pas venu nous rejoindre, et nous n'avions pas même de ses nouvelles. Le service des postes arabes se fait exactement dans la plus haute Égypte : un fellah nu-pieds, sans bagage qu'une petite valise suspendue au bout d'un bâton, trotte légèrement sur la berge du fleuve jusqu'à ce qu'il rencontre un autre facteur au relais, et les correspondances ainsi portées parviennent assez vite et sans encombre jusqu'au Nil-Blanc. Toutes les villes ont leur bureau de poste; le difficile est de trouver des employés qui connaissent nos langues; je ne crois pas qu'il en existe un seul au-dessus du Caire. Aussi tous les Européens qui remontent vers Assouan se font-ils adresser leurs lettres chez Mustapha-Agha, agent du consulat anglais à Louqsor. Mustapha parle l'anglais ou peu s'en faut, mais il n'a jamais pu le lire. Quand je lui fis une visite intéressée pour savoir si Ahmed nous avait écrit, il m'offrit le chibouk et le café, et commanda à son valet de m'apporter la boîte. On déposa devant moi une sorte d'emballage en bois blanc, grand ouvert et bourré de journaux et de dépêches. « Voilà, dit-il, tout ce que j'ai; si vous trouvez là dedans quelque chose pour vous, vous n'aurez qu'à prendre. » Je perdis une demi-heure à chercher, je me trompe : ma peine ne fut pas tout à fait inutile, car je mis la main sur trois lettres à l'adresse de Mustapha lui-même, qui parut aussi reconnaissant qu'étonné.

Ni l'absence d'Ahmed ni même son silence ne pouvait m'inquiéter bien sérieusement : je le savais en bonne compagnie; tout me portait à croire qu'il avait voulu célébrer les fêtes du beiram chez lui, au milieu de ses gens et de ses élèves; peut-être avait-il fait un dernier pas dans les affections de miss Grace, et les amants heureux ont le droit d'oublier un peu leurs amis; à coup sûr il n'était point au désespoir, puisqu'il n'éprouvait pas le besoin de me conter ses peines ni d'appeler mon éloquence à son secours. C'est dans mon intérêt, non dans le sien, que j'aurais voulu le tenir. Nous approchions du village d'Erment, où le vice-roi possède une immense plantation de cannes et une belle raffinerie. Mon ami le fellah m'avait dit à mots couverts que cette culture et cette industrie comportaient des perfectionnements notables, et il avait ajouté avec une certaine émotion : » Plaise à Dieu que notre seigneur (en arabe, *Effendina*) tire un jour de ses biens-fonds le revenu qu'il a droit d'en attendre! Il sera le plus riche propriétaire du monde civilisé, il n'aura plus besoin de lever des impôts ; c'est lui qui, sur sa fortune privée, viendra en aide au peuple d'Egypte.

Ce petit bout de prophétie avait besoin d'un commentaire. Aussitôt arrivé devant l'usine, je me mis en quête d'un homme qui sût le fort et le faible de la question, et je trouvai un Français honnête, passablement instruit, plein d'idées, mais que sa modestie condamne, j'en ai peur, à végéter dans les petits emplois. Il se nommait Guérin, et connaissait un peu notre Ahmed. En moins d'une heure, il m'enseigna tout ce que je voulais savoir.

La Haute-Égypte, bien cultivée, deviendrait facilement une mine de sucre. Un hectare de bonne terre y produit 90,000 kil. de cannes qui donnent 3,600 kil. de sucre et 1,000 environ de mélasse.

Il y a peu ou point de colonies où les planteurs obtiennent d'aussi beaux résultats ; aux Antilles, à la Réunion, à Maurice le sol est épuisé ; c'est à force de guano qu'on lui arrache encore une demi-récolte.

Tous les Égyptiens ont le droit de cultiver la canne, de la presser, d'en cuire le jus, et même de raffiner, si bon leur semble ; mais l'outillage de cette industrie est d'un tel prix que pas un homme, sauf le vice-roi, ne pourrait monter une usine. Le prince Halim et Mustapha-Pacha, qui exploitaient autrefois des raffineries, sont presque totalement ruinés ; Ali-Pacha, Ahmed, préfèrent l'agriculture à l'industrie, et voilà comment la fabrication du sucre est devenue pour ainsi dire le monopole du souverain. La manufacture d'Erment est alimentée non-seulement par le domaine vice-royal qui l'environne, mais par les petites propriétés du voisinage qui cultivent la canne pour la vendre. L'outillage industriel est parfait, venu en droite ligne de la maison Cail, c'est tout dire. Le mal est que le charbon rendu dans les magasins de l'usine coûte à peu près cent francs la tonne, ou dix fois plus cher qu'à Manchester. C'est surtout la culture et l'administration qui laissent à désirer.

Les Égyptiens, sur dix cannes qu'ils ont récoltées, en portent neuf au moulin et gardent la dixième pour la remettre en terre. Ils la couchent de tout son long, et chaque nœud donne un faisceau de jeunes pousses. Cette méthode est doublement vicieuse : il est absurde d'enterrer tous les ans le dixième de la récolte, lorsqu'on pourrait mieux l'employer, et il est au moins inutile de presser la partie supérieure ou le *bout blanc* des cannes, qui donne un jus insipide et à peine sucré. Il faudrait couper le bout blanc, qui suffit, et de reste, à la multiplication, et faire passer sous le cylindre toutes les parties riches en sucre. A l'économie de dix pour cent que j'indique s'ajouterait une réduction importante sur le combustible et le travail ; on obtiendrait non-seulement plus de jus, mais un jus plus riche et d'évaporation moins coûteuse. Les indigènes plantent trop dru ; l'air ne circule pas entre les tiges, la plante respire mal, les feuilles basses se dessèchent, la canne monte et ne prend pas de corps. Enfin les paysans par intérêt, les agents du vice-roi par zèle, forcent l'irrigation lorsqu'il conviendrait de la suspendre, un mois avant la récolte. Ils envoient à l'usine des cannes gorgées d'eau, mais d'autant plus pauvres qu'on les a rendues plus lourdes, et cet excès d'humidité, qu'il faut chasser ensuite, représente un supplément de dépense en charbon. On ne peut guère empêcher les fellahs d'exagérer le poids de leur récolte au détriment de la qualité ; ils agiront toujours comme les cultivateurs de Flandre, qui, vendant leurs betteraves au poids, les aiment mieux lourdes que riches. Cependant les employés de la daïra qui cultivent les terres du prince seraient aisément ramenés à une méthode plus logique : il suffit de placer l'exploitation agricole et l'usine sous la haute main d'un seul gérant. Aujourd'hui chacun tire à soi, le *mouffétich* des plantations fait du zèle et s'étonne que tant de cannes livrées n'aient pas produit plus de sucre ; les directeurs de la fabrication répondent : Ce n'est pas du sucre, c'est de l'eau en barre que vous nous livrez ! Et le vice-roi ne sait pas si ses admirables sucreries lui rapportent plus qu'elles ne lui coûtent. J'estime à vue de pays qu'il en pourrait tirer, année moyenne, une dizaine de millions, sans recourir à la colombine et sans appauvrir le sol. La suppression de la colombine entraînerait une Saint-Barthélemy de pigeons, et par suite un énorme accroissement dans la production des céréales.

J'ai voulu savoir à quel prix on payait la main-d'œuvre aux environs d'Erment. Les paysans requis pour les divers services reçoivent une piastre et demie, c'est-à-dire environ quarante centimes par jour. Ce salaire leur est payé en pain, et ils s'en déclarent satisfaits quand les subalternes chargés de la répartition ne s'adjugent pas le gros lot.

Le 26 au matin, les princes nous invitèrent au spectacle d'une passe d'armes. Un tournoi dans la cour d'une raffinerie! C'est pour la première fois à coup sûr que pareille fête s'est donnée au milieu d'un pareil décor. Le ronron majestueux des machines se mariait étrangement aux bruits criards d'une musique sauvage; les pistons allaient et venaient dans leurs cylindres, les excentriques de MM. Cail et Cie buvaient le sucre en bouillie noire et le rendaient en poudre blanche, tandis que douze cavaliers, la lance au poing, le bouclier pendu à l'arçon de la selle, simulaient les joûtes héroïques du moyen âge entre deux amas de charbon. Un bouffon égayait la fête par des pasquinades de haut goût; à cheval sur une canne de trois mètres, il s'élançait dans la mêlée, glissait entre les jambes des palefrois, poussait des cris héroï-comiques et revenait à nous en flattant sa monture d'un geste que Diogène eût admiré.

La population de ces parages est non-seulement plus noire, mais plus robuste et plus décidée que les fellahs de la Basse-Égypte. Elle a du sang berbère dans les veines, elle fraye avec les nomades du désert voisin; nous approchons des latitudes où les coups de bâton sont mal reçus.

Après la fête, on fit un tour dans la fabrique, et le jeune Hussein-Pacha nous surprit par l'étendue et la variété de ses connaissances. C'est l'esprit le plus positif de la famille, les questions de statistique et d'économie sociale semblent être ses jeux favoris.

Le même jour, on poussa jusqu'à la ville d'Esné, où l'on visite une moitié de temple déblayée par Mohammed-Ali, qui s'en fit un magasin. Les danseuses d'Esné sont aussi fameuses pour le moins que leurs sœurs de Keneh; mais elles habitent un faubourg à part où l'on n'eut garde de mener les princes, et aucun de nous ne s'avisa de leur fausser compagnie pour si peu. Tous les vapeurs repartirent à cinq heures pour Edfou, et s'y arrêtèrent sans accident à nuit close. La couleur locale s'accentue de plus en plus; d'une station à l'autre, on observe des mœurs nouvelles. Les habitants d'Edfou sont armés, ils ont du moins une sorte de garde nationale qui vient rendre ses devoirs aux princes, et parade tant bien que mal. Le peuple est expansif, il accourt au-devant des Altesses en poussant des cris de joie, et les cavas ne font pas la sottise de le chasser; très-discrets au demeurant, ces demi-sauvages, et nullement importuns. Leurs maisons sont décorées pour la circonstance, bien modestement, je l'avoue, mais chacun a fait de son mieux. Les ceintures des hommes et les voiles des femmes flottent en guise de drapeaux; les portes sont tendues de vieux tapis, de cotonnades anglaises; un notable a suspendu son miroir à barbe sur le parcours du cortége. Après notre visite au temple, qui est un monument très-complet, très-instructif, le plus intéressant de toute l'Égypte sauf Karnac, mais malheureusement inédit, nous tombons sur une fantasia d'Ababdehs demi-nus qui bondissent dans un champ de dourah, une épée dans la main droite, un bouclier d'hippopotame dans la main gauche, au son d'une lyre barbare appelée *kissr*. Leur épée, large, longue et mince, n'est autre chose que le glaive antique deux fois plus grand; ils la font vibrer en mesure et la manient avec une certaine dextérité. Leurs jeux guerriers participent de la danse et de l'assaut d'armes. Parfois les combattants se groupent, s'alignent et simulent une manœuvre régulière.

Ces Ababdehs et leurs voisins les Bicharis sont des nomades; ils parcourent un pays bizarre, peu connu, qui s'étend au sud d'Assouan et à l'est jusqu'à la mer Rouge. Les sources sont rares chez eux; en revanche, on y trouve des mines d'or. Ils élèvent des chameaux, mangent des dattes, du poisson salé, et boivent de l'eau saumâtre. Le riz, la viande et les galettes de pain séché composent leurs festins, une tasse de café les met en joie, le miel est leur régal; nous nous sommes donné le plaisir d'en mener quatre ou cinq chez l'épicier et de les enivrer de mélasse : bonnes gens d'ailleurs, tous frères, tous soumis au gouvernement égyptien, pourvu qu'on ne leur demande ni l'impôt ni le service militaire. Je ne me chargerais point de distinguer un Ababdeh d'un Bichari; mais ils se reconnaissent en bloc à leur peau foncée, à leurs grands yeux noirs, à leurs lèvres épaisses, à leurs longs cheveux ondulés, qui ne frisent pas comme ceux du nègre, mais qui se dressent en bonnet à poil.

La population d'Assouan est surtout composée de Berbères qui séjournent et de Bicharis qui passent; les fellahs n'y sont plus en majorité; c'est la limite de l'Égypte proprement dite, un finistère où les voyageurs de l'antiquité s'arrêtaient, gravaient leurs noms sur quelque rocher de granit, et disaient : « Nous sommes venus assez loin pour étonner le monde, rentrons chez nous. » Notre flottille prit possession du petit port qui s'étend au pied de la ville, en vue d'Éléphantine, au milieu des écueils historiques que les Égyptiens,

— les Grecs et les Romains ont tatoués de mille inscriptions.

Assouan n'est pas tout à fait une ville de boue; on y rencontre çà et là des maisons construites en briques, dans un style assez élégant, et entre autres un okel dont la copie exacte a fait l'étonnement de Paris à l'exposition de 1867. Le bazar est animé, le faubourg des almées est pittoresque; on rencontre à chaque pas les produits du Soudan, on voit aux étalages des poteries, des bijoux, des armes, des curiosités en tout genre qui ne sont plus denrée égyptienne. Je me suis croisé dans la rue avec un éléphant qui semblait être chez lui; j'ai remarqué des chevaux du Dongolah, belle et forte race, beaucoup plus haute et plus allongée que l'arabe. La chaleur du tropique se fait sentir; nous cuisions au soleil, le 28 janvier, lorsqu'à Paris la Seine était prise. Tous les enfants sont nus; les filles, jusqu'à la veille de leur mariage, ne portent qu'un pagne de cuir découpé en lanières et agrémenté de coquilles. La race est belle, quoique noire, *nigra sed formosa,* comme on dit dans le Cantique des cantiques; je regrette seulement que le beau sexe abuse de l'huile de ricin en guise de pommade. Les laitières traversent le fleuve à cheval sur un tronçon de palmier. L'île d'Éléphantine, veuve de ses monuments, dont il reste à peine les débris, est peuplée de dattiers magnifiques qui ombragent des champs d'orge et de lupin. Le paysage prend un caractère énergique, la ville s'élève en amphithéâtre, le Nil est encaissé dans des roches noires qui émergent du sable jaune. La nouveauté des objets nous fit oublier la fatigue, la chaleur et même les soucis d'une absence déjà longue; nous n'avions qu'une idée, aller plus loin. Arakel avouait que son rêve avait toujours été une chaumière et une demi-douzaine de cœurs entre Assouan et Ouâdi-Halfa, c'est-à-dire entre la première et la deuxième cataracte. Le nom de Ouâdi-Halfa nous faisait tressaillir ; les colosses d'Ipsamboul nous attiraient; nous savions que le vice-roi, par un prodige de dépense et de volonté, a transporté un bateau à vapeur au-dessus de la première chute : nous étions sûrs que les princes ne nous le refuseraient point, s'il était libre; mais comment obtenir un renseignement exact dans un pays où tout s'affirme et rien ne se sait? On tint conseil à bord du *Chibine*, je fis appel à tous les hommes qui pouvaient nous éclairer, au moudir de Keneh, au sous-préfet de je ne sais quel arrondissement, au réis de M. Mariette, au nôtre, à dix ou douze personnes, sinon plus. — Aurons-nous le petit vapeur? — Oui! — Non! — Il est libre. — Il est parti. — Il est parti, mais il revient demain. — Que dites-vous? Sa machine est en réparation. — Mieux encore, il a fait naufrage. — Si l'on faisait jouer le télégraphe, on serait fixé en un moment. — Bah! L'autre soir, chez M. Mariette, nous avons réuni vingt lettrés pour déchiffrer une dépêche, et pas un n'en est venu à bout.

La discussion menaçait de tourner à l'aigre quand Méhémet-Pacha, toujours aimable et prévenant, nous fit dire que le petit vapeur était en route avec M. de Hübner, ancien ambassadeur d'Autriche à Rome. Plus d'espoir de pousser plus loin; notre course était finie, il ne nous restait plus qu'à jouir d'Assouan et de sa banlieue.

La banlieue d'Assouan, c'est l'île de Philæ, une des plus rares merveilles qui soient au monde. La collaboration de l'art et de la nature n'a peut-être rien produit de plus beau. Les princes nous invitèrent à déjeuner le 28 janvier à midi sur la terrasse du grand temple de Philæ, et ils prirent leurs mesures pour que cette partie de plaisir fût comme le bouquet du voyage.

XVII

Dès sept heures du matin, nous nous mettions en route, les uns sur des chevaux, les autres sur des ânes, Arakel dans la felouque de notre bateau pour remonter le Nil par les petites bouches et le descendre en pleine cataracte. Liberté absolue ; Méhémet-Pacha et son jeune frère Hassan galopaient en avant; le prince Hussein, un peu souffrant, était resté à bord; M. Mariette, son fils aîné, mes deux amis et moi, nous allions trottinant, par une belle matinée, le long d'une route poudreuse, arrêtés à tout propos soit par une inscription grecque, soit par un cimetière semé d'épitaphes coufiques, soit par les restes d'un mur romain qui reliait jadis Syène à Philæ. Deux Bicharis, montés sur des dromadaires blancs, nous escortaient au pas, nous devançaient au galop, et revenaient à nous en faisant grimacer et grogner leurs montures. Ils maîtrisent l'animal en tirant sur un anneau de fer qu'il porte dans la cloison du nez, et l'obligent à prendre les attitudes les plus bizarres; le col se tourne en S; la tête, renversée en arrière, montre les dents au ciel; les jambes vont au petit pas. Lorsque le chamelier rend la main, aussitôt la tête se replace, le col s'allonge, les jambes se déchaînent, et bonsoir! tout disparaît dans un nuage de poussière.

Nous ne comprenions pas d'abord pourquoi les deux nomades nous éblouissaient de ces manœuvres avec mille saluts et mille démonstrations d'amitié : c'était le prince Méhémet qui leur avait ordonné de nous suivre et de nous prêter leurs dromadaires, le cas échéant; mais nul de nous ne fut tenté de faire l'ascension de ces montagnes cahotées. Le vaisseau du désert a son roulis.

Après une heure et demie de promenade, nous tombons au milieu du bivouac le plus coloré, le plus brillant, le plus sauvage. Cent dromadaires se reposent au soleil sur une rive sablonneuse, auprès d'un couvent abandonné. Chacun d'eux porte le glaive et le bouclier de son maître. Les nomades, éparpillés alentour dans un désordre pittoresque, dorment, fument ou prennent le café. Devant nous, l'île de Philæ, couverte de ruines, de palmiers et de mimosas, s'élève au milieu d'un petit lac sans rides. Sur les montagnes de granit, sur les îlots, sur les berges, on voit courir la foule des Nubiens, hommes, femmes, vieillards, enfants, nus ou vêtus à la légère, tous en joie et bruyants comme des écoliers. Le cri des femmes perce les airs : *oulouloulouloulou!* Il me semble que je l'entends encore.

Nous nous sommes arrêtés juste en face de ce joli petit temple en forme de kiosque qui fut ruiné avant d'être fini, mais qui peut-être n'en a que plus de charme. On aperçoit plus loin la masse des grands monuments, temples et pylônes, un musée dans un jardin. Bientôt un redoublement de tapage annonce l'approche des princes, qui se sont embarqués en arrivant, bien avant nous. Il nous prennent à bord d'une dahabié superbe et richement décorée, que vingt rameurs font voler sur l'eau. A l'avant, on chante et l'on danse; concert bizarre, pantomime animée, fougueuse, excentrique, pour ne rien dire de plus; toujours l'école de Bathylle! L'eau fourmille de petites embarcations en tout genre; les gamins, à cheval sur des troncs d'arbres, nagent des pieds et des mains autour de la galère vice-royale, et viennent chercher un bakchich. Voilà des jeux nautiques dont le programme a peu varié, j'en réponds, depuis le temps de Cléopâtre. Nous faisons le tour de l'île sans nous presser, jouissant en avares d'un spectacle unique au monde, et que nous ne reverrons plus. On aborde, on se disperse, on parcourt à grandes enjambées un sol inégal où les ruines nouvelles font tort aux anciennes. Le comte Branicki, dit-on, offrait deux millions de cette île déserte, et le vice-roi les a refusés. Il a bien fait;

mais il reste à balayer les décombres d'un village écroulé, à niveler le terrain, à placer une ou deux sakiés pour l'arrosage des arbres. Quelques milliers de francs semés sur ce délicieux coin de terre en feraient un paradis sans rival. Le projet était alors à l'étude; il doit être exécuté maintenant, car le désir d'Ismaïl-Pacha n'attend guère.

Le grand temple de Philæ est bien beau, bien curieux surtout avec ses colonnes peintes; mais ce qui nous intéressa au plus haut point, j'ose le dire, c'est l'inscription gravée en mémoire de l'expédition française. Les touristes anglais l'avaient déshonorée par mille commentaires injurieux; ils avaient martelé le nom de Bonaparte. Un honnête homme de Français, passant par là, effaça les grossièretés et rédigea ce simple avis au public : « On ne salit pas une page d'histoire. » La leçon a profité, la page est restée nette; le nom du général Bonaparte a été rétabli depuis quatre ou cinq ans par le prince Napoléon.

Le spectacle nous avait fait oublier l'heure, et nos estomacs eux-mêmes ignoraient qu'il fût midi lorsqu'un maître d'hôtel vint dire en bon français : Leurs Altesses sont servies. Personne ne se fit tirer l'oreille. Méhémet-Pacha nous guidait avec la vivacité de son âge et la connaissance des lieux. Il entre dans un mur, grimpe sans trébucher un escalier droit, obscur et démoli par places; il gagne une terrasse où l'on a dressé une tente, nous arrivons sur ses talons, et j'aperçois un couvert magnifique au milieu d'un paysage divin. Couvert n'est pas le mot exact, car le repas fut servi à la turque. Nous étions huit, assis sur des coussins autour d'un plateau ciselé : le prince héritier, son jeune frère Hassan-Pacha, Mourad-Pacha, Mariette-Bey, le commandant Haillot, mes deux amis et moi. Une autre table réunissait les professeurs des princes, le fils de M. Mariette et quelques personnes de l'entourage. On nous donna d'abord a laver, puis on servit un excellent potage au riz qui fut mangé à la gamelle. L'agneau rôti parut ensuite, et après lui une longue série de mets indigènes qui tous faisaient honneur au cuisinier. Nous venions d'achever une tarte aux confitures, et nous pensions être au dessert quand le deuxième rôti apparut. C'était une dinde énorme. Méhémet-Pacha la pinça énergiquement sous l'aile, arracha une aiguillette et la mit sur le plat devant moi. Je ne comprenais pas bien; il m'expliqua lui-même avec beaucoup de bonne grâce que c'était une marque d'amitié consacrée par l'usage, et qu'un amphitryon donne à manger, littéralement, aux convives qu'il veut honorer. Chacun de nous eut son morceau, et les plats continuèrent à défiler jusqu'au pilau final, qui précède immédiatement les fruits, le café et les chibouks. Les tables enlevées, on s'installa le plus confortablement que l'on put sur les tapis et les coussins pour admirer les beautés du site. Un rêve! mais peut-être avons-nous imperceptiblement rêvé, sinon dormi. Je revois comme à travers un nuage le pauvre moudir attardé, essoufflé, déjeunant en un tour de main et vidant les quelques plats que nous avions laissés intacts. La chaleur était accablante; les Parisiens qui voudraient s'en faire une idée n'ont qu'à se couvrir de laine par un grand soleil de juillet. M. Mariette nous secoua trop tôt; il voulait nous conduire à je ne sais quel îlot du voisinage et nous montrer d'autres ruines; mais, réflexion faite, on pensa qu'il était plus prudent et plus doux de refaire une promenade autour de Philæ.

A ce moment, Arakel apparut, plus affamé que le moudir et brisé de fatigue. Il voyageait sur le Nil depuis le matin avec Éliacin; il avait porté huit heures durant le poids du jour dans le canot du *Chibine;* mais il ne voulut prendre ni repos ni nourriture, tant il était pressé de descendre la grande chute avec nous. M. Mariette me déconseilla fortement l'aventure, Najac et Du Locle se laissèrent tenter, et la barque, surchargée de quatre passagers et de huit rameurs, s'abandonna au courant, tandis que nous gagnions la cataracte par voie de terre. J'ai su depuis que les hardis navigateurs avaient vu la mort de tout près, mais rien de plus particulièrement agréable ou instructif. Quant à nous, nous les vîmes danser dans cette malheureuse felouque, entre un rocher qui menaçait de les broyer et un tourbillon qui aspirait à les engloutir, et cinq minutes après leur passage le vrai spectacle commença. Une horde de Nubiens, jeunes, vigoureux, beaux comme la nuit, s'élança dans les eaux écumantes, s'y joua pendant dix minutes comme les truites dans un torrent, et vint ensuite demander le bakchich aux princes. Les nageurs pouvaient être deux cents; ils formaient un long filet sombre dans l'écume blanche : une écritoire vidée dans une jatte de lait! Lorsqu'ils sortirent du Nil en s'accrochant des pieds et des mains au granit de la rive, c'étaient deux cents Ajax de marbre noir qui semblaient dire : J'en échappe malgré les crocodiles!

Nous reprimes le chemin d'Assouan à travers le sable rocailleux du désert. Dès que les Bicharis se trouvèrent dans une plaine un peu plus unie, ils nous donnèrent un carrousel de dromadaires si animé, si brillant, si varié, que la fête ne pouvait mieux finir.

Le réveil du lendemain matin fut mélancolique; il s'agissait de partir, de descendre le Nil, de retourner au nord. Nous emportions une ample provision de souvenirs, sans compter un coup de soleil, daté d'Assouan, qui m'avait rougi comme une écrevisse; mais nous étions plus émerveillés que rassasiés, et nous restions, comme on dit vulgairement, sur notre appétit. Nous avions beau nous répéter que chaque tour de roue nous rapprochait de nos familles, qu'il serait bientôt temps de rentrer au logis, que le voyage n'est au fond qu'un exil instructif; il nous manquait je ne sais quoi, nous n'étions pas contents de tourner le dos au tropique. Le vent lui-même sympathisait avec nos regrets; il se mit à souffler du nord, on sentit le froid de l'hiver malgré l'ardeur du soleil et la beauté d'un ciel sans nuages; une poussière humide qui jaillissait sous les aubes du *Chibine* nous contraignit à déserter le pont. Je profitai du mauvais temps pour rédiger la consultation d'agriculture et d'économie sociale qui était le principal objet de mon déplacement.

Ce ne fut pas un travail pénible, grâce aux matériaux fournis par Ahmed. D'ailleurs les distractions ne chômaient guère; le Nil est comme une petite ville où tous les Européens se connaissent, s'invitent, se divertissent en commun. On déjeune chez les uns, on dîne chez les autres, on rentre à bord avec dix personnes pour prendre le thé dans cinq tasses. Chaque monument qui se rencontre sur la route devient un prétexte à *parties;* on organise des pique-niques dont la libéralité du vice-roi fait en somme tous les frais. Je me rappelle certain jour où l'on pouvait compter sept vapeurs amarrés à la file, outre les dahabiés de tout pavillon. Najac est presque sûr d'avoir passé une soirée charmante avec des Anglais ou des Américains qui devinrent ses amis intimes et qui faisaient un punch miraculeux; mais il a oublié leurs noms, et il craint de ne leur avoir pas donné le sien. C'est par erreur qu'il était entré chez eux, croyant faire visite au consul général de Prusse.

Je revis à Louqsor la barque d'Ahmed, toujours sous pavillon britannique. C'était le 31 janvier, vers une heure; nous arrivions par un temps froid, le ciel couvert, le Nil houleux; quelques coups de fusil tirés pour le principe n'éveillèrent pas le moindre écho. Nul visage n'apparut aux fenêtres du salon flottant où les Anglaises passaient leur vie. Le réis de nos amis, qui fumait sa pipe à l'avant, nous reconnut et nous signala; personne ne sortit. Nous commencions à craindre qu'un malheur ne fût arrivé, et je me préparais à risquer une visite quand Ahmed se montra sur la berge. Il nous avait aperçus du village, et il venait en hâte pour me serrer la main.

Ses traits me semblèrent altérés, soit par le froid, soit plutôt par quelque souci. On lui servit le chibouk et le café; il y toucha du bout des lèvres en répondant à nos questions d'un air contraint. « Miss Grace était souffrante, à ce qu'il dit, et les Longman horriblement fatigués. On avait fait de belles promenades autour de Keneh, visité et dessiné les temples de Denderah et d'Abydos, chassé les oies sauvages, tué un pélican, manqué un crocodile, chevauché dans le désert et poussé une pointe sur la route de Kosséir, puis on était venu jusqu'à Thèbes en un jour, vent arrière; mais là tous les Anglais avaient demandé grâce : ils n'en pouvaient plus, ils voulaient redescendre le fleuve et rejoindre leur yacht, qui pour eux était la patrie. Depuis quarante-huit heures, tout ce monde faisait halte devant Louqsor, et le fellah n'avait pas encore pu leur montrer les ruines de Thèbes; miss Thornton elle-même, cette vaillante, n'aspirait qu'au retour. Comment revenir à la voile, vent debout? Le Nil est rapide, mais les dahabiés sont des barques de haut bord, tirant peu d'eau; elles offrent plus de prise au vent qu'au courant. Pas un remorqueur sous la main, pas un vapeur de louage; quant à la voie de terre, elle est impraticable aux voitures, et d'ailleurs il n'existe pas une voiture dans toute la Haute-Égypte. La seule ressource en pareil cas est le halage, mais on n'avance guère plus vite, et les hommes sont bientôt sur les dents.

En résumé, le voyage d'Ahmed tournait mal, son âme était triste, nous n'avions pas de gaîté à lui revendre, et la délicatesse la plus élémentaire nous défendait d'embarquer cinq personnes sur un bateau du vice-roi. J'entraînai le pauvre garçon dans ma chambre sous prétexte de lui montrer mes emplettes; dès que nous fûmes seuls :
— Eh bien! lui dis-je, les affaires de cœur?

Il se mit à pleurer comme un enfant.

— Elle ne vous aime pas?

— Son cœur m'appartient; et même il y a trois jours, (ces Anglaises sont étonnantes)! elle m'a déclaré devant ses amis qu'elle n'épouserait jamais un autre homme que moi... Seulement elle ne m'épousera jamais, dit-elle; notre climat, nos mœurs, nos lois, tout l'effraye; elle ne veut pas se dépayser sans esprit de retour; elle mourrait ici... Que sais-je encore? Si j'étais homme à réaliser ma fortune et à la suivre en Angleterre, on pourrait voir. Toutefois elle comprend que je suis utile en Egypte, elle me fait même l'honneur de m'y croire indispensable. Mme Longman avait l'air de lui donner raison, le jeune Anglais était indécis et surtout visiblement ennuyé; mais la vieille demoiselle qui a fait la traversée avec vous se fâcha contre elle, la traita de sotte et de miaurée, *foolish and prudish*, et jura que pour son compte elle n'eût point dédaigné un tel parti, si elle l'avait rencontré à vingt ans. Miss Grace se défendit bravement. « Non, dit-elle, je ne suis pas une prude, puisque j'aime Ahmed et que j'ose le lui dire en face et devant vous. Mon cœur est à lui pour toujours; je le laisserai en Égypte, et je n'emporterai d'ici qu'un pauvre corps désespéré, *a poor being in despair!* S'il me plaît de souffrir, personne n'a le droit de me blâmer. Ahmed, je vous donne mon âme, c'est le meilleur de moi; ne demandez rien de plus, Dieu sait que ma résolution est irrévocable... « En achevant ces mots, elle se leva du divan, prit mes deux joues entre ses mains et appuya ses lèvres sur les miennes. J'étais fou, j'avais la tête en feu et la gorge serrée au point de ne pouvoir répondre. Nous sommes tous malades depuis ce moment-là, et je ne sais que croire. Il me semblait pourtant qu'un baiser liait les âmes pour la vie...

— En Égypte, peut-être; en France, cela dépend; il est certain que nous ne nous becquetons pas à Paris sans que la chose tire à conséquence.

Les Anglais ont une autre façon de voir parce qu'ils ont sans doute une autre façon de sentir, et ce qui vous a mis la cervelle à l'envers n'est chez eux qu'une caresse banale.

L'arrivée de M. Longman interrompit le dialogue. Le jeune Anglais me parut fatigué et préoccupé. Sa physionomie était celle d'un homme que les antiquités n'amusent pas, qui a l'estomac dérangé, et qui regrette de s'être fourvoyé dans un pays sans commerce et sans industrie. Il ne s'attendait pas à me trouver avec Ahmed; peut-être comptait-il sur nous pour regagner le Caire au plus tôt. La discrétion l'empêcha de s'ouvrir, et je répondis à la question qu'il n'osait faire en lui montrant nos chambres, où cinq passagers étaient admirablement bien, où dix personnes n'auraient pu vivre. Au milieu de sa visite, le bateau des princes donna le signal du départ. J'étais libre de rester en arrière, mais je n'eus garde de le dire; on se quitta sans s'expliquer, j'envoyai mes hommages les plus respectueux aux trois Anglaises, et nous prîmes le chemin d'Abydos.

Le reste du voyage ne fut qu'une partie de plaisir entrecoupée de travail. Abydos nous retint une journée en nombreuse et charmante compagnie; le réis des fouilles, un brave Copte, nous festoya le plus honnêtement du monde. J'ai emporté de sa maison une collection d'images, peintes dans un couvent de Siout et supérieures en naïveté aux anciens produits d'Épinal. On y voit Noé fumant son chibouk sur un vapeur et force drôleries du même style. Les auteurs de *la Belle Hélène* n'ont jamais inventé des travestissements plus saugrenus.

Aux tombeaux de Beni-Hassan, l'étude nous retint quelques heures. C'est là qu'on voit et qu'on envie le bonheur champêtre des Égyptiens avant le siècle d'Abraham : nulle trace de religion, nul indice de servitude, mais cent tableaux de chasse, de pêche, de moisson, de vendange. On boit, on mange, on s'ébat; la musique, la danse et la gymnastique sont les divertissements favoris d'un peuple libre. Et ces tombeaux, où la gaîté de l'Égypte semble être ensevelie pour longtemps, reposent sur des colonnes doriques!

Memphis nous prit deux jours; ce n'est pas que je les regrette. Au pied de la chaîne libyque, tout près des pyramides de Sakkarah, ces aïeules des grandes pyramides et de tous les monuments égyptiens, M. Mariette nous hébergeait dans la maison de pisé qui fut témoin de ses travaux, de ses découragements et de sa grande victoire. Un matin, pendant qu'on apprêtait le déjeuner sous une vérandah plus que rustique, il nous mena au

Sérapéum à travers une solitude aride où les chèvres ne trouvent à brouter que des bandelettes de momies. Nous suivons une déclivité qui aboutit à l'entrée d'une caverne, et là cent cinquante ou deux cents statues vivantes, armées d'autant de bougies, nous montrent les galeries funèbres où dormaient autrefois les Apis. Une table est dressée dans un sarcophage, et huit chaises alentour ; nous y descendons tous, et nous y buvons le rhaki à la santé, à la gloire, à l'immortalité de notre guide et de notre hôte.

Le lendemain, nous rentrions au Caire, mais non pas exactement tels que nous en étions sortis. L'hôtel d'Orient nous parut propre et confortable, je ne saurais dire pourquoi, peut-être parce que nous l'avions habité au début et que le besoin instinctif d'un *home* bon ou mauvais, définitif ou provisoire, vous fait aimer les lieux que vous avez connus. Notre curiosité n'était plus aussi remuante ; il nous restait beaucoup à voir, nous le savions, nous étions décidés à faire en conscience et jusqu'au bout notre métier de voyageurs, et pourtant, soit fatigue, soit influence du climat, nous attendions que les spectacles prissent la peine de venir à nous, comme les touristes embarqués sur le Nil guettent une montagne ou un temple au passage. Nous aimions à nous laisser vivre sans mesurer la fuite du temps; on ne se levait plus avec le jour, on sortait en voiture plus souvent qu'à pied, on ne se dérangeait que pour les choses vraiment dignes d'être vues, on passait des journées au musée de Boulaq, on flânait six heures de suite au bazar, assis sur un tapis devant quelque boutique, et le chibouk en main, l'œil vaguement amusé par le va-et-vient de la foule, l'esprit flottant entre la veille et le sommeil, on se naturalisait petit à petit.

Une lettre de M. Voisin nous réveilla en sursaut. L'ingénieur en chef de l'isthme réitérait son invitation, et nous rappelait nos promesses. Je secouai ma torpeur, j'eus honte de moi-même, je me reprochai amèrement le temps si précieux que j'avais perdu; mais lorsque je voulus en établir le compte, je m'aperçus que notre retour au Caire datait à peine de huit jours.

XVIII

Donc, un matin de février, je partis avec Najac pour Ismaïlia, qui est le cœur de l'isthme. Du Locle nous dit adieu; il attendait le prochain bateau pour retourner en France. Arakel reprenait son service au ministère, M. Mariette se replongeait dans le travail. D'Ahmed et des Anglais, point de nouvelles depuis Louqsor.

Un jeune employé de la compagnie mit la main sur nous à la gare et ne nous quitta plus qu'au port d'Ismaïlia. Le chemin de fer du Delta s'arrêtait alors à Zagazig; il fallait prendre ensuite le canal d'eau douce et cheminer, dix heures durant, sur une barque traînée par des mules, comme autrefois nos coches d'eau. La traversée fut encore plus monotone que longue. La plupart du temps, les hautes berges où le canal est encaissé nous cachaient le paysage, et quand on voyait quelque chose, c'était le désert. M. Voisin nous avait prêté un joli bateau, installé et décoré comme un salon de campagne; nous y étions bien, mais on aurait donné je ne sais quoi pour courir une heure à travers champs et se dégourdir l'esprit et les jambes. Chaque relais prend l'importance d'un événement, on s'amuse aux efforts du postillon pour monter un mulet qui rue. Au village de Tell-el-Kébir, nous descendons au poste télégraphique, et nous sommes reçus par un jeune Français du meilleur monde qui se promène en pantoufles devant une hutte de terre. Par quelle série de hasards, un joli garçon bien élevé et titré, si j'ai bonne mémoire, a-t-il échoué sur cette rive? Combien d'autres ont trouvé un refuge et un travail à l'isthme? On ne sait pas le nombre des fils de famille qui sont venus se régénérer dans ces parages, ou s'y achever.

Nous longeons la terre de Gessen, où Jacob et les Juifs furent cantonnés aux temps de la Genèse; c'était, selon la Bible, le pays le plus fertile de l'Égypte. Cette vallée ou cette oasis, *Ouâdy*, avait été donnée à la compagnie de l'isthme par Saïd-Pacha; M. de Lesseps la fit gérer par un agriculteur improvisé, un homme de sport, un mondain qui révéla d'entrée de jeu une aptitude et une volonté prodigieuses. Entre les mains de M. Guichard, l'Ouâdy rapportait six cent mille francs de rente, lorsqu'elle fut rétrocédée au gouvernement égyptien.

La nuit tombe avant la fin du voyage; nous nous croisons dans l'ombre avec un grand bateau chargé de monde; c'est la poste, elle fait un service quotidien sur les canaux et les rigoles de l'isthme, entre le Nil, la mer Rouge et la Méditerranée. Notre guide est un garçon d'esprit, et de l'esprit le plus mordant; il nous amuse encore une heure en nous contant les romans intimes d'Ismaïlia; on croirait entendre la chronique d'une sous-préfecture française. Enfin nous nous endormons tous les trois. Un léger choc nous éveille en sursaut, la porte s'ouvre, deux bras vigoureux nous attirent vers un petit débarcadère, et nous voilà chancelants, ébaubis, sur une route trop sablée, entre une ligne de maisons élégantes et un grand lac qui miroite au clair de lune. En quelques pas, nous atteignons une grille entr'ouverte, nous traversons un beau jardin, nous montons quelques marches, un aimable homme en habit noir et en cravate blanche nous donne la bienvenue, et nous livre à ses gens pour qu'on nous conduise chez nous. Pourquoi cet habit noir en plein désert? Je crois rêver; mon ébahissement tourne au délire lorsque j'entends les sons mal étouffés d'une symphonie à grand orchestre. Aurait-on abusé de mon sommeil pour me ramener à Paris?

Comme je me livrais à ces réflexions en traversant la galerie qui environne une cour plantée d'arbres, un chien, deux chiens, trois chiens, passent en courant auprès de nous; un quatrième s'arrête et me tend le museau. Je veux lui caresser la tête, je me pique : il a des cornes! Ces chiens sont des gazelles familières, apprivoisées par Mlle Voisin. Un domestique très-correct m'introduit dans une belle et vaste chambre d'un luxe tout parisien. Je me lave machinalement, tout ahuri de sommeil, de fatigue et de surprise. Cravate blanche et gazelles! M. Voisin ne nous laisse pas le temps de nous habiller comme lui, il nous entraîne jusqu'à la porte d'un salon frais et riant dont les lumières m'éblouissent. La symphonie a cessé, on danse; les toilettes sont celles qui se portent en été dans les châteaux de notre pays. Je reconnais quelques visages. Voici M. de Saux, ministre plénipotentiaire en vacances, et sa charmante femme, qui est un peintre célèbre sous le nom d'Henriette Browne. Voici le fils de M. Émile Perrin, de l'Opéra, et le frère de George Pouchet; mais cette face colorée qui engloutit un verre d'orangeade, n'est-ce pas M. Longman? Je reconnais la vieille demoiselle à sa droite, à sa gauche la jeune dame un peu pâle, et pour cause. Et miss Grace? C'est elle qui valse en robe de tarlatane avec des rubans cerise; et son danseur, Dieu me pardonne! est le portrait vivant d'Ahmed en habit noir et pantalon gris-perle. Je me frotte les yeux, je me pince le bras : plus de doute! Je suis bien éveillé; ce grand brun que la valse enivre comme à Brunoy est notre fellah en personne. Après cette rencontre inopinée, rien ne m'étonnera plus. On viendrait me montrer le patriarche Jacob en cravate blanche et dansant avec une gazelle, que je ne froncerais pas le sourcil.

M. Longman court à moi et m'explique sa présence. On a profité d'un bon vent pour redescendre à Minieh, on ne s'est arrêté au Caire que le temps de prendre les bagages, et l'on s'est dirigé le jour même sur la ville de Suez. *Le Butterfly* a reçu l'ordre de gagner Port-Saïd, et son maître va le rejoindre en suivant le canal. Il est tout fier de me conter qu'il a frôlé le duc de Saint-Alban et la belle duchesse sur les chantiers, devant le bassin de radoub.

— Le temps n'est plus, dit-il, où le patriotisme anglais, mal éclairé, se plaisait à dénigrer la compagnie de Suez et son œuvre. La conduite de sir Henry Bulwer, qui visita les travaux comme un sphinx, sans ouvrir la bouche, paraîtrait aujourd'hui plus ridicule que diplomatique. Je veux écrire à l'éditeur du *Times* que, selon moi, l'isthme est percé, que l'achèvement des travaux n'est plus qu'une question d'argent, facile à résoudre, et que dans cette vaste entreprise, conduite avec autant de patience que de courage, la plus grande dépense a été pour l'Égypte, la plus grande gloire pour la France et le plus grand profit pour l'Angleterre. Savez-vous que notre expédition d'Abyssinie serait impossible sans la rigole qui conduit le Nil à Suez? Le moyen d'approvisionner nos transports de guerre, dont chacun porte un régiment, s'il fallait aller chercher l'eau en wagons, à vingt lieues?

L'Inde nous appartient plus solidement qu'autrefois, puisque la distance qui séparait la métropole de ses possessions est abrégée. Notre commerce avec l'extrême Orient va doubler, si nous nous empressons de transformer notre marine en construisant des bâtiments mixtes. Connaissez-vous M. de Lesseps?

— Un peu.

— Vous pouvez lui dire de ma part qu'il est un homme historique. Il n'a pas inventé l'idée de ce travail, qui est vieille comme le monde, mais il en a inventé le succès. La gloire de l'exécution sera d'autant plus grande que les obstacles ont paru plus insurmontables de prime abord. Vaincre l'indifférence des uns, le scepticisme des autres, l'avarice de ceux-ci, le mauvais vouloir de ceux-là, c'est un plus beau triomphe que de tuer cent mille pauvres diables en bataille rangée. M. de Lesseps a réhabilité les gens d'esprit aux yeux des hommes sérieux, ce qui n'était pas facile.

— L'éloge vaut son prix ; je vous promets de le transmettre à qui de droit.

— Et vous joindrez vos compliments aux miens, lorsque vous aurez vu. J'étais sceptique en arrivant; les *humbugs* d'Alexandrie, les préjugés farouches d'Ahmed, m'avaient indisposé contre les belles choses et les braves gens qui m'attendaient ici. Je considère comme une bonne fortune d'avoir eu sous les yeux l'œuvre inachevée. Lorsque les grands navires feront la traversée en seize heures, la chose paraîtra toute simple ; on se demandera s'il n'en a point toujours été de même, et si ce n'est pas la nature qui a creusé un lit de quarante lieues de long à l'eau des deux mers réunies. L'effort est plus surprenant que le résultat, s'il se peut. L'édit qui interdisait les corvées a contraint le génie de l'homme à faire des miracles. La drague à long couloir et l'élévateur de MM. Lavalley et Borel sont la plus haute expression de l'industrie moderne. Vous verrez des machines grandioses comme les cathédrales et précises commes les montres marines de Greenwich. J'en ai visité une qui fait le travail de trois cents ouvriers sans occuper plus de quinze hommes ; elle enlève quatre-vingt mille mètres cubes de déblais en un mois. Les entrepreneurs sont ici des hommes de premier ordre, l'élite de votre École polytechnique, les camarades et les égaux des ingénieurs en chef. Je place au même niveau et peut-être un degré plus haut encore dans l'ordre moral ces petits ingénieurs qui se sont égarés ici au sortir de l'école, qui ont pris position à quinze lieues de toutes les ressources sur des *lidos* et des lagunes où il n'y avait ni assez de terre pour marcher, ni assez d'eau pour naviguer, qui luttent nuit et jour contre l'impossible depuis 1859, et qui, l'œuvre achevée, s'en iront pauvres et inconnus prendre rang à la suite de leurs camarades.

L'enthousiasme de M. Longman m'allait au cœur; mais il me détournait de mes devoirs les plus indispensables. Je me dérobai lestement pour saluer les amis que je retrouvais et faire connaissance avec les nouveaux visages. M. Voisin, qui est l'âme du grand travail, nous présenta, Najac et moi, à une maîtresse de maison accomplie, c'est sa fille, et je crois bien qu'elle avait alors treize ans et demi, puis à Mme et Mlle Guichard, deux personnes de la plus rare distinction, et au vaillant chef de cette aimable famille. En dix minutes, nous fîmes le tour du salon, cueillant la fine fleur d'Ismaïlia, bien reçus, éblouis, charmés et de plus en plus persuadés que le canal d'eau douce nous avait transportés en France. Quand nous arrivâmes à miss Grace, Ahmed, qui causait avec elle, se retira d'avance, comme par discrétion, mais en réalité parce qu'il ne savait quelle contenance garder. Il m'avait parlé avec horreur de cet isthme maudit, et je l'y retrouvais dansant sur les os de son père! On rougirait à moins; aussi se troublait-il toutes les fois que nos regards se croisaient. Je m'amusai à le tenir en échec jusqu'à la fin de la soirée, à le paralyser d'un geste ou d'un coup d'œil lorsqu'il faisait sa cour, et à venger ainsi la patrie, la famille et l'amitié, c'est-à-dire l'Égypte, le vieil Ibrahim et moi-même.

Lorsque la compagnie se dispersa, je me joignis au cortége des jeunes gens qui ramenaient les Anglaises chez elles, et après leur avoir souhaité la bonne nuit devant l'hôtel des Voyageurs, je m'emparai d'Ahmed, je l'entraînai au bord du lac qui vient en façade sur la rue, et je lui dis : « Le jour où je débarquai en Égypte, vous m'avez fait passer une nuit presque blanche. Chacun son tour! Je ne vous lâcherai point que je ne sache pourquoi vous m'avez brûlé la politesse en traversant le Caire, pourquoi vous me battez froid depuis quatre ou cinq heures, et pourquoi je vous trouve en visite chez ces *farceurs* de l'isthme dont vous m'avez dit tant de mal. Vous n'êtes donc plus patriote, mon cher fellah? »

Il dressa les oreilles comme un cheval qui entend claquer le fouet. « Si tous les Français, répondit-il, aimaient leur patrie comme j'aime la mienne, la France se porterait mieux. Vous ne comprenez pas qu'on soit bon Égyptien et qu'on vienne visiter l'isthme ? J'y suis chez moi. Le sol appartient à Son Altesse, les capitaux qu'on enfouit dans ces sables depuis plus de dix ans, le vice-roi en a fourni plus de moitié. Cent millions d'actions, quatre-vingt-quatre d'indemnité, vingt-cinq autres représentés par le canal d'eau douce, que nous avons creusé à nos frais, total deux cent neuf millions sur quatre cents... Voici justement devant nous le palais du gouverneur égyptien qui représente ici l'autorité du prince. J'y viens en simple citoyen ; mais me contestez-vous le droit de visiter un coin de mon pays, de surveiller l'emploi d'un argent dont j'ai fourni ma part ? d'étudier ces puissantes machines qui ne retourneront pas en Europe, et que nous garderons pour le curage du Nil et des canaux ? Voudriez-vous qu'un homme pratique dédaignât tous les éléments de richesse nationale qui abondent ici ? Sans parler du transit qui fera la fortune de Suez et mettra Port-Saïd au-dessus d'Alexandrie, je vois des industries et des cultures à créer. Voici le lac Timsah que nos ancêtres remplissaient d'eau douce pour y élever des crocodiles ; la compagnie l'a rempli d'eau salée ; pourquoi n'y cultiverait-on pas le poisson de mer et les huîtres ? Je viens de traverser le bassin des Lacs-Amers, qui sera mis en eau l'année prochaine, et qui fera une petite mer de quarante mille hectares : quel champ pour la pisciculture ! Vous verrez demain ou après le lac Menzaleh; sa destinée future est encore indécise. Convient-il de le dessaler et de l'assécher à moitié pour y semer du riz? C'est le projet d'un de ces jeunes Français que vous avez vus ce soir : l'idée est bonne; mais la dépense serait forte, et je crains que M. Ritt ne s'exagère un peu les profits. Garderons-nous cette immense lagune telle qu'elle est, à l'état de frayère et de pêcherie? Je le veux bien, pourvu que les débris des poissons ne soient plus jetés à la mer, mais traités par la chaux vive et convertis en demi-guano pour l'amélioration des terres. Quand nous aurons de vastes nappes d'eau entre la Méditerranée et la mer Rouge, il pleuvra sur les déserts voisins : l'eau salée attire l'eau douce, et l'eau douce permet la culture. Nous planterons l'isthme en forêts.

— Décidément les forêts vous tiennent au cœur.

— Et je m'en flatte. En tout pays, elles créent la terre végétale, ce sont les seules fabriques d'humus; en Égypte, elles auront encore un autre mérite, et vous savez lequel.

— Oui, vous ne brûlerez plus vos fumiers pour cuire la soupe, et la population cosmopolite qui commence à pulluler ici aime mieux cela.

— Ne croyez pas que de longtemps les étrangers pullulent chez nous. Ils afflueront, ils feront leur fortune ; mais ils ne multiplieront point tant que nous n'aurons pas créé un climat neuf. On compte vingt mille Européens dans l'isthme, hommes et femmes. Savez-vous combien d'enfants ils ont élevé en dix ans? Pas un. L'Égypte est bien aux Égyptiens, c'est Dieu lui-même qui nous l'a donnée.

— Ainsi ce n'est pas seulement comme ami du progrès, c'est comme citoyen que vous approuvez le percement de l'isthme?

— Oui, et je ne donne pas quatre ans à mes frères pour se ranger à cet avis.

— Vous parlez de vos frères, Ahmed, et votre père? n'en dirons-nous rien?

— Ce n'est pas l'isthme qui a tué le pauvre Ibrahim, c'est la corvée. Il n'y a plus de corvée ici depuis l'avénement d'Ismaïl-Pacha; il n'y en aura bientôt plus dans les autres provinces, si Dieu conseille Son Altesse, et si l'Europe nous donne des juges.

— Cependant vous aviez ce coin du pays en horreur.

— La passion rend l'homme aveugle.

— Jusqu'à ce qu'une autre passion lui ouvre les yeux. J'aurais eu beau prêcher, moi qui suis ou qui ai été votre ami ; pour rien au monde vous ne m'eussiez accompagné dans ce voyage. Miss Grace a fait un signe, et vous êtes accouru.

— Elle ne m'a pas même fait signe de la suivre. Oh! l'ingrate! ils partaient tous sans moi, mon ami! Ils me laissaient au Caire comme un colis encombrant et de peu de valeur,... tenez! comme ce grand panier de gargoulettes qu'ils ont oublié exprès à Shepherd. Sans un de mes serviteurs qui est accouru à toutes jambes, je perdais leur trace, et je mourais de douleur.

— Alors on ne vous aime plus?

— Si! car elle avait les yeux rouges quand je l'ai retrouvée, et elle s'est presque évanouie en me voyant.

— Bon, cela; mais depuis?

— Depuis? Elle s'est refroidie peu à peu sans cesser d'être compatissante et bonne. Par moment, je me décourage et je veux fuir à mille lieues pour qu'elle comprenne à quel point je suis malheureux, pour qu'elle soit forcée de me plaindre toute sa vie. L'autre jour, à Suez, le bateau des Messageries appareillait pour la Chine. Je suis allé serrer la main du commandant, M. Maquaire, un homme de cœur que je connais un peu et que j'aime beaucoup. « Êtes-vous des nôtres? me dit-il. — Des vôtres? Au fait, oui! Partons! » Je ne sais pas quelle figure j'avais en lui répondant oui; il en fut effrayé, et jura que pour rien au monde il ne me garderait à son bord. « On voyage avec nous pour affaires et quelquefois par plaisir; mais je n'embarque pas les désespérés, mon cher Ahmed. Vous ne reverriez jamais l'Égypte, si vous la quittiez aujourd'hui. »

— Il me semble que vous allez mieux.

— Un peu; je vois beaucoup de bien réalisé et plus encore à faire. Je nage en plein progrès, c'est un bain salutaire pour un fou comme moi; mais je ne réponds de rien quand elle sera partie.

— Elle part, sans rémission?

— N'avez-vous pas entendu que leur yacht les attend à Port-Saïd? Je n'ai plus que trois jours à vivre.

— Qui sait? L'esprit des femmes est si changeant!

— Il faudrait un miracle.

— Faites-le!

— J'y renonce. J'ai parlé, j'ai supplié, j'ai pleuré; elle est de bronze.

— La chaleur fond le bronze, et c'est bien heureux pour l'espèce humaine : sans ce bienfait de la nature, il n'y aurait pas de canons. Ramenez-moi chez M. Voisin, j'ai oublié que je tombais de sommeil. Eh! mais il est grand temps de se mettre à couvert : la lune s'est cachée, et voici la pluie qui tombe.

— Il pleut souvent ici depuis qu'on a rempli le

lac Timsah. Que sera-ce le jour où dans les Lacs-Amers?...

— On aura fait entrer deux millions de mètres cubes d'eau qui couvriront quarante mille hectares? Je sais, j'ai entendu, j'ai lu; mais je n'en peux plus. La suite à demain, mon cher Ahmed. Bonne nuit; puissent les plus doux rêves consoler l'amoureux de la terre, de la pluie, des forêts, des engrais, de la viticulture, de la pisciculture et de miss Thornton, que Dieu bénisse! »

Il fallut que Najac m'arrosât d'eau fraîche un quart d'heure avant la cloche du déjeuner; j'étais ivre de sommeil. Mon premier mot fut : Il pleut donc toujours?

— A flots, mon cher; c'est une nouveauté qui mérite d'être observée de près : aussi partons-nous en promenade, midi sonnant. Lève-toi vite, on est ponctuel ici; l'esprit français plié aux habitudes anglaises!

— Miss Grace déjeune-t-elle avec nous?

— Je ne crois pas; mais ils sont tous de la partie. S'ils ont apporté des caoutchoucs de luxe, c'est l'occasion de les montrer. On frappe.

— Entrez!

— C'est quelque Arabe; il ne t'a pas compris, je vais ouvrir. Tiens, les gazelles!

Les jolies bêtes entrèrent dans ma chambre.

Elles étaient si gracieuses, si délicates, si féminines, que j'avais scrupule à faire ma toilette devant elles. Et dire qu'à dix minutes de là nous eûmes le courage de manger un cuissot de gazelle et de le trouver exquis ! Les côtelettes de ce doux et poétique animal ne sont, hélas ! ni moins tendres ni moins savoureuses, et les ingénieurs s'en régalent volontiers. On commande une gazelle aux chasseurs indigènes comme à Paris on retient un saumon chez Potel et Chabot.

La table fut levée à l'heure dite, sans délai. Tous ces hommes de l'isthme et leurs femmes elles-mêmes ignorent la flânerie comme des chefs de gare. Les minutes sont d'or; il s'agit d'être prêt le 1er octobre 1869, date immuable, et cette idée dominante exerce son action sur les actes les plus insignifiants de la vie. Ni le froid, ni le chaud, ni la pluie, ni le khamsin, ne modifient un projet arrêté, s'agit-il d'une partie de cheval ou d'un déjeuner sur le sable. Bonnes mœurs, et qui, je l'espère, feront école en Égypte.

Ahmed et les Anglais furent exacts au rendez-vous; un canot à vapeur chauffait devant la jetée avec une jolie dahabié à la remorque. On nous promena sur le lac, qui est vaste et beau; on nous fit voir les dragues qui creusent sous l'eau le chenal destiné aux grands navires. Nous primes le canal maritime, qui se dirige au sud vers le *seuil* ou la colline du Sérapéum. Ce Sérapéum est un monticule long de dix kilomètres sur quelques mètres de hauteur; on y a trouvé les vestiges d'un temple consacré à ce dieu qui naquit d'une vierge et s'incarna dans un bœuf pour racheter les péchés du genre humain, Osiris-Apis ou Ser-Apis. Le percement du seuil à bras d'homme présentait des difficultés presque insolubles; M. Alexandre Lavalley s'avisa d'amener au sommet une dérivation du canal d'eau douce qui s'infiltra peu à peu dans les terres, les amollit et permit enfin de les creuser économiquement par la drague : vingt millions d'économie dans une idée ! qu'en dites-vous ?

La pluie tombait toujours, mais qu'importe? notre promenade se continua sur le canal d'eau douce ; on nous fit visiter un campement, c'est-à-dire un village de terre et de planches où les ouvriers de tout pays trouvent le vivre et le couvert au prix le plus modique. Les races sobres, comme les Grecs, les Italiens, les Dalmates et les Monténégrins, emporteront d'ici quelques économies ; un bon ouvrier gagne dix francs par jour et n'en dépense que trois ou quatre. La compagnie a des soins admirables pour les malades et les blessés. Nous avions avec nous le docteur Aubert Roche, chef du service sanitaire. Il nous montra l'infirmerie et la pharmacie du campement, deux chefs-d'œuvre de bonne organisation et de bon marché; d'ailleurs pas un malade : le climat de l'isthme est le plus sain de toute l'Égypte. Tous les établissements de la compagnie, grands et petits, sont entourés de jardins improvisés dans le sable, et qui pourtant réussissent dès que l'eau douce ne fait pas défaut. Ismaïlia n'est qu'un parc semé de chalets ; le plus humble campement a ses carrés de légumes, de fleurs et de fruits. Un peu plus loin, M. Voisin nous fit mettre pied à terre au milieu d'une grande plantation de peupliers, d'acacias, de saules et de tamarix. Ce n'est pas encore une forêt, le premier défrichement date de deux ans à peine ; mais tout pousse et avec joie, nous pûmes cueillir de gros bouquets trempés de pluie. Ahmed offrit le sien à miss Grace, et lui dit en style oriental : « Tout le désert fleurirait ainsi, mademoiselle, si vous l'éclairiez d'un seul regard. »

Elle répondit tristement : « Je voudrais pouvoir effacer toute la désolation de la terre ; mais la tâche est trop difficile pour un pauvre petit être comme moi, *a poor little thing.* »

Le vent balaya peu à peu tous les nuages ; mais il en restait un terrible sur le front d'Ahmed.

Il y eut un grand dîner chez M. Voisin, bal,

concert et plaisirs à discrétion. Notre fellah dansa en homme qui jouit de son reste. Le lendemain, un des plus jeunes et des plus vaillants ingénieurs de l'isthme nous offrit un déjeuner dans sa *chaumière*, au seuil d'El-Guisr. Ce seuil est une vraie montagne de sable au nord du lac Timsah. Il a fallu des prodiges de patience et de dépense pour y creuser la route où les navires passent déjà. Tout au sommet de la dune coupée, les travailleurs se sont bâti un village demi-arabe, demi-européen, avec église et mosquée. Notre amphitryon, ne pouvait inviter les Anglaises, il est célibataire; mais, voyant que nous étions liés avec Ahmed, il le pria de se joindre à nous.

J'aurais parié cent contre un que le fellah dirait non; il accepta. Miss Grace devait monter à cheval avec Mlle Voisin et Mlle Guichard, il était de la partie, la jeune Anglaise quittait l'Égypte dans deux ou trois jours, et cet amoureux laissait passer l'occasion de galoper auprès d'elle! Ma foi! je n'y comprenais rien, et je lui demandai tout naïvement ce qu'il avait en tête.

— La tombe de mon père est au Seuil, et un homme de notre village qui sert ici comme saïs a promis de me la montrer. Allez toujours, je partirai de bonne heure, et je serai rendu avant vous.

Nous fîmes la route en voiture, dans un joli panier à quatre chevaux, par un soleil brûlant et un khamsin qui voilait le paysage. Tout le sable du désert était soulevé, il entrait dans nos yeux, dans nos oreilles, dans nos narines; nous le sentions craquer sous nos dents. Cette tempête sans nuages nous conduisit jusqu'à la porte de notre hôte, et quand nous pûmes ouvrir les yeux, la surprise et l'admiration nous arrachèrent un même cri. Imaginez le plus joli petit chalet de Saint-Germain, de Bougival ou de Marly, bourré de toutes les inventions du luxe moderne et de ces élégances ruineuses que les collectionneurs se disputent à l'hôtel Drouot : faïences italiennes, verres de Venise, cabinets florentins, armes espagnoles, terres cuites de Pompéi. Par quels efforts ce mobilier a-t-il pu se transporter au sommet de la dune d'El-Guior ? Je l'ignore, mais jamais thébaïde ne fut plus spirituellement décorée. La façade postérieure, tapissée de plantes grimpantes, ouvre sur un charmant jardin où les bambous et les saules pleureurs verdissent de compagnie. Le maître du logis s'est plu à réunir dans un étroit enclos les fleurs d'Europe et les plantes d'Afrique; il a des pommiers nains qui bourgeonnent sous l'ombre grêle des eucalyptus. On admire, on jouit, on s'extasie; une porte s'ouvre, et vous apercevez le désert dans son horrible nudité.

L'eau du Nil a fait le miracle; elle a fécondé ce jardin et cent autres qui décorent l'isthme de Suez; mais vous devinez qu'elle n'est pas montée jusqu'ici en suivant sa pente naturelle. La compagnie a construit dans le voisinage d'Ismaïlia deux machines qui puisent l'eau douce du canal et la lancent jusqu'à Port-Saïd dans des tuyaux de fonte. Elle alimente ainsi non-seulement la ville, mais tous les campements intermédiaires et même les chameliers, les passants, les nomades, qui trouvent de distance en distance des réservoirs toujours pleins. Les caravanes qui voyagent entre l'Égypte et la Syrie savent le nom de la compagnie et le bénissent.

Ahmed nous rejoignit à onze heures. Je crus voir que ses yeux étaient rouges; mais son pèlerinage matinal ne l'avait point abattu, loin de là. On lisait sur son visage une résolution plus mâle, je ne sais quoi de ferme et d'arrêté. Je remarquai qu'il avait repris le costume de son pays. Il déjeuna de grand appétit, parla peu, visita le jardin en connaisseur, et nous montra le croquis d'un petit monument qu'il voulait élever dans le cimetière arabe. Tout le reste de la journée, il nous suivit à cheval dans nos courses, au chalet du vice-roi, à la machine élévatoire. Il s'informa du prix que coûte un mètre d'eau rendu à Port-

Saïd, loua les précautions qu'on avait prises pour signaler et réparer immédiatement les fuites, et s'arrêta longtemps à visiter l'enclos de l'usine, où l'on commence à cultiver la vigne en grand. Je ne le tins en particulier qu'une minute avant le dîner, dans ma chambre. « Vous semblez bien joyeux, lui dis-je.

— Oui, j'ai causé avec l'âme de mon père. Ne souriez pas; nous autres musulmans, nous n'avons guère de superstitions, mais celles qui nous restent nous sont chères. La tombe est très-humble, mais pas trop délabrée. Une *agavé corne d'Ammon* y a pris racine ; c'est la plante qu'on suspend au-dessus des portes à Cheik-Ali pour écarter les maléfices. J'ai servi au pauvre homme un repas composé des mets qu'il préférait, sans oublier la tasse de café bien chaude et bien sucrée ; j'ai pleuré, j'ai crié, et il m'a répondu. »

Je ne pus m'empêcher de l'interrompre : — Est-ce vous que j'entends, Ahmed?

— Moi-même, mon ami, l'élève de la civilisation européenne. Paris et Londres m'ont dégrossi, poli, verni, tout ce que vous voudrez; mais le fond est resté fellah, et je m'en glorifie. Donc j'ai interrogé mon père; il m'a dit qu'il ne regrettait pas d'être mort pour le progrès de l'Égypte, et qu'il se réjouissait de voir sa femme et ses enfants dans l'opulence.

— Il n'a pas eu pitié de vos chagrins d'amour ?

— Il m'a promis que je serais heureux avant la fin de la semaine, soit dans la vie, soit dans la mort.

— Diantre !

— Quoi ?

— C'est qu'il n'y a pas de temps à perdre.

— Nous ne sommes qu'au mercredi.

— Sublime !

— Vous voulez dire que je suis simple ?

— C'est tout un.

Je ne le revis pas de la soirée ; il dînait je ne sais où avec M. Longman. Quant à nous, M. Voisin nous mit en liberté vers neuf heures ; le docteur Aubert Roche et un aimable naufragé de l'isthme, M. le baron de Latour, nous promenèrent jusqu'à minuit dans les trois quartiers d'Ismaïlia. Il y a la ville française, officielle, tirée au cordeau, distribuée en carrés que l'on partage entre les employés de la compagnie, carré des ménages, carré des célibataires, carré des célibataires mariés, carré des enragés... Un peu plus loin, la ville grecque, où les cafés-concerts ne manquent pas, et sur la limite du désert, le village arabe. Le carnaval animait les rues, on s'entassait dans les lieux publics; au milieu de la ville grecque, chez une limonadière polonaise, l'élite des Français de vingt ans applaudissait d'excellente musique italienne qu'un orchestre allemand des deux sexes jouait et chantait en famille. Cette jeunesse nous accueillit comme des frères aînés. En moins d'une heure nous fîmes connaissance avec trente gaillards fringants, spirituels, résolus ; mais quand je me rapelle les regards qu'ils lançaient aux petites violonistes blondes, je soupçonne qu'ils avaient tous leur domicile au carré des enragés. Pauvres enfants ! le travail et le désert les condamnent à des vertus qui ne sont pas de leur âge. Personne ne se plaint; depuis le grand lama de l'entreprise jusqu'au plus humble néophyte, pas un homme qui ait manqué de confiance ou de courage ; ils sont tous soutenus par la foi.

Le jeudi matin, deux canots a vapeur, et deux dahabiés remorquées nous prirent tous à bord et nous dirigèrent sur Port-Saïd. La route est droite; c'est celle que les grands navires parcourront dans quatre ou cinq mois. Il lui manque quelques mètres de largeur par-ci, quelques mètres de profondeur par-là; mais on peut la dire ouverte : non-seulement elle amène les eaux de la Méditerranée au lac Timsah, mais encore elle porte les mahonnes de charbon jusqu'à Suez avec des chargements énormes. C'est l'ex-fermier de l'Ouàdy, M. Guichard, qui s'est improvisé directeur du transit, et là encore son coup d'essai a été un coup de maître. Du jour au lendemain, grâce à lui, le prix du charbon est tombé de soixante-dix à cinquante francs la tonne sur le marché de Suez. Nous eûmes le plaisir de rencontrer cinq ou six convois du transit en moins d'une journée, sans compter les petits vapeurs, les coches de la compagnie et quelques bateaux grecs voyageant à leur propre compte. Prodigieux, ce petit peuple grec, qui travaille et réussit partout, excepté chez lui!

Chemin faisant, M. Voisin prit la peine de résoudre toutes les objections que nous avions apportées de France ou d'Égypte. A vrai dire, il n'en restait plus que deux ou trois debout dans notre esprit, les plus absurdes étaient tombées. « Êtes-vous sûr, lui dis-je, que les coups de khamsin, comme celui que nous avons essuyé hier, ne jetteront pas les dunes dans le canal?

— Les dunes, répondit-il, sont rares dans le désert, et elles y sont compactes. Elles ne marchent point, le vent le plus furieux n'en balaye que la superficie. Nous savons quels points de la ligne sont menacés: on a mesuré le mal que le khamsin peut nous faire en un an; c'est trois cent mille mètres de sable à extraire, soit six cent mille francs d'entretien, une misère !

— Mais la vase molle des lacs qui retombe à mesure qu'elle est draguée, et détruit votre besogne au jour le jour?

— Attendez que nous traversions les lacs Ballah ou mieux encore le Menzaleh, et vous jugerez la question par vous-même.

— Il est du moins probable que les navires lancés à toute vapeur ruineront les berges par le batillage. Il n'y a pas moyen d'empierrer les deux rives du canal sur un parcours de cent soixante kilomètres, dans une région où la pierre est une curiosité d'histoire naturelle.

— Les navires en seront quittes pour modérer leur vitesse : ils feront dix kilomètres à l'heure au lieu de vingt. C'est un désagrément auquel je compatis ; mais cela vaut encore mieux que de doubler le cap de Bonne-Espérance. »

On fit halte pour déjeuner à la station d'El-Kantara, ou du Pont. Le canal coupe ici la route des caravanes qui voyagent entre le Caire et la Syrie. M. Voisin nous fit parcourir un grand village tout neuf qui deviendra probablement une ville et un marché de bestiaux. Hommes et bêtes s'y reposent avec joie, parce que la compagnie y verse l'eau douce à profusion. Le village est sur la rive d'Asie, à quelque distance du canal ; les buffets dominent le quai, sur la rive libyque. Un cuisinier italien, gros plaisant, nous y régala fort bien, si bien même que M. Longman était encore plus coloré que d'habitude. Il m'exprima en termes chaleureux la joie qu'il ressentait de rallier *le Butterfly*. Ce n'était pas que l'Égypte l'eût ennuyé, ni qu'il eût à se plaindre d'Ahmed ; « mais je suis, disait-il, un homme rond en affaires, et les situations sans issue ne conviennent point à ma santé. Si miss Grace avait souscrit à l'honorable proposition de votre ami, j'en serais parfaitement satisfait. Dès qu'elle lui a dit non, elle devait lui tourner le dos et refuser tous ses services. Il est très-malheureux, ce natif, elle aussi, moi aussi. Et lorsqu'on entreprend un tour si long et si coûteux au lieu de rester tranquillement chez soi, c'est pour se distraire l'esprit, non pour le mettre à la torture. Nous partirons pour Jaffa dès demain ou après, aussitôt que j'aurai vu Port-Saïd et le lac Menzaleh. Je n'irai même pas à la chasse, quoique j'aie toujours rêvé de tuer un flamant, et que je sois armé d'un excellent fusil qui vaut soixante livres. Ma pupille n'avait pourtant qu'un mot à dire pour donner à notre voyage en Égypte le plus agréable dénoûment. Croyez-moi, n'acceptez jamais les fonctions de *trustee !*

Ce jeune *gentleman* n'était pas pétillant d'esprit ; mais il avait le sens droit et l'esprit clair. Je le soupçonne d'avoir rompu quelques lances pour Ahmed dans le particulier, car il rendait justice au mérite chez un *natif* comme chez les Européens. Le témoignage de nos yeux confirma tout le bien qu'il m'avait dit du travail de l'isthme ; je vis les grandes dragues en pleine activité, arrachant le sable sous l'eau pour le rejeter elles-mêmes, automatiquement, à soixante-dix mètres de là. M. Longman m'avait paru légèrement absurde lorsqu'il comparait les machines de M. Lavalley à des cathédrales ; il n'avait pourtant pas si grand tort. Les grands engins de l'industrie ne sont pas pittoresques comme le Parthénon, mais ils le sont autrement, et cette architecture de fonte et de fer, lorsqu'elle arrive à certaines proportions, rencontre un genre de beauté que les anciens n'ont pas prévu.

La traversée des lacs Ballah et Menzaleh démentit victorieusement la légende des vases molles retombant à mesure qu'on les ôte, comme le rocher de Sisyphe. Le canal était achevé dans le voisinage de Port-Saïd ; il passait comme une flèche à travers le lac Menzaleh, sur une largeur de cent mètres et une profondeur de huit. On s'arrêta pour nous montrer les berges ; elles sont fermes comme pierre ; je ne connais pas un canal qui coule dans une cuvette aussi épaisse et aussi forte. Le plus bel étonnement de la journée fut le spectacle du port. Dans une lagune dont la profondeur moyenne était peut-être d'un mètre, les ingénieurs ont creusé trois énormes bassins où les plus grands bâtiments du commerce sont en sûreté comme à la Joliette. Les Messageries impériales, la Compagnie russe, la Compagnie italienne et deux ou trois autres encore y envoient leurs paquebots à jour fixe; toutes les marines marchandes de l'Europe y sont représentées; à mesure qu'une drague achève son travail, un navire vient mouiller à sa place. M. Longman n'en croyait pas ses yeux; le petit *Butterfly* était perdu comme un nain dans la foule : il fallut le chercher longtemps.

Les déblais du port entassés, égouttés et nivelés ont fait une presqu'île solide où les employés de l'isthme ont dressé leur tente. Au bout d'un an ou deux, ils ont commandé quelques chalets en France; aujourd'hui Port-Saïd abrite dix mille habitants.

Nous y fûmes reçus par un jeune homme qui est consul de France et chef des travaux du port; il se nomme Laroche. C'est un de ceux que M. Longman appelait familièrement nos petits ingénieurs. M. Laroche est arrivé ici au sortir de l'école avec quelques ouvriers de la compagnie; c'est lui qui a commencé l'installation des travaux et créé la ville. Vous devinez s'il a travaillé, souffert et lutté ! Quant à lui, il ne paraît pas se souvenir des mauvais jours ni se douter de son mérite. C'est un pionnier très-réussi, plutôt petit que grand, brun, vif, spirituel, musicien, lettré, porté à rire et sujet à des bouffées de mélancolie qui passent vite. Nous fûmes vieux camarades en moins de dix minutes ; Najac le connaissait d'avance, nous avions des amis communs; d'ailleurs il y a des hommes qui sont nés pour commander la sympathie comme d'autres pour commander la charge en quatre temps. Ahmeh fut pris aussi vite que nous. Pauvre Ahmeh! il ne savait que faire de sa personne; les Anglais étaient embarqués à bord du *Butterfly*, où il n'y avait pas de logement pour lui.

On nous installa tous à l'hôtel, c'est-à-dire dans un long chalet sans étage qui regarde la mer par toutes ses fenêtres. La compagnie a des chambres très-proprement meublées, un café-restaurant, un cercle même à la disposition des voyageurs. Les inconnus sont bien traités pour leur argent; mais celui que M. de Lesseps a recommandé reçoit dans tout l'isthme une hospitalité royale. Notre couvert fut mis matin et soir chez Laroche, quand nous ne dînions pas chez M. Borel ou chez M. Lavalley. Les Longman, que nous avions visités à leur bord, acceptèrent une invitation, puis deux, à charge de revanche. Le vendredi soir, sous prétexte de nous offrir une tasse de thé, ils nous noyèrent dans le vin de Champagne. Le maître du *Butterfly* parlait toujours de son départ, la jeune dame avait peur de la mer, la vieille demoiselle demeurait par esprit de charité féminine, et miss Grace ne disait rien. Ahmeh n'avait des yeux que pour elle quand nous la possédions avec nous, et pour le yacht quand elle était à bord ; il se levait la nuit pour constater que le petit navire n'avait pas quitté son mouillage : dans la journée, il surveillait la mer.

Le samedi, après déjeuner, MM. Alexandre et Edmond Lavalley nous offrirent une partie de chasse sur le lac. Les Anglais s'étaient promenés toute la matinée avec nous ; on nous avait montré le chantier des machines, qui est un chef-d'œuvre d'organisation, et l'atelier gigantesque où M. Dussaut a confectionné de toutes pièces deux jetées indestructibles, dont l'une a 1,900 mètres de long et l'autre 2,500. M. Longman, que les splendeurs de l'industrie enivraient facilement, fut d'une humeur charmante ; il se laissa séduire à l'idée de rapporter au *Yachting-Club* la dépouille d'un flamant rose, et d'illustrer son fusil de soixante livres sterling. Tout réussit à souhait, sauf le meurtre qui lui tenait au cœur. Il tua trois douzaines de canards, de morillons et de sarcelles ; mais les flamants, qui dessinaient sur l'eau de longues lignes colorées, s'enfuirent à cinq cents pas de nos barques, et pas un ne commit l'imprudence de se faire admettre au *Yachting-Club*.

On dîna chez Laroche, et la soirée se prolongea longtemps après minuit. Il était convenu que la bande joyeuse se dispersait le lendemain dimanche. M. et Mme de Saux partaient pour Beyrout avec Émile Perrin ; M. Voisin nous prenait à six heures, heure militaire, pour nous conduire à Suez par Ismaïlia et nous montrer les fouilles de Chalouf, qui se font à sec. Les Longman, qui partaient sans remise à la même heure que nous, permirent un dernier tête-à-tête aux amoureux ; ils se jetèrent par complaisance dans une discussion philosophique où ils n'entendaient rien, et nous-mêmes peu de chose. Enfin toute la compagnie les ramena vers le quai ; ils remercièrent leurs nouveaux amis de l'isthme, et nous invitèrent pêle-mêle à passer deux ou trois mois d'hiver à Windcastle. Il fallut arracher Ahmed à la contemplation du canot invisible, qui s'était perdu dans la foule et dans la nuit.

— Eh bien ! lui dis-je, mon pauvre ami, la semaine est finie.

— Pas encore, et le dimanche?

— Il est tout venu.

— Il n'est que commencé.

— Que vous a-t-elle dit ce soir ?

— Qu'elle m'aime toujours, mais qu'elle ne sera jamais ma femme. Si ce M. Longman voulait rester encore une quinzaine, je suis sûr que je gagnerais ma cause. Tout à l'heure je sentais son cœur battre avec force contre mon bras. Je n'ai pas accepté son adieu, ni voulu lui donner le mien. — Réfléchissez encore, lui disais-je, il ne faut qu'un bon mouvement pour changer mon désespoir en joie. Je ne dormirai pas de la nuit, j'attendrai que Dieu vous inspire une généreuse pensée. » Elle n'a pas répondu non.

— Qui vivra verra; couchez-vous toujours, cela repose.

— Plutôt mourir!...

Le dimanche à cinq heures et demie, lorsqu'on vint nous éveiller, mon premier mouvement fut de courir à sa chambre. Personne; le malheureux ne s'était pas mis au lit Il accourut, tandis que nous achevions notre toilette. « Je reste, me dit-il; il y a du nouveau, quoiqu'elle ne m'ait rien écrit. Rien ne bouge à leur bord, ils ne font pas le geste de lever l'ancre.

— Pour une excellente raison ; ils sont amarrés à une bouée.

— N'importe ; s'ils devaient partir à six heures, on verrait du monde sur le pont à cinq heures trois quarts.

— La marine anglaise est subtile ; elle fait beaucoup de besogne et peu d'embarras.

Laroche accourut. « Allons, vite au canot ! M. Voisin a failli vous attendre ; vous savez la consigne de l'isthme.

Et de courir. Ahmeh suivait machinalement, comme un corps sans âme. Je le poussai vers la barque qui nous portait au petit vapeur arrêté dans l'arrière-port. A peine assis, il se confondit en excuses et dit à M. Voisin : — Je ne pars pas, monsieur le bey ; c'est une affaire de vie ou de mort. Mlle Thornton a daigné... M. Longman a bien voulu... Vous aviez deviné sans doute mes sentiments... Dieu merci, tout s'arrange, et ce cher petit yacht, qui se tient immobile là-bas, prouve que la jeune fille...

Il n'avait pas fini sa phrase que le yacht, larguant son amarre, déploya une voile, puis deux, puis trois ; il se couvrit de toile et se mit à glisser sur l'eau polie. Ahmeh perdit la parole et demeura pétrifié. *Le Butterfly* passait à deux encâblures de nous, les hublots fermés, le pont désert. A peine si l'on apercevait le timonier derrière une guirlande de poulets plumés et de viandes fraîches.

Je ne sais si je dois confesser que nous étions émus. Ce petit bâtiment, propre et luisant comme un panneau de voiture, nous apparut un moment comme une arche d'ingratitude. Ahmed, debout à l'avant de notre barque, pleurait sans rien dire. Lorsque *le Butterfly* doubla le phare et s'engagea entre les jetées, le fellah se dépouilla de ses hardes, et se mit à les enrouler méthodiquement autour de sa tête. Personne ne le contraria dans cette opération; on sait que les Orientaux déchirent quelquefois leurs habits en signe de deuil et se couvrent la tête de cendres; on peut bien supposer qu'ils se couvrent la tête de leurs habits. Lorsqu'il fut à peu près nu, il se retourna et nous dit : « Ne vous inquiétez pas de moi; je nageais dans le Nil quand mes premières dents n'étaient pas encore tombées. Ou je ramènerai le yacht au port, ou j'irai volontairement me consoler avec mon père.

Il ne se jeta point à l'eau, il y descendit sans mouiller l'énorme turban qui lui chargeait la tête, et il se mit à tirer sa coupe avec autant de vivacité qu'une truite de cascade.

La brise était faible, mais le yacht avait de l'avance. M. Voisin, plus ému que nous tous, regarda sa montre par habitude. — Voilà, dit-il, qui dérange le programme; mais nous ne pouvons pas abandonner ce brave garçon... Suivons-le, mes amis. Laroche, faites avertir le mécanicien du canot; il nous aura bientôt rattrapés.

Et nous voilà courant après Ahmed, qui courait après miss Grace. Notre barque était chargée, et nous n'avions que deux rameurs; il nageait donc plus vite que nous. Il entra dans la pleine mer quand nous étions au milieu de l'avant-port, entre les jetées. Rien n'indiquait chez lui la fatigue ou le découragement; il avançait avec une régularité mathématique et se rapprochait du *Butterfly* à vue d'œil. Notre canot ne pouvait le suivre au large; on s'arrêta à l'extrémité de la jetée de l'est pour attendre le petit vapeur, et c'est au bout de la lorgnette que la fin du drame nous apparut.

J'ai vu, de mes yeux vu ce qu'il me reste à conter, et les témoins ne manqueraient pas au besoin : nous étions douze. Le timonier aperçut ou entendit un homme à la mer; il lui jeta je ne sais quoi, d'abord sans doute une cage à poulets qui fut dédaignée, puis une corde qui fut bientôt prise. Le turban s'éleva à la hauteur du pont, le corps d'Ahmed, que nous voyions noir et luisant, se couvrit rapidement et fit une tache bleue. L'équipage monta sur le pont et sans doute aussi les passagers; on mit en panne. Pendant huit ou dix minutes, deux figures humaines l'une vêtue de bleu, l'autre de blanc, s'entretinrent avec vivacité à l'arrière; on distinguait des gestes animés, pour ne pas dire violents. La robe bleue s'incline comme pour prendre humblement congé, et s'approche du bordage; le peignoir blanc ouvre ses bras, les deux taches n'en font plus qu'une. On accourt, il se forme un groupe confus où nous ne reconnaissons plus rien; puis tout à coup, sur l'ordre d'un commandant invisible, *le Butterfly* vire de bord et met le cap sur la passe de Port-Saïd.

A ce moment, le canot à vapeur nous ralliait en hâte. « Monsieur Laroche, cria le mécanicien, est-ce un accident?

— Un accident heureux, au moins pour quelques années, répondit le jeune philosophe.

M. Voisin tira sa montre. « Une heure de retard, je ne la regrette pas, nous la regagnerons; mais il faut être ce soir à Ismaïlia et demain à Suez. Chauffez, chauffez, mes enfants! »

FIN

Coulommiers. — Typog A. MOUSSIN

www.ingramcontent.com/pod-product-compliance
Lightning Source LLC
Chambersburg PA
CBHW071112230426
43666CB00009B/1933